高等院校财经类专业应用型本科系列教材
成都信息工程学院校级精品课程

财务管理

CAIWU GUANLI

◎主　编　王　梅
◎副主编　曾浪鸥
◎参　编　陶　丽　李燕萍

重庆大学出版社

内容提要

本书主要包括财务管理基础理论(财务管理的概念、目标、原则、环境和环节);财务管理价值观念(资金的时间价值、投资风险价值);财务管理绩效评价(财务分析);财务活动的管理(筹资、投资、营运和分配活动的管理);财务管理环节(贯穿于各项财务活动内容中的预测、决策、计划、控制、分析)等。

本书内容新颖,理论与实践相结合,叙述深入浅出,并有较多的实例计算与分析,便于读者在掌握基本理论和方法的基础上灵活运用。本书附有习题,以利教学。

本书可作为高等院校应用型本科经济管理类专业学生的教材,也可作为广大经济工作者的学习参考书。

图书在版编目(CIP)数据

财务管理/王梅主编.—重庆:重庆大学出版社,
2015.1
高等院校财经类专业应用型本科系列教材
ISBN 978-7-5624-8682-4

Ⅰ.①财… Ⅱ.①王… Ⅲ.①财务管理—高等学校—
教材 Ⅳ.①F275

中国版本图书馆 CIP 数据核字(2014)第 263844 号

高等院校财经类专业应用型本科系列教材
财务管理
主　编:王　梅
副主编:曾浪鸥
参　编:陶　丽　李燕萍
责任编辑:范　莹　　版式设计:范　莹
责任校对:关德强　　责任印制:赵　晟
*
重庆大学出版社出版发行
出版人:邓晓益
社址:重庆市沙坪坝区大学城西路 21 号
邮编:401331
电话:(023) 88617190　88617185(中小学)
传真:(023) 88617186　88617166
网址:http://www.cqup.com.cn
邮箱:fxk@cqup.com.cn (营销中心)
全国新华书店经销
重庆川外印务有限公司印刷
*
开本:787×1092　1/16　印张:14.75　字数:341千
2015 年 1 月第 1 版　2015 年 1 月第 1 次印刷
印数:1—3 000
ISBN 978-7-5624-8682-4　定价:30.00 元

前言 PREFACE

本课程集理论与实用价值于一体，是财经类、管理类学生的主要专业核心课。它一方面具有理论研究深度，涉及内部公司治理、投资融资决策和定价理论等经济学研究的永恒命题；同时它也是一门实用科学，贴近现实社会经济生活，体现在企业管理实践之中。

本书基于满足高等院校应用型人才的需要而编写，具有以下特点：一是思路清晰，内容适量。本书以股份制公司的财务管理为主线，讲述企业投资、融资、营运和分配管理四大模块，之前有价值观念作铺垫，之后有财务预算、财务分析作延伸；二是难度适中，重在应用。有较多的习题，便于读者在掌握基本理论和方法的基础上灵活运用；三是体例新颖。各章前设有导航，供学生在预习时有全局概念，在复习时有系统观念。

本书由王梅任主编，曾浪鸥任副主编，陶丽、李燕萍参加编写。具体分工如下：第一、二、七、八章由王梅编写，第四、五、九章由曾浪鸥编写，第三章由陶丽编写，第六章由李燕萍编写。全书由王梅统筹定稿。

本书是在学习研究财务管理领域已有研究成果的基础上编写而成的，所引资料均在主要参考文献中注明，在此，向所有参考文献的作者、编辑出版者表示衷心感谢！

由于水平有限，书中缺点错误在所难免，恳请读者和同行专家批评指正！

编　者

2014 年 10 月

目录 CONTENTS

第1章 财务管理概论

本章导航

财务管理的概念	一、财务管理的概念	掌握财务管理的含义
	二、财务活动	掌握财务活动的内容
	三、财务关系	掌握财务关系的内涵
财务管理的目标	一、财务管理目标	掌握财务管理目标及优缺点
	二、目标冲突与协调	掌握所有者与经营者、所有者与债权人的冲突与协调
财务管理的环境	一、外部环境	理解经济周期、经济发展水平、宏观经济政策等对财务管理的影响;熟悉金融市场掌握利率的构成;了解企业组织形式、公司治理的有关规定、税收法规
	二、内部环境	了解企业管理体制、经营组织形式、生产经营规模以及内部管理水平对财务管理的影响
财务管理的环节	一、财务预测	了解预测的方法
	二、财务决策	了解决策的含义和方法
	三、财务预算	了解预算编制的程序、方法及内容
	四、财务控制	了解财务控制的目的及内容
	五、财务分析	了解财务分析的方法及内容

1.1 财务管理的概念

1.1.1 财务管理的概念

财务管理是基于企业客观存在的财务活动和财务关系而产生,是组织财务活动、处理财务关系的一项综合性的管理工作。

1.1.2 财务活动

财务活动是指资金的筹集、运用、收回及分配等一系列行为。从整体上讲,它包括:筹资活动、投资活动、日常资金营运活动、利润分配活动。

1）筹资活动

资金是企业的推动力,筹集资金是企业资金运动的起点,是企业投资的必要前提。企业取得资金以及由此而产生的一系列经济活动就构成了企业的筹资活动。在筹资过程中,企业一方面要确定合理的筹资总规模;另一方面,要通过对筹资渠道、筹资方式或筹资工具的选择,合理确定资金结构,以降低筹资成本和风险。

通常企业可以通过两种不同渠道取得资金:一是企业自有资金,企业通过向投资者吸收直接投资、发行股票、企业内部留存收益等方式取得;二是企业债务资金,企业通过从银行贷款、发行债券、利用商业信用等方式取得。以上的筹资方式会引起资金流入企业,此为资金收入;当企业在筹资时支付各种筹资费用,如向投资者支付股利,向债权人支付利息以及到期偿还本金时,会引起资金流出企业,此为资金支出。这种由于资金筹资而产生的资金收支活动就是筹资活动。

2）投资活动

企业筹集的资金只有投入使用,才能与劳动者相结合创造收益,增加企业的价值。企业对资金的运用包含两方面的内容:将资金投资于长期资产或短期资产。企业将资金投放于长期资产,通常称为投资活动,而资金用于短期资产称为资金营运活动。企业的投资活动可以分为两类:广义的投资和狭义的投资。广义投资活动包括企业内部使用资金的过程(如购置固定资产、无形资产等)和对外投放资金的过程(如购买其他企业的股票、债券或与其他企业联营等);狭义投资活动仅指对外投资。无论是对内投资,还是对外投资,都会有资金的流出;当企业收回投资时,如处置固定资产、转让债券等,会引起资金的流入。这种由资金的投放而引发的资金的收支活动就是投资活动。

3）资金营运活动

企业短期资金的周转是伴随着日常生产经营循环来实现的,企业在日常经营活动中,会发生一系列的资金收付业务。具体表现为:企业运用资金购买原材料并组织劳动工人对其进行加工,直到加工成可供销售的商品,同时向劳动者支付劳务报酬以及支付各种期间费用。当企业资金用来偿付这些料、工、费的消耗时会引起资金的流出;当产品销售出去后,取得收入,形成资金的流入。这种因企业日常经营活动而引起的各种资金收支活动就是资金营运活动。

4）利润分配活动

企业通过对内、对外投资取得收益,这表明企业实现了资金的增值或取得了投资报酬。企业的利润要按规定的程序进行分配。首先,要依法纳税;其次,要用来弥补亏损,提取盈余公积金、公益金;最后,要向投资者分配利润。这种因实现利润并对其进行分配而引起的各种资金收支活动就是利润分配活动。

上述四项财务活动并不是彼此孤立、互不关联的，而是相互依存、相互制约的，它们共同构成了完整的企业财务活动，这四个方面也是财务管理的基本内容，即企业筹资管理、企业投资管理、企业营运资金管理和企业利润分配管理。

1.1.3 财务关系

企业在从事各种资金收支活动中，不可避免地会与不同的利益主体发生联系，从而形成企业的财务关系。所谓财务关系是企业在理财活动中产生的与各相关利益集团间的利益关系。可概括为七个方面：

1）企业与投资者之间的财务关系

企业与投资者的财务关系是指企业的投资者向企业投入资金，以及企业向投资者支付投资报酬所形成的经济关系。企业的资本金来自投资者，因此投资者就是企业的所有者。按照投资主体的不同，可以将投资者分为国家、法人、个人三种类型。企业的投资者按照合同、协议、章程的约定，履行出资义务及时形成企业资本金，获取参与生产经营、分享利润的权利。企业接受资金后，加以利用，取得利润后，按照出资比例或合同、协议、章程规定的分配比例向投资者分配利润。企业与投资者之间的财务关系体现所有权性质，反映经营权与所有权的关系。

2）企业与债权人之间的财务关系

企业与债权人的关系是指企业向债权人借入资金，并按借款合同的规定按时支付利息和归还本金所形成的经济关系。企业向债权人借入资金形成企业的债务资金，企业按照借款协议或合同中的约定按时向债权人支付利息作为对债权人出资的回报，并到期偿还本金；债权人按照合同中的约定及时将资金借给企业成为企业的债权人，有权按合同、协议的约定取得本息的清偿。企业与债权人之间的财务关系表现为债务与债权关系。

3）企业与债务人之间的财务关系

企业与债务人的财务关系主要是指企业将其资金以购买债券、提供借款或商业信用等形式借给其他单位所形成的经济利益关系。企业将资金借出后，有权要求债务人按约定的条件偿还本息。企业与债务人之间的财务关系表现为债权与债务的关系。

4）企业与被投资者之间的财务关系

企业与被投资者的财务关系，是指企业以购买股票或直接投资的形式向其他企业投资所形成的经济关系。企业可以将生产经营中闲置的资金购买其他企业股票，形成股权性投资。随着经济一体化的深入，企业间横向联合的开展，使企业间资金的横向流动增多。企业向其他单位投资应按约定履行出资义务，参与被投资企业的利润分配。被投资企业接受资金后须按取得的税后利润和规定的分配方案将收益在不同的投资主体间分配。企业与被投资者之间的财务关系体现为所有权性质的投资与受资的关系。

5）企业与内部各单位、各部门之间的财务关系

企业与内部各部门之间的财务关系是指企业在实行内部责任核算中所形成的资金结算关系。一般来说，企业内部各部门、各单位与企业财务部门都要发生领款、报销、代收、代付

的收支结算关系。在实行内部经济核算制度和经营责任制度的条件下,企业内部各部门、各单位都有相对独立的资金定额或独立支配的费用定额,当各部门、各单位之间相互提供产品和劳务要进行结算时,企业财务部门同内部各部门、各单位就发生资金的结算关系。这种财务关系属于企业内部的资金结算关系,体现了企业内部各部门、各单位之间的利益关系。

6)企业与职工之间的财务关系

企业与职工之间的财务关系是通过签订劳务合同形成的一种财务关系。企业要用营业收入,按照一定的标准向职工支付工资、奖金、津贴、养老保险金、失业保险金、医疗保险金、住房公积金等。此外,企业还可根据自身的发展需要,为职工提供培训的机会。职工按照合同约定为企业提供劳务服务,领取报酬。这种财务关系属于劳动成果上的分配关系。

7)企业与税务机关之间的财务关系

企业与税务机关是指企业按照国家税法的规定缴纳各种税款而形成与国家税务机关之间的财务关系。税务机关以社会管理者的身份向一切企业征收税收,形成国家财政收入的重要来源。企业应按照国家税法的规定及时足额上缴各种税款,以保证国家财政收入的实现,满足社会各方面的需要,这是企业对国家应尽的义务。企业与税务机关之间的财务关系体现了依法纳税和依法征税的税收权利义务关系。

1.2 财务管理的目标

财务目标又称理财目标,是企业进行财务活动所要达到的根本目标,是评价企业财务活动是否合理的标准,它决定着财务管理的基本方向。具有相对稳定性、多元性、层次性的特征。

1.2.1 财务管理目标

中外财务管理学者,从不同的角度对财务管理目标作了深入的研究,并用不同的理念来加以表述,其中以企业利润最大、企业每股收益最大、企业价值最大化等几种表述最具有代表性。

1)利润最大化

该观点源于亚当·斯密的“经济人”假说,在20世纪50年代以前西方经济学界较为流行,属于传统观点。在今天的理论界和实务界仍有一定的影响。该观念认为利润是衡量企业经营和财务管理水平的标志,利润越大越能满足投资人对投资回报的要求。该观点的优缺点如表1.1所示。

表 1.1 利润最大化优缺点

优 点	缺 点
1. 利润是企业的新创价值，而且是已实现销售并被社会承认的价值； 2. 真实的利润是社会财富的积累； 3. 利润概念是一个最容易被社会各界广泛接受的财务概念。	1.没有考虑企业利润实现的时间因素； 2.没有充分考虑利润实现的风险因素； 3.利润作为一个绝对数指标，不能反映企业一定时期的投资收益率水平，因而无法表现资本的投入与产出的关系，更不便在不同企业之间进行财务状况比较； 4.没有考虑企业一定时期的现金流量状况，因为利润大并不意味着企业的现金状况好； 5.追求利润最大化会造成企业经营者和财务决策者的短期行为和整体的发展，甚至伤害了企业长久发展的财务实力。

2）每股收益（主权资本净利率）最大化

每股收益也称每股盈余，是指企业一定时期的净利额与发行在外的普通股股数的比值，说明了投资者每股股本的盈利能力，该指标主要适用于上市公司。对于非上市公司来讲，一般可采用主权资本净利率，该指标是指企业一定时期的净利额与其主权资本总额的比值，说明了企业主权资本的盈利能力。这两个财务指标都是以净利作为基础的，所以其优点与上述利润最大化基本相同，其进步之处是该指标采用相对数来反映企业的盈利能力，能清晰地揭示出投资与收益的报酬率水平，而且更便于企业的财务分析、预测和不同资本规模的企业或企业发展不同阶段之间的比较。

显然，这种观点较利润最大化观点前进了一步，但由于每股收益或权益资本净利率仍是以利润为基础计算的，所以其他的缺陷没有克服，同样不能作为企业财务管理目标的最优选择。

3）股东财富最大化

以股东财富最大化作为财务管理目标，是近年来较为流行的一种观点。股东财富最大化是指通过财务上的合理经营，为股东带来最多的财富。在股份制经济条件下，股东财富由其所拥有的股票数量和股票市场价格两方面来决定，在股票数量一定的前提下，当股票价格最高时，则股东财富也达到最大。所以，股东财富最大化，又演变为股票价格最大化。股东财富最大化的优缺点如表 1.2 所示。

表 1.2 股东财富最大化优缺点

优 点	缺 点
1.股东财富最大化目标科学地考虑了风险因素，因为风险的高低会对股票价格产生重要影响； 2.股东财富最大化在一定程度上能够克服企业在追求利润上的短期行为，因为不仅目前的利润会影响股票价格，预期未来的利润对企业股票价格也会产生重要影响； 3.股东财富最大化目标比较容易量化，便于考核和奖惩。	1.它只适于上市公司，对非上市公司则很难适用； 2.它只强调股东的利益，而对企业其他关系人的利益重视不够，因此可能会导致所有者与其他经济利益主体之间的矛盾和冲突； 3.股票价格受多种因素影响，并非都是公司所能控制的，把不可控因素引入理财目标是不合理的。

4) 企业价值最大化

企业价值是指其能在市场实现的价值,即公司资产未来预期现金流的现值,而并非企业的账面价值总额。因为企业资产的账面价值与企业实际市场价值是不一致的。经营良好的企业,它的市场价值必然会高于其账面价值。相反一个经营失败甚至严重亏损的企业,它的市场价值必然会大大低于其账面价值。企业所有的经营成败与财务状况,都会综合地表现在企业的市场价值上,市场会对企业有一个最终的评价。企业价值最大化是指通过企业财务上的合理经营,采用最优的财务政策,充分考虑资金的时间价值和风险与报酬的关系,在保证企业长期稳定发展的基础上,使企业总价值达到最大。其基本思想是将企业长期稳定发展摆在首位,强调在企业价值增长中满足各方利益关系。企业价值最大化的优缺点如表1.3所示。

表1.3　企业价值最大化优缺点

优　点	缺　点
1.价值最大化考虑了资金的时间价值和风险问题,有利于统筹安排长短规划、合理选择投资方案、有效筹措资金、合理制订股利政策等; 2.价值最大化目标能克服企业在追求利润上的短期行为。因为不仅过去和目前的利润会影响企业的价值,而且预期未来现金性利润的多少对企业价值的影响更大; 3.价值最大化目标科学地考虑了风险与报酬之间的联系,能有效地克服企业财务管理人员不顾风险的大小,只片面追求利润的错误倾向。	1.同样是一绝对指标,没有考虑企业投入和产出之间的关系; 2.这一数值难以具体地估量,可操作性不强; 3.企业价值受到多种不可控因素的影响,以其为目标极易误导企业财务决策。以价值最大化作为企业财务管理的目标,一方面可能使企业只看重股价而偏离实业本身,误导企业财务决策,另一方面还会诱使企业发布有利于股价上升的虚假信息。

总体来讲,企业价值最大化观点较其他观点具有更广泛的意义,因此,本书以企业价值最大化作为企业财务管理的目标。但是,在实际运用时,注意其存在的缺陷。

1.2.2　财务管理目标之间的协调

所有者和债权人都为企业提供了财务资源,但是他们处于企业之外,只有经营者即企业管理者直接从事财务管理工作。所有者、债权人和经营者之间构成了企业最重要的财务关系。通常情况下,他们三者的目标并不完全一致,他们之间可能发生利益冲突,不利于企业价值最大化财务管理目标的实现,因此,企业必须协调三者之间的冲突。

1) 所有者与经营者的矛盾与协调

经营者和所有者的主要矛盾在于,经营者希望在提高企业价值和股东财富的同时,能更多地增加享受成本,而所有者或股东则希望经营者以较小的成本,带来更高的企业价值或股东财富。这就是双方在追求各自目标方面存在的矛盾。如果所有者不采取措施,可能会造成经营者对股东目标的背离,这种背离表现在两个方面:

①道德风险。经营者为了自己的目标,不是尽最大努力去实现企业财务管理的目标;

②逆向选择。经营者为了自己的利益,不惜以损害所有者的利益为代价。

为了协调这一矛盾,通常可以采用监督和激励两种方式:

(1)建立监督机制

股东的监督一般通过聘请注册会计师对公司进行审计、委派财务监事等手段,尽可能获取经营者的信息,对经营者进行监督,在经营者背离股东的目标时,可以通过解聘、接受方式来约束他们。①解聘是一种所有者约束经营者的办法。所有者对经营者予以监督,如果经营者未能使企业价值达最大,就解聘经营者。为此,经营者会因为害怕被解聘而努力实现财务管理目标。②接收是一种通过市场来约束经营者的办法。如果经营者经营决策失误、经营不力,未能采取一切有效措施使企业价值提高,该公司就可能被其他公司强行接收或吞并,相应经营者也会被解聘。为此,经营者为了避免这种接收,必须采取一切措施提高股票市价。

(2)建立激励机制

股东的激励是指将经营者的报酬与其绩效挂钩,以使经营者自觉采取能满足企业价值最大化的措施。

监督成本、激励成本和偏离股东目标的损失之间此消彼长,相互制约。股东要权衡轻重,力求找出能使三项之和最小的解决办法。

2)所有者与债权人的矛盾与协调

公司向债权人举债后,两者之间形成一种债券债务的关系。债权人把资金交给企业,其目标是到时收回本金,并获得约定的利息收入;公司借款的目的是用它扩大经营,投入有风险的生产经营项目,由于风险与收益成一种反相关系,企业往往会把资金投向风险高的项目,这样两者的目标并不一致。所有者与债权人的矛盾主要表现在:

①所有者可能未经债权人同意,要求经营者投资于比债权人约定的风险高的项目,这会增大偿债的风险;

②所有者或股东未征得现有债权人同意,而要求经营者发行新债券或举借新债,致使旧债券或老债的价值降低。

为协调所有者与债权人的上述矛盾,通常可采用的方式有:

①限制性借债。限制性借债是指在借款合同中加入某些限制性条款,如规定借款的用途、借款的担保条款和借款的信用条件等;

②收回借款或停止借款。收回借款或停止借款是指当债权人发现公司有侵蚀其债权价值的意图时,采取收回债权和不给予公司增加放款,从而保护自身的权益。

总之,企业为了能够长久生存发展,企业在谋求自身利益的同时,不仅处理好与他们利益主体的关系,而且还要注意自己的社会责任。一般情况下,二者是基本一致的,但也存在一定的矛盾,应制定一定的法律和规定强制企业承担社会责任。

1.3 财务管理的环境

财务管理环境又称为理财环境，是指对企业财务活动产生影响的一切内外部条件。按其对财务主体财务机制运行的影响不同分为两大部分：外部环境和内部环境。

1.3.1 外部环境

财务管理的外部环境，又称宏观理财环境，就是指影响财务主体运行的外部条件和因素，主要包括政治环境、经济环境、法律环境、社会文化环境、科技教育环境等。外部环境对所有企业的财务都可能产生影响，但这种影响往往是间接的，并通过影响内部财务管理环境体现出来。

1）政治环境

政治环境，是指国家在一定时期的各项路线、方针、政策和整个社会的政治观念。政治环境在整个社会环境中起基础性的决定作用，它决定着国家在特定时期的经济、法律和科学教育等方面的目标导向和发展水平。从企业理财的角度来看，政治环境起一种提供保障和目标导向的作用。通过提供安定的社会环境以保障企业理财活动正常进行，通过确定经济工作的中心地位引导企业挖掘潜力，加强财务管理，提高经济效益。

2）法律环境

市场经济的主要特征在于它是一种以法律规范和市场规则为特征的经济制度。法律为企业经营活动规定了活动空间，也为企业在相应空间内自主经营提供了法律上的保护。财务管理的法律环境是指企业和外部发生经济关系时所应遵守的各种法律、法规和规章制度。企业要顺利从事生产经营和处理好各种经关系，必须遵守相关法律规范。影响企业财务管理活动的法律规范主要有：企业组织法律规范、税收法律规范和财务会计法律规范。

（1）企业组织法律规范

企业是市场经济的主体，企业组织必须依法成立。组建不同的企业，要依据不同的法律规范，这些法律规范既是企业的组织法又是企业的行为法。企业组织依据的主要法律有：《公司法》《企业法》《个人独资企业法》《合伙企业法》和《外资企业法》。

例如，《公司法》对公司制企业的设立条件、设立程序、组织机构、组织变更及终止的条件和程序等都作了相应的规定，包括股东人数、法定资本的最低限额、资本筹集方式等。只有按法律规定的条件和程序建立的企业，才能称为公司。《公司法》还对公司生产经营的主要方面作出了规定，包括股票的发行和交易、债券的发行和转让、利润的分配等。公司组建后的各项生产经营活动都要按照《公司法》的有关规定来进行。因此，《公司法》是公司制企业财务管理最重要的强制性法律规范。

（2）税收法律规范

国家财政收入的主要来源是企业所缴纳的各种税金，任何企业都有义务上缴税收。而国家的财政状况和财政政策对于企业筹集资金和税收负担有着重要的影响。有关税收法律规范主要有三类:所得税的法律规范、流转税的法律规范、其他税的法律规范。

无论缴纳哪一种税,对企业来说都是企业的资金流出,加大企业对现金管理的压力,对财务管理有重要影响。企业财务管理人员要熟悉国家税收法规,自觉按照税收政策导向进行生产经营活动,精心安排和规划筹资、投资和利润分配。

(3)财务会计法律规范

财务会计法律规范主要有:《企业财务通则》《企业财务制度》和《企业会计制度》,以及具体的会计准则。它们是企业从事财务活动、实施财务管理的基本规范。

除了上述法律规范,与企业财务管理有关的其他经济法律规范还有很多,包括证券法、支付结算法、合同法等。财务管理人员要在知法守法的前提下,进行财务管理活动,实现财务管理目标。

3)经济环境

经济环境是指企业从事财务活动时所处的宏观经济状况。影响企业财务管理的宏观经济因素有:经济发展状况、通货膨胀、政府的经济政策以及竞争等。

(1)经济周期

经济发展总是呈现出周期性兴衰更替的变化态势,由繁荣、衰退、萧条、复苏四个阶段循环变化,经济发展的这种不规律性变化对企业理财活动有着重要影响。在经济发展处于衰退、萧条阶段时,由于整个宏观经济不景气,产销量下跌,资金周转困难,投资机会减少,紧缩成为企业的明智之举。在经济发展处于复苏到繁荣阶段时,市场需求旺盛,预期销量上升,前景乐观,企业投资急剧膨胀。正因为经济发展的不规律性是客观存在的,所以财务人员对这种波动应事先做好准备,筹措并分配足量的资金,用以调整企业的生产经营活动,参见表1.4。

表 1.4 企业理财策略

经济复苏期	经济繁荣期	经济衰退期	经济萧条期
1.增加厂房设备 2.增加存货 3.开发新产品 4.增加员工 5.拟定进入战略 6.寻找适当的资金来源	1.扩充厂房设备 2.继续增加存货 3.制定并实施扩张战略 4.增加员工 5.制定合适的筹资决策	1.停止扩张 2.处置不用或闲置的设备 3.减少存货 4.调整产品结构和资本结构 5.适当减员增效	1.保持市场份额 2.减缩各种不必要的开支 3.削减存货 4.实施减员增效 5.制定并实施退出战略

(2)通货膨胀

通货膨胀是指一般物价水平持续上涨,引起货币的购买力下降。通货膨胀不仅使企业的购买力下降,而且给企业财务管理活动造成很大的困难。由于通货膨胀只能由政府通过宏观调控手段才能治理,企业自身对通货膨胀无能为力。因此,企业只能采取一定的理财手段调整其筹资、投资和分配政策,使企业的预期收益得以实现。同时,财务管理人员还要充分利用金融市场的期货、期权等交易,降低通货膨胀给企业带来的损失。

(3)政府的宏观经济政策

经济政策是指政府行使其管理职能而制定的影响经济运行的一系列方针和策略。企业作为市场的经济主体,必然受到经济政策的影响和调控,进而使企业内部的筹资、投资和分配政策受到影响。政府鼓励的行业将有较优惠的融资政策和税收政策,而对不扶持的行业将限制其投资规模和税收调节政策,这样必然影响企业的现金流入或流出量。企业的财务管理人员应对国家的经济政策进行认真研究,按照经济政策导向组织财务活动、处理财务关系,做到趋利避害。

(4)经济发展状况

一国或某一经济体的经济发展速度对企业财务管理也有重大影响。当一国经济飞速发展时,能为企业扩大规模、调整方向、打开市场以及拓宽财务活动的领域带来许多机遇。同时,经济快速发展与资金紧张又是一对长期存在的矛盾,这给企业财务管理带来严峻的挑战。

4)金融环境

企业从事生产经营活动一般都需要资金参与运作。而企业的资金来源除了投资者投入外,主要从金融市场筹措取得。因此,金融环境的变化必然会影响企业资金的筹集、投放、营运和收回。从某种意义上来讲,金融环境是企业财务管理最重要的外部环境。

(1)金融市场

金融市场是指市场资金流动的场所,其类型主要有:

①按交易的期限分为:短期资金市场和长期资金市场。

②按交易的性质分为:发行市场和流通市场。

③按交易的直接对象分为:同业拆借市场、国债市场、企业债券市场、股票市场和金融期货市场等。

④按交割的时间分为:现货市场和期货市场。

(2)金融市场的构成要素

金融市场的构成要素很多,概括起来,主要有五个:

①金融市场交易的主体(即参与者)。金融市场的主体(参与者)主要是货币资金盈余或短缺的企业、个人以及金融中介机构。

②金融市场交易的客体(即货币资金)。货币资金成为金融市场交易的对象。

③金融市场交易的媒介(即金融工具,亦称为金融性商品)。金融市场交易媒介是指各主体凭以交易货币资金的工具。从性质上来看,金融工具包括债权债务凭证(如票据、债券)和所有权凭证(如股票)。它们有很多种类,并各有其特点,能够满足资金交易者的不同要求。

④金融市场交易的价格(即利息率)。在金融市场上,利率是货币资金商品的“价格”,其高低主要由社会平均利润率和资金供求关系决定。对企业的财务管理人员来讲,要求其尽可能预测出未来市场利率的发展趋势,在利率持续上升时使用长期资金;在利率持续下降时使用短期资金,以达到合理使用和搭配资金的目的。

利率=基础利率 + 风险补偿率

利率=纯利率+通货膨胀补贴率+违约风险补贴率+流动性风险补贴率+到期风险补贴

⑤金融市场交易的管理、组织形式与交易方式。金融市场的管理主要包括管理机构的日常管理、中央银行的间接管理、国家的法律管理等。金融市场的组织形式主要有交易所和柜台交易。交易方式主要有现货交易、期货交易、信用交易等。

5)科技教育环境

科技教育环境是一定时期内国家的科技教育发展水平和普及程度,以及整个社会生产力发展水平。科学技术在现代化大生产中的重要性早已被实践证明,教育事业对于劳动者素质和劳动技能的提高也具有重要意义。对企业理财而言,科技应用于生产过程,将可能改变企业的生产方式、工艺流程,引起企业成本结构和消耗水平等多方面的改变,进而引起企业财务管理工作重点和方式的变化。同时,计算机的普及使企业理财手段日趋现代化,这将有助于企业理财活动效率的提高和理财领域的拓宽。劳动者素质和技能的提高,将有利于降低成本消耗,提高企业管理水平,促进企业理财工作。

1.3.2 内部环境

财务管理的内部环境,又称微观理财环境,是指企业自身管理体制、经营组织形式、生产经营规模以及内部管理水平等诸多因素的结合所形成的既定空间。对所有企业来讲,其宏观环境是相同的,但每一个企业的微观环境却是千差万别,而且这些微观因素对企业财务主体的财务机制运行有直接的影响。研究不同企业的微观理财环境其意义在于指导企业根据自身特点,分别采取不同的理财措施,以实现企业理财效果最优化。

1)企业管理体制

企业管理体制是指国家对企业的各种管理体制和管理方式的总称。企业管理体制一般是由其所有制性质和国家的宏观经济管理体制所决定的。在企业微观理财环境中,管理体制起着决定作用,它直接决定着企业微观理财环境的优劣,以及企业理财权限的大小和理财领域的宽窄。在过去的计划经济体制下,国有企业作为政府的附属部门,几乎没有经营自主权,也无理财自主权而言。随着国家经济体制的改革,国有企业建立了现代企业制度,明确企业的法人财产权,实行政企职责分开,要求企业以其法人财产承担民事责任,使企业真正做到“自主经营、自负盈亏、自我约束、自我发展”。同时在现代企业制度下,企业理财自主权进一步扩大,企业可以自行筹资,自主投资,并可以制定自己的财务管理制度,这样企业要根据市场信息作出灵活反应,抓住机遇,避免风险,使企业在“公平竞争,优胜劣汰”的市场大潮中立于不败之地。

2)企业经营组织形式

企业经营组织形式是指在既定的产权体制下,企业内部的权责结构和利益关系的组合方式,又称经营方式。在企业微观理财环境中,经营组织形式受制于企业管理体制。在管理体制既定的条件下,不同的经营组织形式,决定了企业内部财务管理权限分配和职责划分的不同。在现代市场经济下,企业最主要的组织形式是股份制。股东作为资产所有者,将资产交给别人经营,而不直接参与企业日常经营管理活动,只是间接进行管理,主要包括:参与企业重大经营战略问题的决策，以及对企业主要管理人员任免的表决等，这主要通过股东大会来执行。企业管理人员接受委托从事企业的日常经营管理活动，享有经营管理权，也包括日常财务决策权，并且对股东负责，保证其资产的保值和增值，这主要通过董事会来执行，董事会在行使这些权利时要受到监事会的监督。企业的这种权责结构决定了企业管理人员拥有充分的理财自主权，而且，企业的经营成果与管理人员的业绩评价直接挂钩，这就促使管理人员充分发挥其主观能动性，想方设法提高企业的经济效益。同时在股东和监事会的监督下，企业财务管理人员杜绝各种不良理财行为。

3）企业生产经营规模

在企业理财的微观环境中，生产经营规模是一个变量，即在企业管理体制和经营组织形式既定的条件下，生产经营规模大小的不同会对财务管理工作提出不同的要求。在大规模企业中，内部分工协作具有明显的专业化特征，而且其工艺过程的现代化水平较高，企业生产经营资金的存量、流量、流向等有多元化、复杂化的特征，这都要求企业财务管理活动贯穿于生产经营的各个环节，企业内部要制定严格的财务管理制度。而对于规模较小的企业，由于经营活动较为简单，筹资、投资活动也只在小范围内进行，这就要根据自身规模小的特点，灵活组织理财活动。

4）企业内部管理水平

企业内部管理水平是指企业内部各项管理制度的制定及执行情况。从企业理财来看，如果企业内部有着完备健全的管理制度并能得到严格执行，这就意味着企业理财有着较好的基础，有章可循，企业理财工作起点较高，容易走上规范化的轨道并带来理想的理财效果。反之，企业内部管理制度不健全，或管理制度得不到严格执行，这必然给企业理财工作带来困难。

1.4 财务管理的环节

财务管理环节是根据财务管理工作的程序及各部分间的内在关系划分的，分为财务预测、财务决策、财务计划、财务控制、财务分析。财务管理的各个环节相互连接，形成财务管理工作的完整过程，被称为财务管理循环。

1.4.1 财务预测

财务预测是根据财务活动的历史资料，考虑现实的要求和条件，对企业未来的财务活动和成果进行科学的预计和测算。作为整个现代企业财务管理过程的首要环节，财务预测是进行财务决策的基础，编制财务计划的前提，实施财务控制的标准，开展财务分析的根据。财务预测可视为一个系统，包括输入、处理、输出、反馈等环节。工作程序为：①明确预测对象和目的；②搜集和整理资料；③确定预测方法，利用预测模型进行测算；④确定最优值，提出最佳预测方案。

1.4.2 财务决策

财务决策是指财务人员按照财务管理目标的总体要求,利用专门方法对各种备选方案进行比较分析,并从中选出最佳方案的过程。财务决策以资源的优化配置为目标,本着成本效益原则,主要研究现代企业经营决策中的资金筹集、投放、营运、分配的时间以及方向、数量等问题,是各项经营决策的核心和综合反映。其科学性直接决定着财务预算的合理性、财务控制的有效性和财务分析的有用性。没有财务决策,其他环节的工作就失去了意义。财务决策的程序为:①确定决策目标;②提出备选方案;③选择最优的方案。

1.4.3 财务计划

财务计划,又称财务预算是指运用科学的技术手段和数量方法,对未来财务活动的内容及指标所进行的具体规划。财务计划为各项财务活动确立目标和任务,既为财务控制提供依据,又为财务分析和业绩评价提供尺度。财务预算在现代企业财务管理全过程中起着承上启下的作用,使得现代企业财务管理更有秩序。它以财务预测和财务决策为前提,又是财务控制和财务分析的基础。编制财务计划的程序为:①分析主客观条件,全面安排计划指标;②协调人力、物力、财力,落实增产节约措施;③编制计划表格,协调各项计划指标。

1.4.4 财务控制

财务控制是在财务管理的过程中,利用有关信息和特定手段,对企业财务活动所施加的影响或进行的调节。它是落实计划任务、保证计划时间的有效措施、实现现代企业财务管理目标的基本手段。

财务控制是在生产经营活动中,以计划任务和各项定额为依据,对资金的收入、支出、占用、耗费进行日常的计算和审核,以实现计划指标,提高经济效益。财务控制的工作程序是:

①制订标准。制订资金和成本费用的定额、限额和预算,并按照责权利相结合的原则,将计划任务以财务指标或标准的形式分解落实到车间、科室、班组以至个人。

②执行标准。企业各级部门和各级单位按照事先制订的标准对照执行。

③确定差异。将实际与标准进行对比,确定差异的程度和性质。

④消除差异。深入分析差异形成的原因,确认造成差异的责任归属,采取切实有效的措施消除差异,以便顺利实现计划指标。

⑤考核奖惩。考核各项财务指标的执行结果,把财务指标的考核纳入各级岗位责任制,运用激励机制,实行奖惩。

1.4.5 财务分析

财务分析是根据财务计划、财务报表以及有关资料,运用特定方法,借助有关指标来了解和评价现代企业财务状况和财务能力,考核财务效果,以便为其他管理环节反馈信息的过程。财务分析作为现代企业财务管理全过程的最后一个环节,标志着上一个财务管理循环的完成,也意味着下一个财务管理循环的开始,是两个循环交替的转换点。财务分析的工作步骤为:①搜集资料,掌握信息;②指标对比,查找问题;③分析原因,明确责任;④提出措施,改进工作。

能力训练

一、单项选择题

1.在下列经济活动中,能够体现企业与投资者之间财务关系的是(　　)。

A.企业向职工支付工资

B.企业向其他企业支付货款

C.企业向国家税务机关缴纳税款

D.国有企业向国有资产投资公司支付股利

2.财务管理的产生是基于客观存在的(　　)和财务关系。

A.筹资活动　　B.投资活动　　C.财务活动　　D.分配活动

3.财务管理的对象是 (　　)。

A.资金运动　　B.财务关系　　C.货币资金　　D.实物财产

4.以下不属于利润分配活动的是(　　)。

A.资本的初始分配　　B.依法纳税

C.弥补亏损　　D.向投资者分配股利

5.企业的财务关系不包括(　　)。

A.与所有者之间的委托代理关系

B.与职工间的经济关系

C.与税务部门间的纳税关系

D.与政府间的公共关系

6.现代财务管理理论认为,企业的最终目标是实现企业(　　)。

A.产值最大化　　B.利润最大化

C.账面净资产最大化　　D.企业价值最大化

7. 实现股东财富最大化目标的途径是 (　　)。

A.增加利润　　B. 降低成本

C.提高投资报酬率和减少风险　　D.提高股票价格

8.企业价值最大化目标在实务工作中的缺陷是(　　)。

A.未考虑资金时间价值　　B.操作性较差

C.未考虑其他利益相关者的利益　　D.理论性较差

9.企业价值最大化观点优于股东财富最大化观点的原因之一是(　　)。

A.考虑了资金的时间价值

B.考虑了投资的风险价值

C.与股票市场价格相联系

D.能够使财务管理的目标与财务管理主体相一致

10.下列有关通货膨胀对财务管理影响的论述,不正确的是(　　)。

A.通货膨胀的程度直接影响投资收益、资本成本

B.通货膨胀加剧企业财务状况的不确定性

C.通货膨胀增大企业的经营风险

D.企业可以采取适当措施控制通货膨胀

二、多项选择题

1.企业财务活动的内容是由资金运动过程所决定的,下列属于财务活动的是(　　)。

A.筹资所引起的财务活动

B.分配所引起的财务活动

C.投资所引起的财务活动

D.经营所引起的财务活动

2.下列各项,属于财务管理的外部环境构成要素的有(　　)。

A.经济体制　B.税收法规　C.金融市场　D.企业组织形式

3.下列各项,属于财务管理的内部环境构成要素的是(　　)

A.企业管理体制　B.企业经营组织形式

C.企业生产经营规模　D.企业内部管理水平

4.财务管理目标是财务活动的出发点和归属,是评价财务管理活动是否合理的基本标准。学术上几种具有代表性的财务管理目标是(　　)。

A.利润最大化　B.企业价值最大化　C.股东财富最大化　D.每股收益最大化

5.协调股东与经营者之间的矛盾的措施包括(　　)。

A.监督　B.解聘　C.接受　D.激励

6.下列各项中,可用来协调公司债权人与所有者矛盾的方法有(　　)。

A.规定借款的用途　B.要求提供借款担保

C.规定借款的信用条件　D.收回借款或停止借款

7.财务管理的工作环节主要有(　　)。

A.财务预测　B.财务决策　C.财务计划

D.财务控制　E.财务分析

三、判断题

1.企业与被投资者之间的财务关系表现为债权与债务关系。(　　)

2.财务管理环境是指对企业财务活动和财务关系产生影响的企业外部因素。(　　)

3.当预测未来市场利率持续上升时,企业的财务管理人员应使用短期资金。(　　)

4.企业对通货膨胀本身无能为力,只有政府才能控制通货膨胀速度。(　　)

5.利润最大化强调的是企业的预期利润。(　　)

6.企业价值是指企业全部资产的账面价值。(　　)

7.企业筹资时如果本身风险偏高,则投资者可以要求较高的投资报酬率,来弥补投资带来的高风险。(　　)

8.财务预测是指运用科学的技术手段和数量方法,对未来财务活动的内容及指标所进行的具体规划。(　　)

第 2 章　财务管理理念

本章导航

资金的时间价值	一、资金的时间价值的概念	掌握资金时间价值的概念,了解其对财务管理的意义
	二、资金的时间价值的计算	了解单利的计算;掌握复利、年金的计算
投资的风险价值	一、风险的概念及特征	了解风险的概念及特征
	二、风险的分类	掌握风险的种类
	三、风险价值	掌握风险价值的含义
	四、风险衡量	掌握风险衡量的方法

2.1　资金的时间价值

2.1.1　资金时间价值的概念

1)资金时间价值的概念

资金的时间价值,是指一定量资金在不同时点上的价值量差额,也称为货币的时间价值。资金的时间价值来源于资金进入社会再生产过程后的价值增值。资金周转使用的时间越长,所获得的利润越多,实现的增值额就越大。资金时间价值的实质,是资金周转使用后的增值额。也就是说不是所有的货币都具有时间价值,只有在循环和周转中的资金,其总量才随着时间的延续按几何级数增长,使得资金具有时间价值。通常情况下,它相当于没有风险也没有通货膨胀情况下的社会平均利润率,是利润平均化规律发生作用的结果。

2)资金时间价值的意义

资金的时间价值对于整个企业的财务管理有着极其重要的意义,主要表现在:

①便于不同时点上单位货币价值量的比较。不同时点上单位货币的价值不同,因此,不同时间的货币收入不宜直接进行比较,需要把它们换算到相同的时间基础上,才能进行数量比较和比率计算。

②是正确作出财务决策的前提。资金时间价值是现代财务管理的重要价值基础。它要求合理地节约使用资金,加速资金的周转,以实现更多的资金增值。每个企业在投资某个项目时,至少要取得社会平均资金利润率,否则不如投资其他的项目或其他的行业。因此,资金的时间价值是评价投资方案的基本标准,在财务决策时,资金时间价值是一项重要的因素。

3)资金时间价值的表现形式

资金时间价值的大小通常有两种表现形式,一种是绝对数形式即资金时间价值额,即资金在生产经营中带来的真实增值额;另一种是相对数形式即资金时间价值率。为便于不同数量货币资金之间时间价值大小的比较,在实务中,人们常使用相对数表示资金的时间价值。由于资金价值率经常以利率的形式表示,通常认为它与一般的市场利率相同,实际上资金时间价值率与市场利率是有区别的。市场利率除了包括时间价值因素外,还包括风险价值和通货膨胀因素。但由于资金随时间的增长过程和利息的增长过程在数学上相似,因此,在换算时广泛使用计算利息的各种方法。

2.1.2 资金时间价值的计算

根据资金具有时间价值的理论,可以将某一时点的资金金额折算为其他时点的金额。我们一般采用终值和现值两种形式。所谓终值,又称将来值,是现在一定量的资金折算到未来某一时点所对应的金额,即本利和,通常记作 F。所谓现值,又称本金,是指未来某一时点上的一定量资金折算到现在所对应的金额,即将来一定量的资金扣除了利息之后的余额,通常记作 P。现值和终值是一定量的资金在前后两个不同时点上对应的价值,其差额即为资金的时间价值。终值和现值的计算涉及利息计算方法的选择,目前有两种利息计算方法:单利计算和复利计算。

1)单利终值和现值的计算

单利是计算利息的一种方法。单利制下,只对本金计算利息,所生利息不再计入本金重复计算利息。单利的计算包括计算单利利息、单利终值和单利现值。单利终值,是指本金和未来利息之和。单利现值,是指未来收到或付出资金按单利计算的现在价值。

例 2.1 小华将 1 000 元存入银行,年利率为 4%,求 5 年后的终值。

解:5 年后的利息=1 000(本金)×4%(年利率)×5(计息期)= 200(元)

5 年后的终值=1 000(本金)+200(利息总额)= 1 200(元)

由此,我们可以得到单利终值的一般计算公式为:

$$F = P + I = P + P \times i \times n = P(1 + i \times n)$$

其中:F 为终值;P 为现值;I 为利息;i 为利息率;n 为计息期。

$(1+ i\times n)$ 为单利终值系数。

将上述公式进行一个变形,我们就可以得到单利现值的计算公式,即为:

$$P = F - I = F/(1 + i \times n)$$

其中:$1/(1+ i\times n)$ 为单利现值系数。

例 2.2 小华希望在 5 年后从银行取得 12 000 元的本利和,银行年利率为 4%,请问他现在要存多少资金到银行?

解:$P= F/(1+ i\times n)= 12\ 000/(1+4\%\times5)= 10\ 000$(元)

通过上述计算,我们不难发现,单利的终值和现值互为逆运算,单利终值系数和单利现值系数互为倒数。

2)复利终值和现值的计算

复利是计算利息的另一种方法,是指每经过一个计息期,要将该期所派生的利息加入本金再计算利息,逐期滚动计算,俗称"利滚利"。复利的计算包括复利终值、复利现值和复利利息。这里所说的计息期,是指相邻两次计息的间隔,如年、月、日等。除非特别说明,计息期一般为一年。

(1)复利终值的计算

复利终值是按复利计息方式,经过若干个计息期后包括本金和利息在内的未来价值。我们可以得到复利终值的一般计算公式为:

$$F = P(1 + i)^n$$

其中:$(1+ i)^n$ 为复利终值系数或 1 元的复利终值,记作$(F/ P, i, n)$;例如,$(F/ P, 2\%, 3)$表示利息率为 2%,计息期为 3 年的 1 元的复利终值。为了便于计算,我们编制了"1 元的复利终值表"(见附表一)。该表的第一行是利息率 i,第一列为计息期数 n,横纵交叉处即为相对应的复利终值系数。通过该表可查出$(F/ P, 2\%, 3)= 1.061\ 2$,即当资金时间价值为 2%的情况下,现在的 1 元和 3 年后的 1.061 2 元在经济价值上是相等的。该表的作用不仅在于当已知 i 和 n 时查找出相对应的复利终值系数值,而且还可用于当已知复利终值系数值和 n 时查找 i,或者当已知复利终值系数值和 i 时查找 n。

例 2.3 小华存入 3 年定期存款 10 000 元,复利年利率 4%,3 年后可得到的金额是多少?

解:3 年后的终值 $F = 10\ 000 \times(F/P,4\%,3)$

$= 10\ 000 \times 1.124\ 9 = 11\ 249$(元)

(2)复利现值的计算

复利现值是指未来一定时期的资金按复利计算的现在价值,或者说是为取得将来一定的本利和在现在需要投入的本金量,是复利终值的逆运算,也叫贴现。我们将复利终值的计算公式进行一个变形,就得到了复利现值的计算公式,即为:

$$P = F/(1 + i)^n = F(1 + i)^{-n}$$

其中:$(1+ i)^{-n}$为复利现值系数或 1 元的复利现值,记作$(P / F, i, n)$;例如,$(P / F, 2\%, 3)$表示利息率为 2%,计息期为 3 年的 1 元的复利现值。同样为了计算的方便,我们编制了"1 元的复利现值表"(见附表二)。该表的使用方法与"1 元的复利终值表"的使用方法相同。

例 2.4 小华为了 3 年后能从银行取出 1 000 元,在复利年利率为 2%的情况下,当前应存入的金额是多少?

解:$P=F(1+ i)^{-n}=1\ 000\times(1+ 2\%)^{-3}=1\ 000\times0.942$(查表得)$= 9\ 420$(元)

通过上述计算,我们发现,复利的终值和现值也互为逆运算,复利终值系数和复利现值系数也互为倒数。

(3)已知终值和现值,计算利率或者期间

已知终值和现值,计算利率或者期间的步骤:

①求出复利终值系数或者现值系数;

②查附表,用插入法求利率或者期间

例 2.5 张明打算将 10 000 元投资于一个项目,这个项目要使得张明在 3 年后收回的资金是投资金额的 2 倍,那么为达到这一目的,他所选择的项目的报酬率最低应是多少?

解:$F=10\ 000\times2=20\ 000$(元)

$20\ 000=10\ 000\times(1+i)^3$

$(1+i)^3=2$

$(F/P, i, 3)=2$

查找"复利终值系数表",在 $n=3$ 的横行中寻找 2,最接近 2 的对应 $i=26\%$,即:

$(F/P, 26\%, 3)=2.000\ 4\approx2$

所以 $i=26\%$,即投资项目的最低报酬率为 26%时,才能使现在的资金在 3 年后达到现值的 2 倍。

例 2.6 张明打算将 10 000 元投资于一项报酬率为 10%的项目,那么要经过多少年才能使现在的资金增加 1 倍?

解:$F=10\ 000\times2=20\ 000$(元)

$20\ 000=10\ 000\times(F/P, 10\%, n)$

即$(F/P, 10\%, n)=2$

查找"复利终值系数表",其最接近的系数值 1.948 7;2.143 6,

$(F/P, 10\%, 7)=1.948\ 7$

$(F/P, 10\%, 8)=2.143\ 6$

所以,$n=7.26$

即:7.26 年后才能使现在的资金增加 1 倍。

3)年金终值和现值的计算

年金是指一定时期内,每隔相同的时间,收入或支出相同金额的系列款项,通常记作 A。在经济领域中,分期付款赊购、分期偿还贷款、融资租赁、养老金的发放、固定资产按照直线法计提的年折旧额、养老保险金、零存整取或整存零取储蓄等都采取年金的形式。

年金按每次收付款发生的时点不同,可分为普通年金、即付年金、递延年金和永续年金。

(1)普通年金

普通年金又称后付年金,是指发生在每期期末的等额收付款项,在现实经济生活中这种年金最为常见,不加说明时,年金即指普通年金。其计算包括终值和现值计算。

①普通年金终值的计算。

普通年金终值犹如零存整取的本利和,它是一定时期内每期期末等额收付款项的复利终值之和,记作 F_A。

根据其定义,我们可知:

年金 A,1 年的终值=A;

年金 A,2 年的终值=$A(1+i)$;

年金 A,3 年的终值=$A(1+i)^2$;

……

年金 A,n 年的终值=$A(1+i)^{n-1}$。

所以 n 期的年金终值为:

$$F_A=A+A(1+i)+A(1+i)^2+\cdots\cdots+A(1+i)^{n-1} \quad ①$$

将两边同时乘以$(1+i)$得:

$$F_A(1+i)=A(1+i)+A(1+i)^2+A(1+i)^3+\cdots\cdots+A(1+i)^n \quad ②$$

②-①得:$F_A\cdot i=A(1+i)^n-A$

即:$F_A=A\cdot\dfrac{(1+i)^n-1}{i}$

式中,$\dfrac{(1+i)^n-1}{i}$称为“年金终值系数”,可直接查阅“年金终值系数表”(见附表三)得到,记作$(F/A,i,n)$。

因此,普通年金终值的计算公式可简记为:

$$F_A=A\cdot(F/A,i,n)$$

例 2.7 计划在今后 5 年内每年年末存 1 000 元到银行,年利率为 2%。在第 5 年末,该笔存款的终值为多少?

解:$F_A=A\cdot(F/A,i,n)$

$=1\ 000\cdot(F/A,2\%,5)$

$=1\ 000\times5.204\ 0$

$=5\ 204$(元)

②普通年金现值的计算。

普通年金现值是指每期期末等额系列收付款项的复利现值之和,记作 P_A。

根据其定义,我们可知 n 期的年金现值为:

$$P_A=A(1+i)^{-1}+A(1+i)^{-2}+\cdots\cdots+A(1+i)^{-n} \quad ①$$

将两边同时乘以$(1+i)$得:

$$P_A(1+i)=A+A(1+i)^{-1}+A(1+i)^{-2}+\cdots\cdots+A(1+i)^{-(n-1)} \quad ②$$

②-①得:$P_A\cdot i=A-A(1+i)^{-n}$

即 $P_A=A\cdot\dfrac{1-(1+i)^{-n}}{i}$

式中,$\dfrac{1-(1+i)^{-n}}{i}$称为“年金现值系数”,可直接查阅“年金现值系数表”(见附表四)得到,记作$(P/A,i,n)$。

因此,普通年金现值的计算公式可简记为:

$$P_A=A\cdot(P/A,i,n)$$

例 2.8　张明投资了一个项目,每年年末可得收益 10 000 元,按年利率 6%计算,计算 5 年收益的现值。

解:$P_A = A \cdot (P/A, i, n)$

$= 10\ 000 \cdot (P/A, 6\%, 5)$

$= 10\ 000 \times 4.212\ 4$

$= 42\ 124$(元)

③年偿债基金。

年偿债基金是为了在约定的未来某一时点清偿某笔债务或者积聚一定数额的资金而必须分次等额形成的存款准备金。年偿债基金的计算式:

$$A = \frac{F}{F/A, i, n}$$

例 2.9　某企业拟在 5 年后偿还 10 万元的负债,假设银行存款利率为 8%,问从现在起每年年末需向银行存入多少钱,到期时,可用银行存款的本利和还清该笔债务?

解:$A = \frac{F}{F/A, i, n} = \frac{10}{5.866\ 6} = 1.70$(万元)

④年等额投资回收额。

年等额投资回收额,是指在给定的年限内等额回收或清偿初始投入的资本或所欠的债务。

$$A = \frac{P}{P/A, i, n}$$

例 2.10　某企业现在借款 1 000 万元,在 10 年内以年利率 12%等额偿还,求每年应付的金额。

解:$A = \frac{1\ 000}{P/A, 12\%, 10} = \frac{1\ 000}{5.650\ 2} \approx 177$(万元)

(2)即付年金

即付年金又称先付年金或预付年金,是指发生在每期期初的等额收付款项。即付年金与普通年金相比,区别就在于收付款的时间不同。

①即付年金终值的计算。

即付年金终值是指每期期初等额收付款项的复利终值之和。根据其定义,我们可知 n 期即付年金与 n 期普通年金的付款次数相同,只是付款的时间不同,n 期即付年金终值比 n 期普通年金终值多计算一期利息。因此,在 n 期普通年金终值的基础上乘以$(1+i)$就是 n 期即付年金的终值。其计算公式为:

$$F_A = A \cdot \frac{(1+i)^n - 1}{i} \cdot (1+i) = A \cdot (F/A, i, n) \cdot (1+i)$$

或者整理为:　$F_A = A \cdot \frac{(1+i)^n - 1}{i} \cdot (1+i)$

$$= A \cdot \left[\frac{(1+i)^{n+1} - 1}{i} - 1\right]$$

$$=A\cdot[(F/A,i,n+1)-1]$$

例 2.11 张明计划在今后 5 年内每年年初存 1 000 元到银行，年利率为 2%。在第 5 年末，该笔存款的终值为多少？

解：$F_A=A\cdot[(F/A,i,n+1)-1]$

$=1\ 000\times[(F/A,2\%,6)-1]$

$=1\ 000\times(6.308\ 1-1)$

$=5\ 308.1$（元）

②即付年金现值的计算。

即付年金现值是指每期期初等额收付款项的复利现值之和。如前所述，n 期即付年金与 n 期普通年金的期限相同，但由于其付款的时间不同，n 期即付年金比 n 期普通年金少折现一期。因此，在 n 期普通年金现值的基础上乘以 $(1+i)$，便可求出 n 期即付年金的现值。其计算公式为：

$$P_A=A\cdot\frac{1-(1+i)^{-n}}{i}\cdot(1+i)=A\cdot(P/A,i,n)\cdot(1+i)$$

或者整理为：$P_A=A\cdot\dfrac{1-(1+i)^{-n}}{i}\cdot(1+i)$

$$=A\cdot\left[\frac{1-(1+i)^{-(n-1)}}{i}+1\right]$$

$$=A\cdot[(F/A,i,n-1)+1]$$

例 2.12 张明采用分期付款方式购入商品房一套，每年年初付款 20 000 元，分 10 年付清。若银行利率为 5%，该项分期付款相当于一次现金支付的购买价格是多少？

解：$P_A=A\cdot[(F/A,i,n-1)+1]$

$=20\ 000\times[(F/A,5\%,9)+1]$

$=20\ 000\times[7.107\ 8+1]$

$=162\ 156$（元）

(3)递延年金

递延年金是等额系列收付款项发生在第一期以后的年金，即最初若干期没有收付款项，后面若干期每期期末有等额的系列收付款项。它是普通年金的特殊形式，凡不是从第一期开始的普通年金都是递延年金。没有收付款项的若干期称为递延期。

①递延年金终值的计算。

只要将一共收到或支付 n 期的年金折算到期末，即可得到递延年金终值。递延年金终值的大小，与递延期无关，只与年金共收到或支付了多少期有关，它的计算方法与普通年金相同。即其计算公式为：

$$F_A=A\cdot(F/A,i,n)$$

要注意的是，“n”表示的是 A 的个数，与递延期无关。

例 2.13 张明投资了一个项目，估计从第 3 年开始到第 8 年，每年年末可得收益 10 000 元，假设年利率为 5%，计算投资项目年收益的终值。

解：$F_A = A \cdot (F/A, i, n)$

$= 10\,000 \times (F/A, 5\%, 6)$

$= 10\,000 \times 6.801\,9$

$= 68\,019$（元）

②递延年金现值的计算。

递延年金现值可用 3 种方法来计算：

方法一：把递延年金视为 n 期的普通年金，求出年金在递延期期末 m 点的现值，再将 m 点的现值调整到第一期期初。其计算公式为：

$$P_A = A \cdot (P/A, i, n) \times (P/F, i, m)$$

式中，m 为递延期数，n 为连续收支期数。

方法二：先假设递延期也发生收支，则变成一个（$m+n$）期的普通年金，算出（$m+n$）期的年金现值，再扣除并未发生年金收支的 m 期递延期的年金现值，即可求得递延年金的现值。其计算公式为：

$$P_A = A \cdot [(P/A, i, m+n) - (P/A, i, m)]$$

方法三：先计算出递延年金的终值，再将终值折算到第一期期初，即可求得递延年金的现值。其计算公式为：

$$P_A = A \cdot (F/A, i, n) \times (P/F, i, m+n)$$

例 2.14 张明年初在银行存入一笔资金，打算存满 3 年后，从第 4 年年末开始连续 3 年每年年末从银行提取 10 000 元，若银行存款年利率为 10%，则他年初要存入多少才能实现计划？

解：方法一：$P_A = A \cdot (P/A, i, n) \times (P/F, i, m)$

$= 10\,000 \times (P/A, 10\%, 3) \times (P/F, 10\%, 3)$

$= 10\,000 \times 2.486\,9 \times 0.751\,3$

$= 18\,684.079\,7$（元）

方法二：$P_A = A \cdot [(P/A, i, m+n) - (P/A, i, m)]$

$= 10\,000 \times [(P/A, 10\%, 6) - (P/A, 10\%, 3)]$

$= 10\,000 \times (4.355\,3 - 2.486\,9)$

$= 18\,684$（元）

方法三：$P_A = A \cdot (F/A, i, n) \times (P/F, i, m+n)$

$= 10\,000 \times (F/A, 10\%, 3) \times (P/F, 10\%, 6)$

$= 10\,000 \times 3.310\,0 \times 0.564\,5$

$= 18\,684.95$（元）

以上三种方法都可以计算出来，结果反映出来的误差是因小数点的尾数造成的。

（4）永续年金

永续年金是指从第一期期末开始，无限期的在每期期末都有等额的收付款项，如优先股的股利。它是普通年金的一种特殊形式。由于永续年金的期限趋于无限，没有终止时间，因而也没有终值，只有现值。即永续年金现值的计算可以等同为无限期的普通年金现值的

计算:

$$P_A = A \cdot \frac{1-(1+i)^{-n}}{i}$$

其中,$n\to\infty$ 时,$(1+i)^{-n}\to 0$

所以,永续年金现值的计算公式为:

$$P_A = \frac{A}{i}$$

例 2.15 某企业要建立一项永久性帮困基金,计划每年拿出 50 000 元帮助失学儿童,假设年利率为 5%,那么现在要筹集多少资金?

解:$P_A = \frac{A}{i}$

$= \frac{50\ 000}{5\%}$

$= 1\ 000\ 000$(元)

4)名义利率与实际利率的换算

实际上,复利的计息期间不一定是一年,有可能是季度、月份或日,当每年复利次数超过一次时,这样的年利率叫做名义利率,而每年只复利一次的利率才是实际利率。对于一年内多次复利的情况,可采取两种方法计算时间价值:

方法一:将名义利率调整为实际利率后按实际利率计算。

$$i = \left(1+\frac{r}{m}\right)^m - 1$$

式中 i——实际利率;

r——名义利率;

m——每年复利次数。

例 2.16 某企业年初存入 10 万元,在年利率为 10%,半年复利一次的情况下,到第 10 年年末,该企业能得到多少本利和?

解:方法一:$i=\left(1+\frac{r}{m}\right)^m-1=\left(1+\frac{10\%}{2}\right)^2-1=10.25\%$

$F=P(1+i)^n=10\times(1+10.25\%)^{10}=26.53$ 万元

这种方法的缺点是调整后的实际利率往往有小数点,不利于查表。

方法二:不计算年实际利率,而是调整期数,即期数为 mn,利率为$\frac{r}{m}$。

例 2.17 利用上例有关资料,用第二种方法计算本利和。

$$F = P\left(1+\frac{r}{m}\right)^{mn} = 10\times\left(1+\frac{10\%}{2}\right)^{2\times 10} = 26.53\text{ 万元}$$

2.2　投资的风险价值

2.2.1　风险的概念及特征

1) 风险的概念

企业的经营活动经常是在有风险的情况下进行的。所谓风险是指一定条件下、一定时期内，某一项行动具有多种可能但结果不确定。人们只能估计采取某种行为可能形成的结果，以及每种结果出现的可能性程度，而行动的最终结果究竟会怎样，却无法预先获知。例如，掷硬币的游戏，我们事先知道硬币落地时有正面朝上和反面朝上两种结果，而且知道每种结果出现的可能性各占一半，但究竟是正面朝上还是朝下，谁也不能肯定。再例如，企业投产一个新的产品。虽然在投产前经过了市场调查，觉得有利润才决定生产，但最终是否能获取预期的利润仍是一个未知数，因为成本、价格、销售、市场的需求度等这些影响利润的因素都有可能发生预想不到并且无法控制的变化。所以，企业的这种投资行为是存在风险性的。一般来说，风险产生的原因主要是缺乏信息和决策者不能控制未来事物的发展过程。

2) 风险的特征

具有多样性和不确定性的风险有三个显著特点：

(1) 客观存在性

风险既然是事件本身的不确定性，那么便具有客观性，即财务活动的风险是客观存在的。每一项财务活动风险的大小是既定的，是决策者所无法改变的。但是，是否冒风险以及冒多大的风险却是决策者能够选择的，是决策者通过拟定财务决策在主观上能够控制的。

(2) 相对性

风险是一个相对的概念，随时间的推延而改变。对某一既定的财务活动而言，在预测阶段由于财务活动本身受各种外部因素的影响，而各种因素的变化本身又具有不确定性和不可控性，所以先前的预测可能很不准确。但是随着时间的推移，外部的各种影响因素逐渐地变成了事实，成为客观存在的环境，是决策者所能够掌握的信息资料，财务活动的不确定性随之而减少，风险在减少；当财务活动结束后，其结果已既成事实，形成完全肯定的数据资料，也就不存在风险了。因此，风险是相对时间而言的，是“一段时间内”的风险。

(3)“双刃剑”

风险具有两面性，像“双刃剑”一样，可能给投资者带来超出预期的收益，也可能给投资者带来超出预期的损失。正因为如此，投资者冒风险进行投资时，不仅要考虑可能获得的超额报酬，同时也要考虑风险可能产生的超额损失及公司(投资者)对风险带来损失的承受能力。一般而言，投资者对意外损失的关切远比对意外收益的关切强烈得多。人们在研究风险时，往往侧重于对风险带来的意外损失进行分析，常常致力于研究如何降低风险带来的不利影响。

2.2.2 风险的类别

1）从理财主体角度分类

从理财主体的角度看，风险可以分为两类：市场风险和公司特有风险。

（1）市场风险

市场风险是指在公司运营的环境中存在的对所有企业均产生影响的因素发生变化时产生的风险。例如：战争、自然灾害、经济周期的变化、通货膨胀、财政政策和货币政策等。这类风险是由企业的外部因素引起的，关系到市场中存在的所有投资对象，是投资者无法通过多元化投资来分散的。因此，又称为不可分散风险或系统性风险。

（2）公司特有风险

公司特有风险是指发生于个别公司的特有事件造成的风险，例如罢工、新产品开发失败、没有争取到重要的合同、诉讼失败等。这类事件是随机发生的，因而可以通过多元化投资来分散风险，即发生于一家公司的不利事件可以被其他公司的有利事件所抵消。这类风险因其具有可分散、可抵消性，所以称其为可分散风险或非系统性风险。例如，一个人投资股票时，买几种不同行业、不同产品和业务公司的股票的风险比买进单一股票的风险小。

2）从公司本身分类

从公司本身看，按风险形成的原因不同分为经营风险和财务风险两种。

（1）经营风险

经营风险是指生产经营的不确定性带来的风险，它是任何商业活动都具有的风险，也称为商业风险。经营风险主要来自以下几个方面：市场销售的波动、生产成本的变化、生产技术的不断改进以及其他对生产经营活动产生影响的各因素的变化。经营风险将会使企业的营运报酬变得不确定。

（2）财务风险

财务风险是指因企业借款而增加的风险，是筹资决策带来的风险，也叫筹资风险。企业举债经营，全部资金中除自有资金外还有一部分借入资金，这会对自有资金的盈利能力造成影响；同时，借入资金需还本付息，一旦无力偿付到期债务，企业会陷入财务困境甚至破产。对财务风险的管理，关键是要保证有一个合理的资本结构，维持适当的负债水平，既要充分利用举债经营这一手段获取财务杠杆收益，提高自有资金的盈利能力，同时又要注意防止过度举债而引起的财务风险的加大，避免陷入财务困境。

2.2.3 风险价值

风险价值也称风险报酬，是指投资者因冒风险进行投资而要求的超过资金时间价值的那部分额外报酬。常用相对数风险报酬率来表示风险报酬。投资者进行一项投资所获得的报酬，由三部分组成：资金时间价值、通货膨胀贴补率、风险报酬。即：

$$投资报酬率 = 资金时间价值 + 通货膨胀贴补率 + 风险报酬率$$

$$投资报酬率\ K = 无风险报酬率\ RF + 风险报酬率\ RR$$

2.2.4 风险衡量

风险客观存在,广泛影响企业的经营及财务活动,因此,正视风险并将其程度予以量化,进行较为准确的衡量,便成为企业财务管理的一项重要工作。风险与概率直接相关,并由此而与期望值、离散程度等相联系,对风险进行衡量时应着重考虑这几个方面的因素。

1)概率与概率分布

①概率:随机事件发生可能性大小的数值。

②概率分布:某一事项未来各种结果发生可能性的概率分布。有两种分布:

a.离散型分布:如果随机变量(如报酬率)只取有限个值,并且对应于这些值有确定的概率,则称是离散型分布。

b.连续型分布:随机变量有无数种可能会出现,有无数个取值。

例 2.18 某企业 A、B 产品投产后预计收益情况和市场销量有关,如表 2.1 所示。

表 2.1 市场预测和预计收益概率分布表

经营状况	发生概率	A 产品收益率	B 产品收益率
好	0.2	70%	50%
一般	0.6	30%	30%
差	0.2	-10%	10%

2)期望值

期望值是随机变量的各个取值,以相应的概率为权数的加权平均数,反映随机变量取值的平均化。财务管理最常用的是期望报酬率。

例 2.19 例 12.18 中:

A 方案:$R=0.2\times70\%+0.6\times30\%+0.2\times(-10\%)=30\%$

B 方案:$R=0.2\times50\%+0.6\times30\%+0.2\times10\%=30\%$

两方案的期望值均为 30%,但概率分布不同,A 方案-10%~70%,B 方案在 10%~50%,风险不同。A 风险大于 B 风险,但要定量衡量其大小,需要统计学中计算反映离散程度的指标。

3)离散程度

离散程度表示随机变量分离程度的指标,包括平均差、方差、标准差、全距等。其中最常用的是标准差。标准差反映了各种可能的报酬率偏离期望报酬率的平均程度。标准差越小,说明各种可能的报酬率分布的越集中,各种可能的报酬率与期望报酬率平均差别程度就小,获得期望报酬率的可能性就越大,风险就越小;反之,获得期望报酬率的可能性就越小,风险就越大。

例 2.20 例 12.18 中:

A 方案标准差为:

$$\sqrt{(70\%-30\%)^2\times0.2+(30\%-30\%)^2\times0.6+(-10\%-30\%)^2\times0.2}=25.3\%$$

B 方案标准差为：

$$\sqrt{(50\% - 30\%)^2 \times 0.2 + (30\% - 30\%)^2 \times 0.6 + (10\% - 30\%)^2 \times 0.2} = 12.65\%$$

A 方案实际可能报酬率偏离期望值的可能性大，故风险较大。

4）离散系数

对于两个期望报酬率相同的项目，标准差越大，风险越大，标准差越小，风险越小。但对于两个期望报酬率不同的项目，其风险大小就要用标准离差率来衡量。

离散系数（标准离差率）= 标准差 / 期望值

能力训练

一、单项选择题

1.资金时间价值通常被认为是没有风险和没有通货膨胀条件下的（　　）。

A.利息率　B.额外收益　C.社会平均资金利润率　D.利润率

2.资金时间价值的实质是（　　）。

A.利息率　B.资金周转使用后的增值额

C.利润率　D.差额价值

3.在实务中，人们习惯用（　　）表示货币时间价值。

A.绝对数　B.相对数　C.平均数　D.指数

4.一定时期内每期期初等额收付的系列款项是（　　）。

A.即付年金　B.永续年金　C.递延年金　D.普通年金

5.下列各项年金中，只有现值没有终值的年金是（　　）。

A.普通年金　B.即付年金　C.永续年金　D.先付年金

6.某人将 10 000 元存入银行，银行年利率为 8%，按单利计算，则 5 年后此人可从银行取出（　　）元。

A.10 200　B.10 400　C.14 000　D.14 690

7.王某拟存入一笔资金准备 3 年后使用，假设该笔存款的年利率为 4%，王某在 3 年后需使用 39 200 元，则在单利计息情况下，现在应存入（　　）元资金。

A.34 002.15　B.10 801.44　C.35 000　D.42 924.53

8. 某人将 10 000 元存入银行，银行年利率为 8%，按复利计算，则 5 年后此人可从银行取出（　　）元。

A.10 200　B.10 400　C.14 000　D.14 693

9.某投资者购买了 1 000 元的债券，期限 3 年，年利率 10%，到期一次还本付息，按照复利法，则 3 年后该投资者可获得的利息是（　　）元。

A.220　B.300　C.100　D.331

10.若某公司计划在三年后获得本利和 100 万元，假设投资报酬率为 6%，则该公司现在应投资（　　）万元。

A.79.21　B.86.38　C.83.96　D.82

11.孙某计划在今后三年内每年年末拿出 1 000 元存入银行,年利率为 6%。在第三年末,该笔存款的终值应为(　　)元。

A.3 000　　B.3 214.9　　C.3 183.6　　D.2 634

12.某人拟存入银行一笔钱,以便在以后 10 年中每年年底得到 5 000 元,假定银行存款年利率为 10%,则他现在应存入(　　)元。

A.49 000　　B.49 675　　C.49 670　　D. 30 723

13.企业购入一台设备,款项分 4 年等额支付,每年年初支付 50 000 元,假设利率为 10%,则付款额的终值为(　　)元。

A.132 050　　B.255 000　　C.255 255　　D.260 000

14.下列各项中,代表即付年金现值系数的是(　　)。

A.[(P/A, i, n+1)+1]　　B.[(P/A, i, n+1)-1]

C.[(P/A, i, n-1)-1]　　D.[(P/A, i, n-1)+1]

15.根据资金时间价值理论,在普通年金现值系数的基础上,期数减 1 系数加 1 的计算结果,应当等于(　　)。

A.递延年金现值系数　　B.后付年金现值系数

C.即付年金现值系数　　D.永续年金现值系数

16.A 方案在三年中每年年初付款 500 元,B 方案在三年中每年年末付款 500 元,若利率为 10%,则两个方案第三个年末时的终值相差(　　)。

A.105　　B.165.5　　C.665.5　　D.505

17.某一项年金前 3 年没有流入,后 5 年每年年初流入 4 000 元,则该项年金的递延期是(　　)年。

A.4　　B.3　　C.2　　D.1

18.某大学计划设立一项永久性的奖学金,每年奖金为 4 万元,若利息率为 8%,应一次性投入资金(　　)万元。

A.80　　B.20　　C.32　　D.50

二、多项选择题

1.下面关于资金时间价值的论述,正确的有(　　)。

A.时间价值是货币随着时间的推移而产生的一种增值,因而它是由时间创造的

B.资金投入生产经营才能产生增值,因此时间价值是在生产经营中产生的

C.货币没有时间价值,只有资金才有时间价值

D.一般而言,时间价值应按复利方式计算

2.资本的时间价值相当于(　　)下的社会平均资本利润率。

A.没有风险　　B.有风险

C.有通货膨胀　　D. 没有通货膨胀

3.利息的计算方式有两种(　　)。

A.单利计算　　B.复利计算　　C.现值计算　　D.终值计算

4.年金按其每次收付发生的时点不同,可分为(　　)。

A.普通年金　B.即付年金　C.递延年金　D.永续年金

5.下列年金中,属于普通年金特殊形式的是(　　)。

A.即付年金　B.递延年金　C.后付年金　D.永续年金

6.递延年金具有如下特点(　　)。

A.年金的第一次支付发生在若干期之后

B.没有终值

C.年金的现值与递延期无关

D.年金的终值与递延期无关

7.某项目从现在开始投资,2 年内没有回报,从第 3 年开始每年末获利额为 A,获利年限为 5 年,则该项目利润的现值为(　　)。

A. $A\times(P/A,i,5)\times(P/F,i,3)$　B. $A\times(P/A,i,5)\times(P/F,i,2)$

C. $A\times[(P/A,i,7)-(P/A,i,2)]$　D. $A\times[(P/A,i,7)-(P/A,i,3)]$

8.属于在期末发生的年金形式有(　　)。

A.即付年金　B.永续年金　C.普通年金　D.递延年金

9.下列选项中,既有现值又有终值的是(　　)。

A.递延年金　B.普通年金　C.即付年金　D.永续年金

10.按形成的原因不同可将风险分为(　　)。

A.市场风险　B.公司特有风险　C.经营风险　D.财务风险

三、判断题

1.资金的时间价值是时间创造的,因此,所有的资金都有时间价值。(　　)

2.一般市场利率除了包括资金时间价值因素以外,还包括风险价值和通货膨胀因素。(　　)

3.在现值和计息期数一定的情况下,利率越高,则复利终值越大。(　　)

4.在利率和计息期相同的条件下,复利现值系数与复利终值系数互为倒数。(　　)

5.n 期即付年金与 n 期普通年金的付款次数相同,但付款时间不同。(　　)

6.距今若干期后发生的每期期末收款或付款的年金称为后付年金。(　　)

7.计算递延年金终值的方法与计算普通年金终值的方法一样。(　　)

8.递延年金的终值不受递延期的影响,而递延年金的现值受递延期的影响。(　　)

9.凡不是从第一期开始的年金都是永续年金。(　　)

10.市场风险可以通过投资组合来分散。(　　)

四、计算分析题

1.某人将 10 000 元存入银行,年利率为 2%,按单利计算,3 年后本利和有多少?

2.某人希望在第 5 年年末取得本利和 10 000 元,用以支付一笔款项 。则在利率为 5%,单利方式计算条件下,此人现在应存入银行多少钱?

3.某建设项目投资额中,有 2 000 万元为银行贷款,如果贷款年利率按 8%计,贷款期限为 5 年,第 5 年年末一次还本付息,按复利计算,第 5 年年末应偿还的本利和为多少?

4.某投资项目预计 6 年后可获得收益 800 万元,假设投资报酬率为 12%,问这笔收益的现在价值是多少?

5.郑先生下岗获得 50 000 元现金补助，他希望 20 年后这笔款项变为 250 000 元，那就可以解决自己的养老问题。问存款利率为多少是才能实现？

6.郑先生下岗获得 50 000 元现金补助，他进行某投资报酬率为 10%，他希望这笔款项变为 250 000 元以解决自己的养老问题。问经过多少年才能实现？

7.小李将每年领到的 60 元独生子女费逐年末存入银行，年利率 5%，当独生子女 14 岁时，按复利计算，其本利和为多少？

8.某公司从银行介入一笔款项，协议 5 年末一次行归还 600 万元，年利率 6%，为了归还借款，每年应提取多少资金？

9. 某运输企业为将来的技术改造筹集资金，每年年末存入银行 30 万元，欲连续积存 5 年达到 180 万元，银行利率为多少才能实现？

10.某工程 1 年建成并投产，服务期 5 年，每年净收益为 5 万元，投资收益率为 10%时，恰好能够在寿命期内把期初投资全部收回，问该工程期初所投入的资金是多少？

11.现在向银行存入 20 000 元，问年利率 i 为多少时，才能保证在以后 9 年中每年末得到 4 000 元本利？

12.有甲、乙两台设备可供选用，甲设备的年使用费比乙设备低 500 元，但价格高于乙设备 2 000 元。若资本成本为 10%，甲设备的使用期应长于多少年，选用甲设备才是有利的？

13.某企业在 2002 年年末有金额 1 000 万元，若年利率为 8%，利用复利进行计算。

①七年前有计划将款存入银行，每年等额存入多少到 2002 年方有 1 000 万元？

②到 2012 年年末该 1 000 万元的本利和是多少？

③在 2006 年的资金额是多少？

④若从 2007 年开始每年末等额提取多少资金恰好在 2012 年年末将 1 000 万元提取完毕？

14.某大学生在大学四年学习期间，每年年初从银行借款 5 000 元用以支付学费，若按年利 6%计复利，第四年年末一次归还全部本息需要多少钱？

15.时代公司需用一设备，买价为 1 600 万元可用 10 年。如果租用，则每年年初需付租金 200 万元，除此以外，买与租的其他情况相同。假设利率为 6%。

要求计算说明购买与租用何者为优。

16.某公司拟购置一处房产，房主提出三种付款方案：

①从现在起，每年年初支付 20 万，连续支付 10 次，共 200 万元；

②从第 5 年开始，每年年末支付 25 万元，连续支付 10 次，共 250 万元；

③从第 5 年开始，每年年初支付 24 万元，连续支付 10 次，共 240 万元。

假设该公司的资金成本率（即最低报酬率）为 10%，你认为该公司应选择哪个方案？

17.某公司想使用一办公楼，现有两种方案可供选择：

方案一：永久租用办公楼一栋，每年年初支付租金 10 万，一直到无穷。

方案二：一次性购买，支付 120 万元。

目前存款利率为 10%，问从年金角度考虑，哪一种方案更优？

18.现金 1 000 元存入银行，若利率为 8%，每 3 个月复利一次，2 年后的复利终值是多少？

19.年利率 16%，半年复利一次，5 年后的 1 000 元其复利现值是多少？

第3章　筹资管理

本章导航

筹资概述	一、筹资及种类	了解筹资的概念，理解筹资种类
	二、企业筹资的渠道和方式	理解筹资渠道，掌握筹资方式
权益资本的筹集	一、吸收直接投资	掌握财务管理目标及优缺点
	二、发行普通股	了解股票的种类，掌握发行普通股的优缺点
	三、发行优先股	理解优先股的种类，掌握发行优先股的优缺点
	四、企业内部积累	了解内部积累的方式及优缺点
负债资金的筹集	一、银行借款	了解借款的种类、程序、保护性条款，理解借款的偿还，掌握信用条件和利息的支付方式
	二、发行债券	了解债券种类，掌握债券的发行价格及优缺点
	三、融资租赁	了解融资租赁种类，掌握租金的构成、计算及优缺点
	四、商业信用	了解商业信用种类，掌握放弃现金折扣的成本计算、商业信用优缺点
资金成本	一、资金成本的概念	掌握资金成本的概念，理解其意义
	二、个别资金成本	掌握个别资金成本的计算
	三、综合资金成本	掌握综合资金成本的计算
杠杆原理	一、经营杠杆	掌握经营杠杆的计算
	二、财务杠杆	掌握财务杠杆的计算
	三、总杠杆	掌握总杠杆的计算
资金结构	一、资金结构	理解最佳资金结构
	二、资金结构决策	掌握资金成本比较法、息税前利润——每股利润分析法

3.1 筹资概述

3.1.1 筹资及种类

企业筹资是指企业根据其生产经营、对外投资及调整资金结构等活动对资金的需要，通过一定的渠道，采取适当的方式，获取所需资金的一种行为。企业的财务活动是以筹集企业必需的资金为前提的，企业的生存与发展离不开资金的筹措。企业所筹资金既要在时间与成本上适应企业发展的需要，又要在数量上满足生产经营的需要，并不因资金不足而损失投资机会，也不因资金过量而付出过高的占用费。即以较低的筹资成本付出和较小的筹资风险，获取较多的资金。

企业筹集的资金可按多种标准进行不同分类，现介绍两种最主要的分类方式：

1）按资金使用期限的长短分类

按照资金使用期限的长短，可把企业筹集的资金分为短期资金与长期资金两种。

（1）短期资金

短期资金一般是指供一年以内使用的资金。短期资金主要投资于现金、应收账款、存货等，一般在短期内可收回。短期资金常采取利用商业信用和取得银行流动资金借款等方式来筹集。

（2）长期资金

长期资金一般是指供一年以上使用的资金。长期资金主要投资于新产品的开发和推广、生产规模的扩大、厂房和设备的更新，一般需几年甚至十几年才能收回。长期资金通常采用吸收投资、发行股票、发行公司债券、取得长期借款、融资租赁和内部积累等方式来筹集。

2）按资金的来源渠道分类

按照资金的来源渠道不同，可将企业资金分为所有者权益和负债两大类。

（1）所有者权益

所有者权益是指投资人对企业净资产的所有权，包括投资者投入企业的资本及持续经营中形成的经营积累，如资本公积金、盈余公积金和未分配的利润等。资本是各种投资者以实现盈利和社会效益为目的，用以进行生产经营、承担民事责任而投入的资金，企业通过发行股票、吸收直接投资、内部积累等方式筹集的资金都有属于企业的所有者权益。所有者权益一般不用还本，因而称之为企业的自有资金、主权资金或权益资金。企业采用吸收自有资金的方式筹集资金，财务风险小，但付出的资金成本相对较高。

（2）负债

负债是企业所承担的能以货币计量，需以资产或劳务偿付的债务。企业通过发行债券，到期要归还本金和利息，因而又称之为企业的借入资金或负债资金。企业采用借入资金的方式筹集资金，一般承担较大风险，但相对而言，付出的资金成本较低。

3.1.2 企业筹资的渠道和方式

企业筹集资金需要选择一定的渠道并采用一定的方式来实现。

1) 筹资渠道

筹资渠道是指客观存在的筹措资金的来源方向与通道。它体现着资金的来源与流量,属于资金供应的范畴。正确认识筹资渠道的种类及各渠道的特点,有助于企业从客观环境的分析中,拓宽和选择利用筹资渠道,为企业筹资服务。从我国的现实看,企业的筹资渠道主要有以下几种:

(1)国家财政资金

国家对企业的直接投资是国有企业最主要的资金来源渠道,特别是国有独资企业,其资金全部由国家投资形成。现有国有企业的资金来源中,其资本部分大多是由国家财政以直接拨款方式形成的,除此以外,还有些是国家对企业"税前还贷"或减免各种税款而形成的。不管是何种形式形成的,从产权关系上看,它们都属于国家投入的资金,产权归国家所有。

(2)银行信贷资金

银行对企业的各种贷款,是我国目前各类企业最为重要的资金来源。我国银行分为商业性银行和政策性银行两种。商业银行是以盈利为目的、从事信贷资金投放的金融机构,它主要为企业提供各种商业贷款。政策性银行是为特定企业提供政策性贷款。

(3)非银行金融机构资金

非银行金融机构主要指信托投资公司、保险公司、租赁公司、证券公司及企业集团所属的财务公司等。它们所提供的各种金融服务,既包括信贷资金投放,也包括物资的融通,还包括为企业承销证券等金融服务。

(4)其他企业资金

企业在生产经营过程中,往往形成部分暂时闲置的资金,并为一定的目的而进行相互投资;另外,企业间的购销业务可以通过商业信用方式来完成,从而形成企业间的债权债务关系,形成债务人对债权人的短期信用资金占用。企业间的相互投资和商业信用的存在,使其他企业资金也成为企业资金的重要来源。

(5)居民个人资金

企业职工和居民个人的结余货币,作为"游离"于银行及非银行金融机构等之外的个人资金,可用于对企业进行投资,形成民间资金来源渠道,从而为企业所用。

(6)企业自留资金

企业自留资金是指企业内部形成的资金,也称企业内部资金,主要包括提取公积金和未分配利润等。这些资金的重要特征之一是,它们无须企业通过一定的方式去筹集,而直接由企业内部自动生成或转移。

各种筹资渠道在体现资金供应量的多少时,存在着较大的差别。有些渠道的资金供应量多,如银行信贷资金和非银行金融机构资金等,而有些相对较少,如企业自留资金等。这种资金供应量的多少,在一定程度上取决于财务管理环境的变化,特别是宏观经济体制、银行体制和金融市场发展速度等因素。

2)筹资方式

筹资方式是指企业筹措资金所采用的具体形式。筹资渠道是客观存在的,而筹资方式则属于企业主观能动行为。我国企业目前筹资方式主要有以下几种:

①吸收直接投资;

②发行股票;

③利用留存收益;

④向银行借款;

⑤利用商业信用;

⑥发行公司债券;

⑦融资租赁。

其中,前三种方式筹措的资金为权益资金;利用后四种方式筹措的资金为负债资金。

3)筹资方式与筹资渠道的配合

企业的筹资方式与筹资渠道有着密切的关系。筹资渠道解决资金来源问题,筹资方式解决通过何种方式取得资金的问题。一定的筹资方式可能只适用于某一特定的渠道,但是同一渠道的资金往往可以采取不同的方式取得,而同一筹资方式又往往适用于不同的筹资渠道。因此,企业筹集资金时,必须实现两者的合理配合。筹资方式与筹资渠道的配合情况详见表3.1。

表3.1 筹资方式与筹资渠道的配合

配合 方式 渠道	吸收直接投资	发行股票	利用留存收益	向银行借款	发行公司债券	利用商业信用	融资租赁
国家财政资金	*	*					
银行信贷资金				*			
非银行金融机构	*	*		*	*		*
其他企业资金	*	*			*	*	*
居民个人资金	*	*			*		
企业自留资金			*				

3.2 权益资本的筹集

3.2.1 吸收直接投资

吸收直接投资是指企业按照“共同投资、共同经营、共担风险、共享利润”的原则直接吸收国家、法人、个人投入资金的一种筹资方式。吸收直接投资与发行股票、留存收益都是企业筹集自有资金的重要方式,发行股票要有股票作为媒介,而吸收直接投资则无需公开发行证券,适用于非股份制企业,是非股份制企业筹资权益资本的最主要形式。吸收直接投资中的出资者都是企业的所有者,他们对企业具有经营管理权,他们按出资额的比例分享利润或承担责任。

1)吸收直接投资的种类

企业采用吸收直接投资方式筹集的资金一般可分为以下三类:

(1)吸收国家投资

国家投资,是指有权代表国家投资的政府部门或者机构以国有资产投入企业,这种资本叫国有资本。吸收国家投资是国有企业筹集自有资金的主要方式。根据《企业国有资本与财务管理暂行办法》规定,国家对企业注册的国有资本实行保全原则。企业在持续经营期间,对注册的国有资本除依法转让外,不得抽回,并且以出资额为限承担责任。企业拟以盈余公积、资本公积转增实收资本的,国有企业和国有独资公司由企业董事会或经理办公会决定,并报主管财政机关备案;股份有限公司和有限责任公司由董事会决定,并经股东大会审议通过。

(2)吸收法人投资

法人投资是指法人单位以其依法可以支配的资产投入企业,这种资本称为法人资本。

(3)吸收个人投资

个人投资是指社会个人或本企业内部职工以个人合法财产投入企业,这种资本为个人资本。

2)吸收直接投资的方式

吸收直接投资可以采用多种方式,从出资者的出资形式看,主要有两种类型:

(1)吸收现金投资

吸收现金投资是企业吸收直接投资最为主要的形式之一。这是因为,现金具有比其他出资方式所筹资本在使用上的更大灵活性的特点,它既可用于购置资产,也可用于费用支付。因此,企业在筹建时吸收一定量的现金额投资,将对其步入正常生产经营十分有利。也正于此,各国法律法规对现金在出资总额中的比例均有一定的规定。

(2)吸收非现金投资

吸收非现金投资分为两类:一是吸收实物资产投资,即投资者以房屋、建筑物、设备等固定资产和商品等流动资产作价出资;二是吸收无形资产投资,即投资者以专利权、商标权、非专有技术、土地使用权等无形资产投资。与现金出资方式比较,非现金投资直接形成经营所需资产,因此有利于缩短企业经营筹备期,提高效率,但是它同时会带来以下两个问题:①资产作价。由于投资方和被投资方对非现金资产价值量的判断不相同,而这种价值量的大小判断对投资者权益影响又很大,为避免利益冲突,要求双方在确认资产价值时,必须本着客观公正的原则进行资产作价,如按第三者(中介评估机构)的资产评估确定其价值,或者按双方签订的合同、协议约定的价值进行作价。②无形资产的出资限额。无形资产的特征决定了其价值量的不稳定性,这种不稳定性要求无形资产出资应符合国家规定的出资限额。

3)吸收直接投资的管理

吸收直接投资管理,主要从以下几方面入手:

(1)合理确定吸收直接投资的总量

吸收直接投资一般是在企业开办时所使用的一种筹资方式。企业在生产经营过程中,若发现自有资金不足,也可采用吸收直接投资方式筹资。但必须注意其资本筹集量与投资量的关系,以避免因吸收直接投资量过大而造成资产闲置,或者因规模不足而影响资产经营效益。

(2)正确选择出资形式,以保持合理的出资结构与资产结构

由于现金、实物、无形资产等变现能力与周转能力各不相同,保持出资结构的合理性,可以使企业在未来的动态经营中,能按发展的需要来相应调整其资产结构,避免资产结构僵化,保持资产的流动性和经营弹性。

(3)明确投资过程中的产权关系

由于不同投资者的投资数额不同,从而享有的权益也不相同,因此,企业在吸收投资时必须明确各投资者间的产权关系。包括企业与投资者间的产权关系,以及各投资者所投资产办理产权转移手续为前提。只有在产权转移完成的前提下,才能真正证明投资者拥有企业的产权与企业法人财产权的分离,才能明确企业与投资者的责权利关系。对于各投资者间的产权关系,它涉及各投资主体间的“投资—收益”对等关系,涉及各投资者间对企业经营权的控制能力,因此,对于各投资主体间的投资比例必须以合同、协议的方式确定,并具法律效力。另外,对于投资后所形成的国有企业,还必须到国有资产管理部门办理产权登记。

4)吸收直接投资的优缺点

(1)吸收直接投资的优点

①有利于增强企业信誉。吸收投资所筹集的资金属于自有资金能增强企业的信誉和借款能力,对扩大企业经营规模、壮大企业实力具有重要作用。

②有利于尽快形成生产能力。吸收投资可以直接获取投资者的先进设备和先进技术,有利于尽快形成生产能力,尽快开拓市场。

③有利于降低财务风险。吸收投资可以根据企业的经营状况向投资者支付报酬,企业经营状况好,要向投资者多支付一些报酬,企业经营状况不好,就可不向投资者支付报酬或少支付报酬,比较灵活,所以财务风险较小。

(2)吸收直接投资的缺点

①资金成本较高。一般而言,采用吸收投资方式筹集资金所需负担的资金成本较高,特别是企业经营状况较好和盈利较强时,更是如此。因为,向投资者支付的报酬是根据其出资的数额和企业实现利润的多寡来计算的。

②容易分散企业控制权。采用吸收投资方式筹集资金,投资者一般都要求获得与投资数量相适应的经营管理权,这是接受外来投资的代价之一。如果外部投资者的投资较多,则投资者会有相当于大的管理权,甚至会对企业实行完全控制,这是吸收投资的不利因素。

3.2.2 发行普通股

股票是股份公司为筹集权益资本而发行的有价证券，是公司签发的证明股东所持股份的书面凭证，它代表了股东对股份制公司的所有权，发行普通股是股份公司筹集权益资本的主要方式。

1）股票的类型

股份有限公司根据筹资与投资的需要，可发行各种不同种类的股票。

（1）按股东权益不同分为普通股票和优先股票

普通股票是股份公司依法发行的具有管理权、股利不固定的股票。它是公司最基本的股票。普通股股东具有如下权利：①公司的经营管理权；②剩余财产的要求权；③新股发行的优先认股权；④红利分配权。

优先股是公司发行的优于普通股分得股息和公司剩余财产的股票。

（2）按股票票面是否记名分为记名股票和无记名股票

记名股票是在股票上载有股东姓名或名称并将其记入公司股东名册的一种股票。记名股票要同时附有股权手册，只有同时具备股票和股权手册，才能领取股息和红利。记名股票一律用股东本名，记名股票的转让、继承都要办理过户手续。无记名股票是指在股票上不记载股东姓名或名称的股票。凡持有无记名股票、都可成为公司股东。无记名股票的转让、继承无需办理过户手续，只要将股票交给受让人，就可发生转让效力，移交股权。

公司向发行人、国家授权投资的机构和法人发行的股票，应当为记名股票。对社会公众发行的股票，可以为记名股票，也可以为无记名股票。

可见，记名股票与无记名股票相比，前者的发行和流通较为规范，公司能够通过股东名册来了解公司主要的股东结构，并且在一定程度上减少股东的股票保管风险；而后者则有利于二级市场的流通，但不利于公司对自身股东结构的了解，同时，股票的保管风险较大。

（3）按股票票面上有无金额分为面值股票和无面值股票

面值股票，是指在股票的票面上记载每股金额的股票。股票面值的主要功能是确定每股股票在公司所占有的份额；另外，还表明在有限公司中股东对每股股票所负有限责任的最高限额。

无面值股票，是指股票票面不记载每股金额的股票。无面值股票仅表示每一股在公司全部股票中所占有的比例。也就是说，这种股票只在票面上注明每股占公司全部净资产的比例，其价值随公司财产价值的增减而增减。

（4）按发行对象和上市地区分为 A 股、B 股、H 股和 N 股等

A 股是以人民币标明票面金额并以人民币认购和交易的股票；B 股是以人民币标明票面金额，以外币认购和交易的股票；H 股为在香港上市的股票；N 股是在纽约上市的股票。

2）普通股筹资的优缺点

（1）普通股筹资的优点

发行普通股是公司筹集资金的一种基本方式，其优点主要有：

①没有固定利息负担。公司有盈余，并认为适合分配股利，就可以分给股东；公司盈余

较少，或虽有盈余，但资金短缺，或有更有利的投资机会，就可少支付或不支付股利。

②没有固定到期日，不用偿还。利用普通股筹集的是永久性的资金，除非公司清算才需偿还。它对保证企业最低的资金需求有重要意义。

③筹资风险小。由于普通股没有固定到期日，不用支付固定的利息，此种筹资实际上不存在不能偿付的风险，因此风险最小。

④能增加公司的信誉。普通股本与留存收益构成公司所借入一切债务的基础。有了较多的自有资金，就右为债权人提供较大的损失保障，因而，普通股筹资既可以提高公司的信用价值，同时也为使用更多的债务资金提供了强有力的支持。

⑤筹资限制较少。利用优先股或债券筹资，通常有许多限制，这些限制往往会影响公司经营的灵活性，而利用普通股筹资则没有这种限制。

(2)普通股筹资的缺点

普通股筹资的缺点主要有：

①资金成本较高。一般来说，普通筹资的成本要大于债务资金。这主要是股利要从净利润中支付，而债务资金的利息可在税务前扣除，另外，普通股的发行费用也比较高。

②容易分散控制权。利用普通股筹资，出售了新的股票，引进了新的股东，容易导致公司控制权的分散。

③新股东分享公司未发行新股前积累的盈余，会降低普通股的每股净收益，从而可能引起股价的下跌。

3.2.3 发行优先股

如前所述，优先股的优先权主要表现为优先分配股息和优先分配公司剩余财产，与其他证券相比，它兼有普通股和债券的一些特征，因此，习惯上被称为混合证券。

1)优先股的种类

优先股按具体权利不同，主要有以下几种：

(1)累积优先股和非累积优先股

累积优先股，是指在任何营业年度内未支付的股利可累积起来，由以后营业年度的盈利一起支付的优先股股票。一般而言，一个公司只有把所欠的优先股股利全部支付以后，才能支付普通股股利。

非累积优先股是仅按当年利润分取股利，而不予以累积补付的优先股股票。

累积优先股是优先股的主要方式，如果不具有未支付股息的累积功能，那么它的投资价值也将受影响。因此，大多数的优先股均是累积优先股。累积优先股能够在公司经营不利时或者在资金不足时，将应支付的股息递延到以后年度，从而有利于企业资金的调度，并减少经营压力。

(2)参与优先股与非参与优先股

参与优先股，是指不仅能取得固定股利，还有权与普通股一同参加利润分配的股票。根据参与利润分配的方式不同，又可分为全部参与分配的优先股和部分参与分配的优先股。前者表现为优先股股东有权与普通股股东共同等额分享本期剩余利润，后者则表现为优先股股东有权按规定额度与普通股股东共同参与利润分配，超过规定额度部分的利润，归普通股所有。

不参与优先股是指不能参加剩余利润分配，只能取得固定股利的优先股。其特点是优先股股东对股份公司的税后利润，只有权分得固定股利，对取得固定股利后的剩余利润，无权参加分配。

从优先股与普通股的权益差别看，非参与优先股是优先股的主要形式，而参与优先股则较少出现。

(3)可转换优先股与不可转换优先股

可转换优先股是股东可在一定时期内按一定比例把优先股转换成普通股的股票。转换的比例是事先确定的，其数值大小取决于优先股与普通股的现行价格。

不转换优先股是指不能转换或普通股的股票。不可转换优先股只能获得固定股利报酬，而不能获得转换收益。

从转换效应看，优先股无论是转换为普通股或是公司债券，对于增加公司筹资与投资者投资的灵活性都有积极的作用。

(4)可赎回优先股与不可赎回优先股

可赎回优先股指股份公司出于减转股息负担或增加其投资价值的目的，按规定可以规定价格收回的优先股票。收回的价格一般略高于股票的面值。至于是否收回，什么时候收回，则由发行股票的公司来决定。

不可赎回优先股是指不能收回的优先股股票。由于优先股股利固定，不可赎回优先股一经发行，便会成为一项永久性的财务负担。

从优先股的基本特征看，不可赎回优先股体现作为股本被无限期专用的性质，因此它是优先股的主要形式。但从投资者权益与公司筹资管理的灵活性看，可赎回优先股则有发展的势头。

2)优先股筹资的优缺点

(1)利用优先股筹资的主要优点

①没有固定到期日，不用偿还本金。事实上等于使用的是一笔无限期的贷款，无偿还本金义务，也无须做再筹资计划。但大多数优先股又附有收回条款，这就使得使用这种资金更有弹性。当财务状况较弱时发行，而财务状况转强时收回，有利于结合资金需求，同时也能控制公司的资金结构。

②股利支付既固定，又有一定弹性。一般而言，优先股都采用固定股利，但固定股利的支付并不构成公司的法定义务。如果财务状况不佳，则可暂时不支付优先股股利，那么，优先股股东也不能像债权人一样迫使公司破产。

③有利于增强公司信誉。从法律上讲，优先股属于自有资金，因而，优先股扩大了权益基础，可适当增加公司的信誉，加强公司的借款能力。

(2)利用优先股筹资的缺点

优先股也具有它自身的缺点，主要有：

①筹资成本高。优先股所支付的股利要从税后净利润中支付，不同于债务利息可在税

前扣除。因此,优先股成本很高。

②筹资限制多。发行优先股,通常有许多限制条款,例如,对普通股股利支付上的限制,对公司借债限制等。

③财务负担重。如前所述,优先股需要支付固定股利,得又不能在税前扣除,所以,当利润下降时,优先股的股利会成为一项较重的财务负担,有时不得不延期支付。

3.2.4 企业内部积累

企业内部积累,是指通过企业内部留存形成的用于扩大企业生产经营规模的资金,其所有权属于企业,但没有被占用或没有被经济合理地占用。这类资金是企业内部自动生成或转移的,因此,它是企业最为稳妥也最有保障的筹资来源。

1)企业内部积累筹资的方式

(1)企业留利

企业留利,是指上缴税利以后留归企业自己支配的纯收入。留利的多少取决于国家的税收制度和规定的利润留成比例。企业内部筹资从严格意义上来说,其资金来源应该是由企业通过生产经营活动资本增值后新提供的,也即通常所说的企业利润。利润资本化即为企业内部筹资的实质。

(2)折旧基金

固定资产折旧基金,是企业内部一项主要的资金来源。折旧基金原则上是用来保证固定资产简单再生产投资支出的资金,但其中一部分也可用作扩大再生产之需。

(3)企业闲置资产的变卖

变卖企业闲置资产,作为一种企业内部筹资的方式,就是指将企业的某一部门或部分资产清算变卖以筹措所需资金的办法。出售企业闲置或沉淀资产,并不意味着企业失势或经营不力,它是一个企业资源优化重组的过程,通过变卖多余的或低效的资产,企业可以筹集到必要的资金,以从事其他的生产经营活动,同时还可以改变经营结构与方向,盘活存量资产,提高企业资本经营的效益。

2)企业内部积累筹资的优缺点

(1)企业内部积累筹资的优点①使用灵活。由于它是企业内部自己掌握的资金,可以完全由自己安排支配,因而使用起来最灵活,也最具优越性。②筹资成本低。利用企业内部资金没有发行成本,而且不需支付利息,因此投资代价较低。

(2)企业内部积累筹资的缺点

利用企业内部积累筹资的缺点,最主要的就是筹资数额会受到企业自身实力的制约。一般来说,企业内部的自有资金数量都较有限,即使是实力相对雄厚的大公司、大企业,由于其所需资金数额巨大,因而仅靠自身筹资往往也显得力不从心。尤其是在企业创业初期,太多地依赖企业自有资金常常是最不现实的,因为绝大多数企业都不具备如此坚实的资金供应能力。

3.3 负债资金的筹集

3.3.1 银行借款

银行借款,是指企业根据借款协议或合同向银行或其他金融机构借入所需资金的筹资方式。

1)银行借款的种类

(1)按借款的期限分为短期借款、中期贷款和长期借款

短期借款是指借款期限在1年以内(含1年)的借款;中期借款是指借款期限在1年以上(不含1年)5年以下(含5年)的借款;长期借款是指借款期限在5年以上(不含5年)的借款。

(2)按提供贷款的机构分为政策性银行贷款和商业银行贷款

政策性银行贷款一般是指执行国家政策性贷款业务的银行向企业发放的贷款,如国家开发银行为满足企业承建国家重点建设项目的资金需要提供贷款。政策性银行经营具有政策倾向性,其贷款面相对较窄。商业银行贷款是指由各商业银行以效益性、安全性、流动性为经营原则向工商企业提供的贷款。这类贷款主要为满足企业生产经营的资金需要。

(3)按是否提供担保分为信用借款、担保借款和票据贴现

担保借款是指以一定的财产做抵押或以一定的保证人做担保为条件所取得的借款;信用借款是指以借款人的信誉为依据而获得的借款,企业取得这种借款,无需以财产做抵押,它通常由借款企业出具签字文书,借贷双方严格书立借款合同,信守约定。由于信用借款的风险比抵押借款的风险要大,因此,利率通常较高,且往往附加一些苛刻条件。票据贴现是指企业以持有的未到期的商业票据向银行贴付一定的利息而取得的借款。

2)银行借款的程序

(1)企业提出借款申请

企业需要借款,应当向银行提出申请,申请内容包括借款原因、借款期限、借款金额、还款方式与计划等,并提供必要的说明企业具备借款条件的资料。

(2)银行进行审批

银行根据企业的借款申请,按照有关政策和贷款条件,针对企业的财务状况、信用情况、盈利的稳定性、发展前景、借款投资项目的可行性等进行审查,依据审批权限核定企业申请的贷款金额和用款计划。

(3)签订借款合同

银行审查同意贷款后,再与借款企业进一步协商贷款的具体条件,并以借款合同的形式将其法律化。①基本条款。这是借款合同的基本内容,包括借款的种类、用途、金额、利率、期限、还款的资金来源及方式、保证条款及违约责任等。②限制条款。由于长期借款的期限

长、风险大,按照国际惯例,银行通常对借款企业提出一些有助于保证贷款按时足额偿还的限制性条款。包括持有一定的现金及其他流动资产,保持合理的流动性及还款能力;限制现金股利支付,限制资本支出规模;限制借入其他长期债务等。

(4)企业取得借款

借款合同签订后,企业可在核定的贷款指标范围内,根据用款计划和实际需要,一次或分次将贷款转入企业的存款结算户,以便使用。

(5)借款的归还

借款企业应根据借款合同的规定按期清偿贷款本金与利息或续签合同。

3)与银行借款有关的信用条件

按照国际惯例,银行发放贷款时,往往涉及以下信用条款:

(1)信贷额度

信贷额度即贷款限额,是借款人与银行在协议中规定的允许借款人借款的最高限额。如借款人超过规定限额继续向银行借,银行则停止办理。此外,如果企业信誉恶化,即使银行曾经同意按信贷限额提供贷款,企业也可能得不到借款。这时,银行不会承担法律责任。

(2)周转信贷协定

周转信贷协定是银行从法律上承诺向企业提供不超过某一最高限额的贷款协定。在协定的有效期内,只要企业借款总额未超过最高限额,银行必须满足企业任何时候提出的借款要求。企业享用周转协定,通常要对贷款限额的未使用部分付给银行一笔承诺费。

例 3.1 某企业与银行商定的周转信贷额为 1 000 万元,承诺费率为 0.5%,借款企业年度内使用了 800 万元,余额为 200 万元。则借款企业应向银行支付承诺费的金额为:

$$承诺费 = 200 \times 0.5\% = 1(万元)$$

(3)补偿性余额

补偿性余额,是银行要求借款人在银行中保持按贷款限额或实际借用额的一定百分比(通常为10%~20%)计算的最低存款余额。补偿性余额有助于银行降低贷款风险,补偿其可能遭受的损失;但对借款企业来说,补偿性余额则提高了借款的实际利率,加重了企业的利息负担。

例 3.2 某企业按年利率 8%向银行借款 200 万元,银行要求保留 20%的补偿性余额,企业实际可以运用的借款只有 160 万元。则该项借款的实际利率为:

$$\begin{aligned}补偿性余额贷款实际利率 &= 名义利率/(1-补偿性余额比率)\\ &= 8\%/(1-20\%) = 10\%\end{aligned}$$

4)借款利息的支付方式

(1)利随本清法

利随本清法又称收款法,是在借款到期时向银行支付利息的方法。采用这种方法,借款的名义利率(亦即约定利率)等于其实际利率(亦即有效利率)。

(2)贴现法

贴现法是银行向企业发放贷款时,先从本金中扣除利息部分,而到期时借款企业再偿还全部本金的一种计息方法。采用这种方法,企业可利用的贷款额只有本金扣除利息后的差额部分,因此,其实际利率高于名义利率。

例 3.3　某企业从银行取得借款 200 万元,期限 1 年,名义利率 10%,利息 20 万元。按照贴现法付息,企业实际可动用的贷款为 180 万元(200 万元-20 万元),该项贷款的实际利率为:

$$贴现贷款实际利率 = \frac{利息}{贷款金额 - 利息} \times 100\% = \frac{20}{200 - 20} \times 100\% = 11.11\%$$

或

$$= \frac{名义利率}{1 - 名义利率} \times 100\% = \frac{10\%}{1 - 10\%} \times 100\% = 11.11\%$$

5) 银行借款的保护性条款

(1) 一般保护性条款

一般保护性条款是对企业资产的流动性及偿债能力等方面要求的条款。一般保护性条款主要包括流动资金保有量的规定、支付现金股利和购入股票的限制、资本支出规模的限制、限制其他长期债务、定期向银行提交财务报表、不准在正常情况下出售较多资产、如期缴纳税款和偿还到期债务、不得抵押或者担保、不得出现或有负债、限制租赁固定资产的规模。

(2) 特殊保护性条款

特殊保护性条款是针对某些特殊情况而列入借款合同的条款。特殊保护性条款主要包括贷款专款专用、不准企业投资于短期内不能收回的资金项目、限制企业高级职员的薪金和奖金总额、要求企业主要领导人在合同有效期内担任领导职务、要求企业主要领导人购买人身保险等。

(3) 例行性保护条款

例行性保护条款是大多数借款合同中都列出的例行条款。例行性保护条款主要包括借款企业必须定期向银行提交财务报表;不准在正常情况下出售较多资产,以保持企业正常的生产经营等。

6) 贷款偿还方式

①到期一次性归还贷款本息。

②定期等额还本付息。

③分期等额还本,余额计息。

一般来说,企业不希望采用定期等额偿还方式,因为这会提高贷款的实际利率。在分期等额偿还贷款中,银行将根据名义利率计算的利息加到贷款本金上计算出贷款的本息和,要求企业在贷款期内分期等额偿还本息之和的金额。由于贷款分期均衡偿还,借款企业实际只使用了贷款本金的一半,却要支付全额利息。

银行不希望采用到期一次还本付息方式,因为这会加大企业借款到期时的还款压力,增加企业的拒付风险,同时会降低实际贷款利率。

7) 银行借款筹资的优缺点

(1) 银行借款筹资的优点

①筹资迅速。银行借款手续相对于股票、债券等方式较为简单。由于企业与银行直接打交道,可根据企业资金需求状况提出要求,而且因为企业经常性地与银行打交道,彼此相

互了解，对借款合同的有关条款的内容和要求也相对熟悉，从而能避免许多不必要的麻烦。

②筹资成本低。由于利息在税前开支，且利用银行借款所付的利息比发行债券所支付的利息低，另外，也无需支付大量的发行费用，因此，债务成本较低。

③借款弹性较大。企业与银行可以直接接触，一对一的协商，有利于企业按照自身的要求和能力，来变更借款数量与还款期限等，对企业具有一定的灵活性。

④易于企业保守财务秘密。向银行办理借款，可以避免向公众提供公开的财务信息。

(2)银行借款筹资的缺点

①筹资风险较大。尽管借款具有某种程度的弹性，但还本付息的固定义务仍然存在，企业偿付的压力大，筹资风险较高；另外，企业有时会因过多借款而不能偿付。

②限制条款较多。银行为保证贷款的安全性，对借款的使用一般都有一些限制条件，这些条款可能会限制企业的经营活动。

③筹资数额有限。银行一般不愿借出巨额的长期借款。因此，利用银行借款筹资都有一定的上限。

3.3.2 发行公司债券

公司债券是指公司依照法定程序发行的，约定在一定期限还本付息的有价证券。

1)债券的类型

(1)按有无抵押担保分为信用债券、抵押债券和担保债券

信用债券是仅凭债券发行者的信用发行的、没有抵押品作抵押或担保人作担保的债券，企业发行信用债券往往有许多限制条件，这些限制条件中最重要的称为反抵押条款，即禁止企业将其财产抵押给其他债权人。由于这种债券没有具体财产做抵押，因此，只有历史悠久、信誉良好的公司才能发行这种债券。抵押债券是指以一定抵押品作抵押而发行的债券。当企业没有足够的资金偿还债券时，债权人可将抵押品拍卖以获取资金。抵押债券按抵押物品的不同，又可分为不动产抵押债券、设备抵押债券和证券抵押债券。担保债券是指由一定保证人作担保而发行的债券。当企业没有足够的资金偿还债务时，债权人可要求保证人偿还。

(2)按是否记名分为记名债券和无记名债券

记名债券是指在券面上注明债权人姓名或名称，同时在发行公司的债权人名册上进行登记的债券。转让记名债券时，除要交付债券外，还要在债券上背书和在公司债权人名册上更换债权人姓名或名称。投资者须凭印鉴领取本息。无记名债券是指债券票面未注明债权人姓名或名称，也不用在债权人名册上登记债权人姓名或名称的债券。无记名债券在转让同时随即生效，无需背书。记名债券有利于企业掌握债券持有人情况，也有利于提高持券人的持券安全；不记名债券有利于持券人间的相互转让，降低持券人和发行企业的转让成本。

(3)按能否转换为本公司股票分为可转换债券和不可转换债券

可转换债券，是指在一定时期内，可以按规定的价格或一定比例，由持有人自由地选择转换为普通股的债券。不能享有这种权利的债券则为不可转换债券。《公司法》规定，只有上市公司经股东大会决议后方可发行可转换债券。不可转换债券是指不能转换为普通股的

债券。

(4)按能否提前收兑分为提前收兑债券和不可提前收兑债券

可提前收兑债券,是企业按照发行时的条款规定,依一定条件和价格在企业认为合适的时间收回债券,这类债券的好处是当利率降低时,企业可用“以新换旧”的办法,收回已发行的利率较高的债券,代之以新的、利率相对较低的债券,以降低债务成本。不可提前收兑债券,是指不能依条款从债权人手中提前收回的债券,它只能在证券市场上按市价买回,或等到债券到期后收回。

2)债券的基本要素

(1)债券的面值

债券面值包括两个基本内容:一是币种;二是票面金额。面值的币种可用本国货币,也可用外币,这取决于发行者的需要和债券的种类。债券的票面金额是债券到期时偿还债务的金额。

(2)债券的期限

债券都有明确的到期日,债券从发行之日起至到期日之间的时间称为债券的期限。如果把商业票据也看成一种债券的话,那么债券期限从数天到几十年不等。但近些年来,由于利率和汇率剧烈波动,许多投资者都不愿投资于还本期限太长的债券,因而,债券的期限有日益缩短的趋势。在债券的期限内,公司必须定期支付利息,债券到期时,必须偿还本金,也可按规定分批偿还或提前一次偿还。

(3)债券的利率

债券上通常都载明利率,一般为固定利率,近些年也有浮动利率。债券上标注的利率一般是年利率,在不计复利的情况下,面值与利率相乘可得出年利息。

(4)债券的价格

理论上,债券的面值就应是它的价格,事实上并非如此。由于发行者的种种考虑或资金市场上供求关系、利息率的变化,债券的市场价格常常脱离它的面值,有时高于面值,有时低于面值,但其差额并不很大,不像普通股那样相差甚远。也就是说,债券的面值是固定的,它的价格却是经常变化的。发行者计算还本,是以债券的面值为根据,而不是以其价格为根据。

3)债券的发行

(1)发行债券的程序

发行公司债券要经过一定的程序,办理规定的手续。一般为:

①作出发行债券的决议或决定。

②发行债券的申请与批准。凡欲发行债券的公司,先要向国务院授权的部门或者国务院证券监督管理机构提出申请并提交公司营业执照、公司章程、公司债券募集办法、资产评估报告和验资报告等文件。国务院证券监督管理机构依照法定条件负责核准公司债券发行申请。

③制定公司募集办法并向社会公告。企业发行债券的申请批准后,应向社会公告债券募集办法,其中,要载明公司名称、债券募集资金的用途、债券总额和债券的票面金额、债券

利率的确定方式、还本付息的期限和方式、债券担保情况、债券的发行价格、发行的起止日期、企业的净资产额、已发行的尚未到期的公司债券总额、债券的承销机构等主要事项。

④募集借款。公司发出公司债券募集公告后,开始在公告所定的期限内募集借款。一般地讲,公司债券的发行方式有公司直接向社会发行(私募发行)和由证券经营机构承销发行(公募发行)两种。在我国,根据有关法规,公司发行债券须与证券经营机构签订承销合同,由其承销。由承销机构发售债券时,投资人直接向其付款购买,承销机构代理收取债券款、交付债券。然后,承销机构向发行公司办理债券款的结算。

(2)债券的发行价格

债券的发行价格有三种:等价发行、折价发行和溢价发行。债权存在溢价发行和折价发行的主要原因是资金市场上的利息率经常变化,而企业债券一经发行,就不能调整其票面利息率。从债券的开印到正式发行,往往需要经过一段时间,在这段时间内如果资金市场上的利率发生变化,就要靠调整发行价格的方法来使债券顺利发行。

①按期付息,到期一次还本,且不考虑发行费用的情况下,债券发行价格由债券到期还本面额按市场利率折现的现值与债券各期债息的现值两部分组成,公式如下:

$$\text{债券发行价格} = \frac{\text{票面金额}}{(1+\text{市场利率})^n} + \sum_{t=1}^{n} \frac{\text{票面金额} \times \text{票面利率}}{(1+\text{市场利率})^t}$$

或 $$= \text{票面金额} \times \text{票面利率} \times (P/A,i,n) + \text{票面金额} \times (P/F,i,n)$$

式中 n——债券期限;

i——债券发行时的市场利率。

例 3.4 某公司发行面值为1 000元,票面利率为10%,期限为10年,每年年末付息的债券。试确定市场利率分别为10%、15%、5%时债券的发行价格。

a.市场利率为10%,即票面利率与市场利率相等,可用平价发行,发行价格计算如下:

债券发行价格 $= 1\,000 \times 10\% \times (P/A,10\%,10) + 1\,000 \times (P/F,10\%,10)$

$= 100 \times 6.144\,6 + 1\,000 \times 0.385\,5$

$\approx 1\,000$(元)

b.市场利率为15%,高于票面利率,则采用折价发行,发行价格计算如下:

债券发行价格 $= 1\,000 \times 10\% \times (P/A,15\%,10) + 1\,000 \times (P/F,15\%,10)$

$= 100 \times 5.018\,8 + 1\,000 \times 0.247\,2$

$= 749.08$(元)

c.市场利率为5%,低于债券的票面利率,则可采用溢价发行,发行价格计算如下:

债券发行价格 $= 1\,000 \times 10\% \times (P/A,5\%,10) + 1\,000 \times (P/F,5\%,10)$

$= 100 \times 7.721\,7 + 1\,000 \times 0.613\,9$

$= 1\,386.07$(元)

当票面利率高于市场利率时,债券的发行价格高于面额,即溢价发行;当票面利率等于市场利率时,债券的发行价格等于面额,即等价发行;当票面利率低于市场利率时,债券的发行价格低于面额,即折价发行。

②不计复利,到期一次还本付息,债券发行价格的计算公式为:

$$债券发行价格 = 票面金额 \times (1 + 票面利率 \times n) \times (P/F,i,n)$$

式中 n——债券期限；

i——债券发行时的市场利率。

例 3.5 某公司发行债券，债券面值为 1 000 元，5 年期，票面利率为 10%，单利计息，到期一次还本付息，若发行时债券市场利率为 12%，计算该公司债券的发行价格。

债券的发行价格为：

$$1\,000 \times (1 + 10\% \times 5) \times (P/F,12\%,5) = 1\,500 \times 0.567\,4 = 851.1(元)$$

4）债券筹资的优缺点

（1）债券筹资的优点

①债券成本低。与股票筹资相比，债券筹资成本低。因为债券的发行费用较低，债息在税前支付，有一部分利息由政府负担了。

②有利于保障股东对公司的控制权。债券持有者无权参与企业管理决策；因此，通过债券筹资，既不会稀释股东对公司的控制权，又能扩大公司投资规模。

③可以发挥财务杠杆作用。由于债券的利息固定，不会因企业利润增加而增加持券人的收益额，从而能为股东带来杠杆效益，增加股东和公司的财富。

④有利于调整资本结构。如果公司发行了可转换债券或可提前收兑债券，则对企业主动调整其资本结构十分有利。

（2）债券筹资的缺点

①筹资风险高。债券本息偿付义务的固定性，易导致公司在收益锐减时，因无法履行其义务而濒于破产，增加破产成本和风险。

②限制条件多。发行债券的契约书中往往有一些限制条款。这种限制比优先股及短期债务严得多，可能会影响企业的正常发展和以后的筹资能力。

③筹资额有限。公司利用债券筹资要受额度限制。一是国家规定的企业债券年度发行规模的限制；二是公司法对具体某一公司的行行数量限制，我国公司法规定，发行公司流通在外的债券累计总额不得超过公司净资产的 40%。因此，利用债券方式筹资，其数量是有限的。

3.3.3 融资租赁

1）融资租赁与经营租赁

租赁是指出租人在承租人给予一定报酬的条件下，授予承租人在约定的期限内占有和使用财产权利的一种契约性行为。这涉及四个基本要素：出租人、承租人、租金、租赁资产。按租赁业务性质，租赁分为经营租赁和融资租赁两种。

经营租赁是出租人向承租人提供租赁设备，并提供设备维修和人员培训等服务性业务的租赁形式。从租赁期限看，它大多属于短期租赁；从承租人的目的看，承租人不在于通过租赁而融资，而在于通过租入设备，取得短期内的使用权和享受出租人提供的专门技术服务。因此，它又称营业租赁或服务租赁，不属于借贷关系的范畴。

融资租赁是出租人按照承租人的要求融资购买设备，并在契约或合同规定的较长时间内提供给承租人使用的信用业务。它通过融物来融资,是现代租赁的主要形式。

经营租赁与融资租赁的主要区别见表3.2。

表3.2 融资租赁与经营租赁区别表

项 目	融资租赁	经营租赁
租赁程序	由承租人向出租人提出正式申请,由出租人融通资金引进承租人所需设备,然后再租给承租人使用	承租人可以随时向出租人提出租赁资产要求
租期	租期一般为租赁资产寿命的一半以上	租赁期短
合同约束	租赁合同稳定。再租期内,承租人必须连续支付租金,非经双方同意,中途不得退租	租赁合同灵活,在合理限制条件范围内,可以解除租赁契约
租赁期满资产处置	租赁期满后,租赁资产的处置有三种方法可供选择:将设备作价转让给承租人;由出租人收回;延长租期续租	租赁期满后,租赁资产一般要归还给出租人
租赁资产的维修保养	租赁期内,出租人一般不提供维修和保养设备方面的服务	租赁期内,出租人提供设备维修、保养等服务

2)融资租赁的类型

融资租赁按业务特点,可分为三种类型:

(1)直接租赁

直接租赁是指承租人直接向出租人租入所需的资产,并付出租金。直接租赁的出租人主要是制造厂商、租赁公司。除制造厂商外,其他出租人都是从制造厂商购买资产出租给承租人。通常所指的融资租赁,不作特别说明时即为直接租赁。

(2)售后回租

售后回租是由承租人将所购置设置出售给出租人,然后租回设备并使用。租赁业务进行的程序是先做资产买卖交易,然后再进行资产租赁交易。在这种方式下,它既可解决承租人资金急需,得到一笔相当于资产市价的现金用于其他资产的购置或现金支付,又可在租赁期内用每年支付的租金换取原来属于自己的资产的使用权。

(3)杠杆租赁

杠杆租赁一般要涉及承租人、出租人和资金出借者三方当事人。从承租人的角度来看,与其他租赁形式没有区别。但对出租人却不同,出租人只出购买资产所需的部分资金(一般为20%~40%),作为自己的投资,另外以该资产作为担保向资金出借者借入其余资金。因此,它既是出租人又是借款人,同时拥有对资产的所有权,既收取租金又要偿付债务。如果出租人不能按期偿还借款,那么资产的所有权转归资金出借者。通常,采用杠杆租赁形式一般适用于金额较大的设备项目。

3)融资租赁的租金

(1)租金的构成

融资租赁的租金包括设备价款和租息两部分,其中,租息又可分为租赁公司的融资成本、租赁手续费等。

①设备价款是租金的主要内容，它由设备的买价、运杂费和途中保险费等构成。

②融资成本是指租赁公司为购买租赁设备所筹资金的成本，即设备租赁期间的利息。

③租赁手续费包括租赁公司承办租赁设备的营业费用和一定的盈利。租赁手续费的高低一般无固定标准，可由承租企业与租赁公司协商确定。

(2)租金的支付方式

影响租金大小的因素，除了构成外，还涉及租期长短、租金的支付方式。一般认为，租期越长，在租金总额一定的情况下，每期支付的租金相对较少；反之则较多。同时，租金支付次数越多，则每次支付的租金越少，反之则越多，租金通常采用分次支付的方法，具体又分为以下几种类型：

①按支付间隔期，分为年付、半年付、季付与月付。

②按支付时点，分为期初支付(先付)与期末支付(后付)。

③按每次是否等额，分为等额支付与不等额支付。

④按租金是否延期，分为延期支付和非延期支付。

(3)租金的计算方法

租金的计算方法很多，我国融资租赁实务中大多采用平均分摊法和等额年金法。

①平均分摊法。平均分摊法是指按事先确定的利息率和手续费率计算出租赁期间的利息和手续费，然后连同设备价款按支付次数平均计算。这种方法不考虑资金时间价值因素。每次应付租金的计算公式如下：

$$每次支付租金 = \frac{设备价款 - 预计残值 + 租期内利息 + 租赁手续费}{租赁期限}$$

例 3.6　某企业 2014 年 1 月 1 日从租赁公司租入一套设备，价值 100 000 元，租期为 5 年，预计租赁期满时的残值为 6 000 元，归租赁公司，年利率为 9%，租赁手续费率为设备价值的 2%。租金每年年末支付一次。要求计算租赁该套设备每年支付的租金。

租赁该套设备每年支付的租金为：

$$R = \frac{(100\ 000 - 6\ 000) + [100\ 000 \times (1 + 9\%)^5 - 100\ 000] + 100\ 000 \times 2\%}{5}$$

$$\approx 29\ 972(元)$$

②等额年金法。等额年金法是运用年金现值的计算原理计算每期应付租金的方法。在这种方法下，通常根据利率和手续费率确定一个租费率，作为贴现率。其计算公式为：

$$每年支付租金 = \frac{等额租金现值总额}{等额租金的现值系数}$$

分为两种情况，一种是每期租金年初支付，即采用先付年金(即付年金)方式。另一种是每年末支付租金，即采用后付年金(或普通年金)方式。

例 3.7　某企业 2014 年 1 月向租赁公司租入一设备，价值 100 万元。租期为 6 年，到期后设备归企业所有，双方商定采用 13%的折现率，试计算：

①企业每年年末应付租金；

②企业每年年初应付租金。

解：①每年末支付的租金 $=\dfrac{100}{P/A,13\%,6}=25.01$（万元）

②每年初支付的租金 $=\dfrac{100}{P/A,13\%,5+1}=22.13$（万元）

从等额年金法的先付与后付两种方式看，名义支付的租金额有出入（先付租金小于后付租金），但实质并没有区别。企业可任选一种，并与出租人进行协商确定。

4）融资租赁的优缺点

（1）融资租赁的优点

①筹资速度快，租赁往往比借款购置设备更迅速、更灵活，因为租赁是筹资与设备购置同时进行，可以缩短设备的购进、安装时间，使企业尽快形成生产能力，有利于企业尽快占领市场，打开销路。

②限制条款少。如前所述，债券和长期借款都有相当多的限制条款，虽然类似的限制在租赁公司中也有，但一般比较少。

③设备淘汰风险小。当今，科学技术在迅速发展，固定资产更新周期日趋缩短。企业设备陈旧过时的风险很大，利用租赁集资可减少这一风险。这是因为融资租赁的期限一般为资产使用年限的75%，不会像自己购买设备那样整个期间都承担风险；且多数租赁协议都规定由出租人承担设备陈旧过时的风险。

④财务风险小。租金在整个租期内分摊，不用到期归还大量本金。许多借款都在到期日一次偿还本金，这会给财务基础较弱的公司造成相当大的困难，有时会造成不能偿付的风险。而租赁则把这种风险在整个租期内分摊，可适当减少不能偿付的风险。

⑤税收负担轻。租金可在税前扣除，具有抵免所得税的效用。

（2）融资租赁的缺点

融资租赁筹资的最主要缺点就是资金成本较高。一般来说，其租金要比银行借款或发行债券所负担的利息高得多。在企业财务困难时，固定的租金也会构成一项较沉重的负担。

3.3.4 商业信用

商业信用是指商品交易中因延期付款或预收货款而形成的借贷关系，是企业之间的一种直接信用关系。它是一种形式多样、适用范围很广的短期资金筹集方式。由于商业信用是企业间相互提供的，因此在大多数情况下，商业信用筹资属于“免费”资金。

1）商业信用的形式

利用商业信用融资，主要有以下几种形式：

（1）应付账款

应付账款是由赊购商品形成的，是最典型、最常见的商业信用形式。

（2）预收货款

预收货款是卖方先向买方收取货款，但要延期到一定时期 以后交货，这等于卖方先向买方借一笔资金是另外一种典型的商业信用形式。通常，购买单位对于紧俏商品愿意采用这种形式,以便顺利获得所需商品。另外,生产周期长、售价高的商品,如轮船、飞机等,生产企业也经常向订货者分次预收货款,以缓解资金占用过多的矛盾。

(3)应付票据

应付票据是企业在延期付款购买商品时开具的反映债权债务关系的票据。对于买方企业(延迟付款方)来说,它是一种短期融资方式。

2)商业信用筹资管理

商业信用筹资管理集中体现在应付账款管理上。从商业信用筹资量上看,其量的多少取决于:①信用额度多少;②允许按发票面额付款的最后期限;③享有现金折扣期的长短;④享有现金折扣率的大小等因素。信用额度越大,信用期限越长,则筹资的数量也越多;同时,由于现金折扣期及现金折扣率的影响,使得企业在享有信用免费资金的同时,增加了因未享有现金折扣而产生的机会成本。因此,如何就企业在扩大筹资数量、免费使用他人资金与享有现金折扣、减少机会成本间进行比较,是信用筹资管理的重点。

(1)享有现金折扣

在这种情况下,企业可获得最长为现金折扣期的免费资金,并取得相应的折扣收益,其免费信用额度为扣除现金折扣后的净购价。

(2)放弃现金折扣,在信用期内付款

在这种情况下,企业可获得最长为信用期的免费资金,其信用额度为商品总购价;但由于高放弃现金折扣,从而增加相应的机会成本。其成本计算公式为:

$$\text{放弃折扣成本率} = \frac{\text{现金折扣率} \times 360}{(1 - \text{现金折扣率}) \times (\text{信用期} - \text{折扣期})} \times 100\%$$

在一般情况下,企业财务人员需要将放弃现金折扣的成本率与银行借款年利率进行比较,如果成本率大于银行借款利率,则企业放弃现金折扣机会的代价较大,从而对企业不利。这是因为,在现金折扣期,企业用银行借款支付并享有折扣,其借款利息小于享有折扣的机会收益;反之,则结论相反。

(3)逾期支付

在这种情况下,企业实际上是拖欠卖方的货款,逾期越长,筹资数量也越大。但是,企业会因此而信誉下降,未来失去的机会收益越多。因此,在市场经济条件下,企业不应拖欠货款,因为这对企业自身不利,对其他企业也不利。

例 3.8 某企业按“2/10,n/30”的条件购进一批商品,在10天内付款,即可获得2%的现金折扣;放弃现金折扣,在信用期内付款,则企业可获得最长为30天的免费信用,但由于放弃现金折扣,从而其机会成本为:

$$\frac{2\% \times 360}{(1 - 2\%) \times (30 - 20)} \times 100\% = 36.7\%$$

而银行借款年利率难以达到这一比率。因此,除非特殊情形,企业一般还是以享有现金折扣为好。

3)商业信用融资的优缺点

(1)商业信用融资的优点

①筹资方便。利用商业信用筹措资金非常方便。因为商业信用与商品买卖同时进行,

属于一种自然性融资,不用做非常正规的安排。

②筹资成本低。如果没有现金折扣,或企业不放弃现金折扣,则利用商业信用集资没有实际成本。

③限制条件少,如果企业利用银行借款筹资,银行往往对贷款的使用规定一些限制条件,而商业信用则限制较少。

(2)商业信用融资的缺点

①期限短。如果取得现金折扣,则时间更短。

②风险高。由于各种应付款项目经常发生、次数频繁,因此需要企业随时安排现金的调度。

3.4 资金成本

3.4.1 资金成本的概念

1)资金成本的概念

资金成本是指企业筹集和使用资金而付出的代价。在市场经济条件下,企业不可能无偿使用资金,企业筹集和使用任何资金,不论短期还是长期,都必须向资金提供者支付一定数额的费用作为补偿。资金成本包括资金筹集费和资金占用费两部分。

(1)资金筹集费

资金筹集费,是指企业在资金筹集过程中支付的各项费用,如银行借款手续费、证券印刷费、发行手续费、律师费、资信评估费、广告费等。资金筹集费通常在筹集资金时一次性支付,其金额与资金筹措有关而与使用资金的数额多少及时间长短无关,在计算资金成本时作为实际筹资额的一项扣除。

(2)资金占用费

资金占用费,是指企业在使用资金中所支付的费用,如股票的股息、银行借款和债券的利息等。

资金成本应按下列公式计算:

$$\text{资金成本}=\frac{\text{每年的用资费用}}{\text{筹资数额}-\text{筹资费用}}$$

2)资金成本的作用

①资金成本是企业选择资金来源、拟订筹资方案的重要依据。企业应比较各种筹资方式的资金成本,进行合理配置,选取低成本的筹资方案。

②资金成本是企业评价投资项目的重要标准。只有当项目的投资报酬率高于资金成本时,项目才可能被接受,否则就必须放弃。

③资金成本还可作为衡量企业经营业绩的重要标准。如果企业经营利润率高于资金成

本，表明企业经营较好；反之，如果企业经营利润率低于资金成本，表明企业经营欠佳，需要加强经营管理。

3.4.2 资金成本的计算

个别资金成本是指各种筹资方式的资金成本。其中包括：银行借款成本、债券成本、优先股成本、普通股成本和留存收益成本，前两者统称负债资金成本，后三者统称权益资金成本。

1）银行借款成本

银行借款利息在税前支付，具有抵税效应，其资金成本计算公式为：

$$K_l = \frac{I \times (1 - T)}{L \times (1 - f)} = \frac{L \times i \times (1 - T)}{L \times (1 - f)}$$

式中 K_l——银行借款资金成本；

I——银行借款年利息；

T——所得税税率；

L——银行借款筹资总额；

i——银行借款利息率；

f——银行借款筹资费率。

例 3.9 某企业向银行借款 200 万元，年利率为 10%，期限 5 年，每年付息一次，到期一次还本，借款筹资费率为 0.5%，企业所得税率为 25%，计算该项借款的资金成本。

该项借款的资金成本为：

$$\frac{10\% \times (1 - 25\%)}{1 - 0.5\%} = 7.54\%$$

$$\frac{200 \times 10\% \times (1 - 25\%)}{200 \times (1 - 0.5\%)} = 7.54\%$$

2）债券成本

债券成本中的利息与银行借款相同，也是在税前支付，具有抵税效应。债券的筹资费用一般较高，主要包括申请发行债券的手续费、债券注册费、印刷费、上市费以及推销费等。债券成本的计算公式为：

$$K_b = \frac{I \times (1 - T)}{B_0 \times (1 - f)} = \frac{B \times i \times (1 - T)}{B_0 \times (1 - f)}$$

式中 K_b——债券资金成本；

I——债券每年支付的利息；

T——所得税税率；

B——债券面值；

i——债券票面利息率；

B_0——债券筹资额，按发行价格确定；

f——债券筹资费率。

例 3.10 某公司发行一笔面值总额为 500 万元,期限为 10 年的债券,票面利率为 12%,每年支付一次利息,发行费用率为 3%,所得税税率为 25%,计算该债券的资金成本。

①债券按面值平价发行,该笔债券的资金成本为:

$$\frac{500 \times 12\% \times (1 - 25\%)}{500 \times (1 - 3\%)} = 9.28\%$$

②如果债券溢价发行,发行价格为 600 万元,该债券筹资的资金成本为:

$$\frac{500 \times 12\% \times (1 - 25\%)}{600 \times (1 - 3\%)} = 7.73\%$$

③如果债券折价发行,发行价格为 400 万元,该债券筹资的资金成本为:

$$\frac{500 \times 12\% \times (1 - 25\%)}{400 \times (1 - 3\%)} = 11.6\%$$

3)优先股成本

企业发行优先股,需要支付筹资费用和优先股股东的股利。优先股没有到期日,其股利通常是固定的,且在税后支付,不能抵减所得税。优先股成本的计算公式为:

$$K_p = \frac{D}{P_0 \times (1 - f)}$$

式中 K_p——优先股成本;

D——优先股每年的股利;

P_0——发行优先股总额,按发行价格确定;

f——优先股筹资费率。

例 3.11 某公司按面值发行优先股 100 万元,筹资费用率为 3%,年股利率为 10%,计算该优先股的资金成本。

$$\frac{100 \times 10\%}{100 \times (1 - 3\%)} = 10.31\%$$

4)普通股成本

企业发行普通股,需要支付筹资费用和普通股股东的股利。普通股成本的计算有多种不同方法,其主要方法为股利增长模型法。

假设公司股利逐年增加,年增长率为 g,则普通股成本的计算公式为:

$$K_s = \frac{D_1}{V_0 \times (1 - f)} + g$$

式中 K_s——普通股成本;

V_0——普通股筹资额,按发行价格确定;

D_1——第一年的股利;

f——普通股筹资费用率;

g——年增长率。

例 3.12 某公司发行普通股 500 万股,每股发行价格为 10 元,筹资费用率为 5%,第一年末每股发放股利 0.5 元,以后每年增长 6%,计算该普通股的资金成本。

$$\frac{500 \times 0.5}{500 \times 10 \times (1 - 5\%)} + 6\% = 11.26\%$$

5)留存收益成本

留存收益是企业税后利润中以盈余公积或未分配利润的形式留存企业用于生产经营的资金,其所有权属于普通股股东。对于企业股东来说相当于向企业追加投资,也要求有一定的报酬,也要计算成本。留存收益成本计算与普通股基本相同,只是不考虑筹资费用,其计算公式为:

$$K_e = \frac{D_1}{V_0} + g$$

式中 K_e——留存收益成本;

V_0——普通股筹资额;

D_1——第一年的股利;

g——年增长率。

例 3.13 某公司发行普通股 500 万股,每股发行价格为 10 元,第一年末每股发放股利 0.5 元,以后每年增长 6%,公司年末留存收益为 100 万元,计算该留存收益的资金成本。

$$\frac{500 \times 0.5}{500 \times 10} + 6\% = 11\%$$

3.4.3 综合资金成本

在实际工作中,企业往往不只采用某种单一的筹资方式,而是通过多种方式筹集所需资金,因此企业总的资金成本应是各类资金资本的加权平均值,即综合资金成本。综合资金成本是以各种资金成本为基础,各种资金占全部资金的比重为权数,对各种资金成本进行加权平均计算出来的。其计算公式为:

$$K_w = \sum_{j=1}^{n} K_j \times W_j$$

式中 K_W——加权平均资金成本;

K_j——第 j 种资金的个别资金成本;

W_j——第 j 种资金的个别资金占全部资金的比重。

例 3.14 某企业账面反映的长期资金共 800 万元,其中银行借款 100 万元,债券 150 万元,普通股 400 万元,优先股 50 万元,留存收益 100 万元;其资金成本分别为 6%,8%,12%,10%,12%,计算该企业综合资金成本。

解:

计算各种资金所占比重:

长期借款所占比重为 $\frac{100}{800} \times 100\% = 12.5\%$

企业债券所占比重为 $\frac{150}{800} \times 100\% = 18.75\%$

普通股所占比重为$\frac{400}{800}\times 100\% = 50\%$

优先股所点比重为$\frac{50}{800}\times 100\% = 6.25\%$

留存收益所占比重为$\frac{100}{800}\times 100\% = 12.5\%$

加权平均资金成本

$$\begin{aligned} k_w &= 6\% \times 12.5\% + 8\% \times 18.75\% + 12\% \times 50\% + 10\% \times 6.25\% + 12\% \times 12.5\% \\ &= 10.375\% \end{aligned}$$

3.5　杠杆原理

物理学中的杠杆效应,是指人们通过杠杆可以用较小的力量移动较重物体的现象。财务管理中也存在着类似的杠杆效应,表现为:由于一些特定的固定成本的存在而导致的,当某一财务变量以较小幅度变动时,另一相关变量会以较大幅度变动。了解这些,有助于企业合理地规避风险,提高财务管理水平。财务管理中的杠杆效应有三种形式:经营杠杆、财务杠杆和总杠杆。

3.5.1　经营杠杆

1) 经营杠杆的概念

在其他条件不变的情况下,产销业务量的增加虽然不会改变固定成本总额,但会降低单位固定成本,从而提高单位利润,使息税前利润的增长率大于产销业务量的增长率。反之,产销业务量的减少会提高单位固定成本,降低单位利润,使息税前利润下降率也大于产销业务量下降率。如果不存在固定成本,所有成本都是变动的,那么边际贡献就是息税前利润,这时息税前利润变动率就同产销业务量变动率完全一致。这种由于固定成本的存在而导致息税前利润变动大于产销业务量变动的杠杆效应,称为经营杠杆。

2) 经营杠杆的计量

只要企业存在固定成本,就存在经营杠杆效应的作用。但不同企业或同一企业不同产销业务量基础上的经营杠杆效应的大小是不完全一致的,为此,需要对经营杠杆进行计量。对经营杠杆进行计量最常用的指标是经营杠杆系数或经营杠杆度。所谓经营杠杆系数,是指息税前利润变动率相当于产销业务量变动率的倍数。其计算公式为:

$$经营杠杆系数 = \frac{息前利润变动率}{产销业务量变动率}$$

即:

$$DOL = \frac{\Delta EBIT/EBIT}{\Delta(PX)/PX} = \frac{\Delta EBIT/EBIT}{\Delta X/X}$$

式中 DOL——经营杠杆系数;

$EBIT$——变动前的息税前利润;

$\Delta EBIT$——息税前利润的变动额;

PX——变动前的销售收入;

$\Delta(PX)$——销售收入的变动额;

X——变动前的产量或销量;

ΔX——产量或销量的变动数。

例 3.15 某企业连续两年有关资料如表 3.3 所示,要求:计算 2014 年的经营杠杆系数。

表 3.3 单位:元

项 目	2013 年	2014 年
单位边际贡献	50	50
销售量	10 000	12 000
边际贡献	500 000	600 000
固定成本	400 000	400 000
息税前利润	100 000	200 000

解:

$$产销量变动率 = \frac{12\ 000 - 10\ 000}{10\ 000} = 20\%$$

$$利润变动率 = \frac{200\ 000 - 100\ 000}{100\ 000} = 100\%$$

$$经营杠杆系数 = \frac{100\%}{20\%} = 5$$

按以上理论公式计算经营杠杆系数,要求同时掌握产销量变动前后两期的有关资料,在预测分析中往往无法直接应用。为了满足事先预测的需要,在实践中需要按以下简化公式计算经营杠杆系数:

$$经营杠杆系数 = \frac{基期边际贡献}{基期息税前利润}$$

即:

$$DOL = \frac{TCM}{EBIT}$$

仍用表 3.3 的资料,预测 2014 年经营杠杆系数。

$$2014\ 年经营杠杆系数 = \frac{500\ 000}{100\ 000} = 5$$

3.5.2 财务杠杆

1)财务杠杆的概念

不论企业营业利润多少,债务的利息和优先股的股利通常都是固定不变的。当息税前利润增大时,每 1 元盈余所负担的固定财务费用就会相对减少,这能给普通股股东带来更多的盈余;反之,当息税前利润减少时,每 1 元盈余所负担的固定财务费用就会相对增加,这就会大幅度减少普通股的盈余。这种由于债务的存在而导致普通股股东权益变动大于息税前利润变动的杠杆效应,称作财务杠杆。

2)财务杠杆的计量

对财务杠杆进行计量的最常用指标是财务杠杆系数。所谓财务杠杆系数是指普通股每股收益变动相当于息税前利润变动率的倍数。对于非公司制企业,可通过税后资本利润率(*ROE*)来替代普通股每股税后利润。计算公式为:

$$财务杠杆系数 = \frac{普通股每股收益变动率}{息税前利润变动率}$$

即:

$$DFL = \frac{\Delta EPS/EPS}{\Delta EBIT/EBIT}$$

由于:$EPS = \dfrac{(EBIT - I)(1 - T)}{N}$

$$\Delta EPS = \frac{\Delta EBIT(1 - T)}{N}$$

因此,公式可进一步推导为:

$$DFL = \frac{EBIT}{EBIT - I} = 1 + \frac{I}{EBIT - I}$$

式中 I——债务筹资的利息,在负债筹资额不变下,利息保持不变;

$(EBIT-I)$——扣除利息的税前利润额。

财务杠杆系数的含义是,在资产总额及负债筹资额保持不变的前提下,资本利润率或每股收益额将是息税前利润的倍数(*DFL*)增长。即:

资本利润率的增长率 = 财务杠杆系数(*DFL*) × 息税前利润增长率

例 3.16 某企业资产总额为 100 万元,负债与资本的比例为 60∶40,借款年利率为 10%,企业基期息税前利润率为 10%。公司计划期的息税前利润由 10%增长到 30%,即息税前利润增长率为 200%。假定企业所得税率为 25%。问资本利润率将增长多少?

本题可用列表方式计算,见表 3.4。

表 3.4 资本利润的计算表 单位:百万元

项 目	基 期	计 划 期
EBIT	10	10×(1+200%)= 30
利息(*I*)	6	6
税前利润(*EBT*)	4	24
税额(25%)	1	6
税后利润	3	18
资本	40	40
税后利润率	7.5%	45%

从表 3.4 中可看出，资本利润率由 7.5%提高到 45%，其增长倍数 = (45%−7.5%) ÷7.5% = 5.0

财务杠杆系数 = 10 ÷ (10 − 6) = 2.5

验证：200% × 2.5 = 5.0

对于发行优先股和向银行借款的企业来说，可以按以下简化公式计算财务杠杆系数：

$$财务杠杆系数 = \frac{息税前利润}{息税前利润 - 利息 - \dfrac{优先股股利}{1 - 所得税税率}}$$

即：

$$DFL = \frac{EBIT}{EBIT - I - \dfrac{d}{1 - T}}$$

3.5.3 总杠杆

1) 总杠杆的概念

由于存在固定的生产经营成本，产生经营杠杆效应，使息税前利润的变动率大于产销业务量的变动率；由于存在固定财务费用，产生财务杠杆效应，使企业每股利润的变动率大于息税前利润的变动率。如果两种杠杆共同起作用，那么销售额稍有变动就会使每股收益产生更大的变动。这种由于固定生产经营成本和固定财务费用的共同存在而导致的每股利润变动大于产销业务量变动的杠杆效应，称为总杠杆。

例 3.17　某企业有关资料如表 3.5 所示，要求分析总杠杆效应并计算总杠杆系数。

表 3.5　　单位：元

项　目	2013 年	2014 年	变动率
销售收入	1 000	1 200	+20%
变动成本	400	480	+20%
固定成本	400	400	0
息税前利润(*EBIT*)	200	320	+60%
利息	80	80	0
税前利润	120	240	+100%
所得税(税率为 50%)	60	120	+100%
净利润	60	120	+100%
普通股发行在外股数(股)	100	100	0
每股利润	0.6	1.2	+100%

从表 3.5 中看到，在总杠杆的作用下，业务量增加 20%，每股利润便增长 100%。当然，如果业务量下降 20%，企业的每股利润也会下降 100%。

2) 总杠杆的计量

从以上分析中得知，只要企业同时存在固定的生产经营成本和固定的利息费用等财务支出，就会存在总杠杆的作用。但不同企业，总杠杆作用的程度是不完全一致的，为此，需要对总杠杆作用的程度进行计量。对总杠杆进行计量的最常用指标是总杠杆系数。所谓总杠杆系数,是指每股利润变动率相当于业务量变动率的倍数。其公式为:

$$总杠杆系数 = \frac{每股利润变动率}{产销业务量变动率}$$

即:

$$DTL = \frac{\Delta EPS/EPS}{\Delta(PX)/PX} = \frac{\Delta EPS/EPS}{\Delta X/X}$$

式中 DTL——总杠杆系数。

根据表 3.5 中的有关数据可求出 2014 年的总杠杆系数:

$$DTL = \frac{0.6/0.6}{200/1\ 000} = \frac{100\%}{20\%} = 5$$

总杠杆系数与经营杠杆系数、财务杠杆系数之间的关系可用下式表示:

$$DTL = DOL \times DFL$$

即总杠杆系数等于经营杠杆系数与财务杠杆系数之积。

总杠杆系数的简化公式为:

$$总杠杆系数 = \frac{边际贡献}{息税前利润 - 利息 - \dfrac{优先股股利}{1 - 所得税税率}}$$

或

$$DTL = \frac{TCM}{EBIT - I - \dfrac{d}{1 - T}}$$

若企业不发行优先股,其总杠杆系数的简化公式为:

$$总杠杆系数 = \frac{边际贡献}{息税前利润 - 利息}$$

即:

$$DTL = \frac{TCM}{EBIT - I} = \frac{(p - b)x}{(p - b)x - a - I}$$

将表 3.5 中 2013 年的数据代入上式,可求得 2014 年杠杆总系数:

$$DTL = \frac{600}{200 - 80} = 5$$

这就是说,在本例中,企业的产销业务量每增减 1%,每股利润就会相应增减 5%,因此,产销业务量有一个比较小的增长,每股利润便会大幅度增长;反之,产销业务量有比较小的下降,每股利润便会大幅度下降。

3.6 资金结构

资本结构是企业筹资决策的核心。在筹资管理过程中,采用适当的方法以确定最佳资本结构,是筹资管理的主要任务之一。

3.6.1 资金结构的概念

1) 资金结构

资金结构,是指在企业资金总额中各种资金来源的构成比例。资金结构有广义和狭义之分,狭义的资金结构是指长期资金结构,广义的资金结构是指全部资金(包括长期资金和短期资金)的结构。这里所讲资金结构是指狭义的资金结构。

2) 最佳资金结构

最佳资金结构,是指在一定条件下使企业加权平均成本最低,企业价值最大的资金结构。财务管理的目标在于追求企业价值的最大化。只有在风险不变的情况下,每股收益的增长才会直接导致股价的上升。实际上经常随着每股收益的增长,风险也会加大。如果每股收益的增长不足以补偿风险增加所需的报酬,尽管每股收益增加,股价仍会下降。所以,企业的最佳资金结构应是可使企业价值最大,而不一定是每股收益最大的资金结构。

3.6.2 资金结构决策的方法

筹资决策的目的就是要确定最佳的资金结构以求得企业价值最大化或资金成本最小化。资金结构决策的方法有多种,常见的有资金成本比较法和每股利润分析法。

1) 资金成本比较法

资金成本比较法,是通过计算各方案加权平均的资金成本,并根据加权平均资金成本的高低来确定最佳资金结构的方法。最佳资金结构亦即加权平均资金成本最低的资金结构。

例 3.18 某企业拟新建一项目,投资总额为 500 万元,有 3 个筹资方案可供选择,具体资料如表 3.6 所示。

表 3.6　　单位:万元

筹资方式	方案一		方案二		方案三	
	筹资额	资金成本	筹资额	资金成本	筹资额	资金成本
银行借款	50	6%	100	6%	150	6%
债券	150	8%	100	8%	100	8%
普通股	300	10%	300	10%	250	10%
合　计	500		500		500	

计算各方案的综合资金成本:

方案一:$6\%\times50/500 + 8\%\times150/500 + 10\%\times300/500 = 9\%$

方案二:$6\%\times100/500 + 8\%\times100/500 + 10\%\times300/500 = 8.8\%$

方案三:$6\%\times150/500 + 8\%\times100/500 + 10\%\times250/500 = 8.4\%$

通过计算,方案三的综合资金成本最低,企业应选择此方案。

2) 每股利润分析法

企业的盈利能力是用息税前利润(*EBIT*)表示,股东财富用每股利润(*EPS*)来表示。将以上两个方面联系起来,分析资金结构和每股利润之间的关系,进而确定合理的资金结构的方法,称为息税前利润——每股利润分析法,简写为(*EBIT-EPS*)分析法。这种方法需要确定每股利润的无差异点。所谓每股利润无差异点,是指普通股每股净利润不受筹资方式影响,无论采用何种筹资方式,普通股每股净利润都保持不变的息税前利润点。

其计算公式为:

$$\frac{(EBIT-I_1)(1-T)-D_1}{N_1}=\frac{(EBIT-I_2)(1-T)-D_2}{N_2}$$

式中 *EBLT*——每股利润无差异点处的息税前利润;

L_1, L_2——两种筹资方式下的年利息;

D_1D_2——两种筹资方式下的优先股股利;

N_1N_2——两种筹资方式下流通在外的普通股股数。

例 3.19 某公司因生产发展需要准备筹集资金500万元,这些资金可以通过增发股票或发行企业债券的方式来筹集。企业所得税率为25%,具体资料如表3.7所示。

表 3.7 单位:万元

筹资方式	原资金结构	增加筹资后资金结构	
		增发普通股	发行公司债券
银行借款(利率6%)	100	100	100
已发行债券(利率8%)	200	200	200
拟发行新债(利率9%)			500
优先股(股利率4%)	50	50	50
已发行普通股(面值10元)	800	800	800
增发普通股(面值10元)		500	
普通股股数(万股)	80	130	80

$$\frac{(EBIT-22)\times(1-25\%)-2}{130}=\frac{(EBIT-67)\times(1-25\%)-2}{80}$$

可求得 *EBIT*=142 万元。

假设增资后,企业的年息税前利润将达到200万元,每股净利润计算如表3.8。

表 3.8 单位:万元

项 目	增发普通股	发行公司债券
预计息税前利润(*EBIT*)	200	200
减:利息	22	67
税前利润	178	133
减:所得税(25%)	44.5	33.25
净利润	133.5	99.75
减:优先股股利	2	2
可供普通股分配的利润	131.5	97.75
普通股股数(万股)	130	80
每股利润(元)	1.01	1.22

这就是说，当息税前利润 $EBIT>142$ 万元时，利用负债筹资能够获得更高的每股利润；当息税前利润 $EBIT<142$ 万元时，利用发行普通股筹资能够获得更高的每股利润；当息税前利润 $EBIT=142$ 万元时，采用两种方式无差别。公司预计年息税前利润将达到 200 万元，采用负债筹资方式比较有利。

能力训练

一、单项选择题

1.从筹资的角度看，下列筹资方式中筹资风险较小的是(　　)。

A.债券　B.长期借款　C.融资租赁　D.普通股

2.某企业需借入资金 500 000 元。由于贷款银行要求将贷款数额的 20%作为补偿性余额，故企业需向银行申请的贷款数额为(　　)。

A.500 000　B.600 000　C.625 000　D.562 500

3.下列(　　)可以为无记名股票。

A.社会公众股　B.国家股　C.法人股　D.发起人股

4.股份有限公司增减资本必须由(　　)作出决策。

A.股东会　B.监事会　C.董事会　D.股东大会

5.非股份制企业筹集主权资本最主要的方式是(　　)。

A.发行股票　B.发行债券　C.银行借款　D.吸收直接投资

6.某股份公司发行面值为 1 000 元，利率为 5%的债券，因当时的市场利率为 6%，折价发行，价格为 950.87 元，则该债券的期限为(　　)年。

A.8　B.6　C.7　D.9

7.我国法律规定，公司发行股票应当委托证券经营机构(　　)。

A.自销　B.包销　C.代销　D.承销

8.某企业周转信贷限额为 200 万元，承诺费率为 3%，借款企业在年度内使用了 180 万元，那么必须向银行支付(　　)元的承诺费。

A.1 500　B.6 000　C.5 400　D.600

9.某企业欲向银行实际借款 100 万元，年利率 10%，银行要求企业按借款余额 20%保持补偿性余额，则企业必须向银行借入(　　)万元的款项。

A.100　B.80　C.125　D.90

10.我国目前最为常用的利息支付方式为(　　)。

A.收款法　B.贴现法　C.加息法　D.复利计算法

11.调整企业资本结构并不能(　　)。

A.降低资金成本　B.降低财务风险

C.降低经营风险　D.增加融资弹性

12.影响发行公司债券价格的最主要的因素是(　　)。

A.票面价值　B.票面利率　C.债券期限　D.市场利率

13.某企业按信用条件为 2.5/10,n/40 条件进一批商品，那么放弃现金折扣的成本为(　　)。

A.30.76% B.23.08% C.22.5% D.36%

14.放弃现金折扣成本的大小与( )。

A.折扣百分比的大小呈反方向变化

B.信用期的长短呈同方向变化

C.折扣百分比的大小,信用期的长短均呈同方向变化

D.折扣期的长短呈同方向变化

15.要使资本结构达到最佳,应使( )达到最低。

A.综合资本成本 B.边际资本成本

C.债务资本成本 D.自有资本成本

二、多项选择题

1.长期借款筹资的优点是( )。

A.债务成本相对较低 B.借款弹性较大

C.筹资风险小 D.筹资迅速

2.下列( )是普通股筹资的优点。

A.发行普通股筹资没有固定的股利负担,筹资风险较小

B.发行普通股可为债权人提供保障,增强公司的举债能力

C.普通股股利从税后利润支付,不能在税前列支

D.能促进股权的流通和转让

3.企业自留资金可用于转增股本的有( )。

A.折旧 B.资本公积金

C.盈余公积金 D.未分配利润

4.从筹资角度看,商业信用的具体形式有( )。

A.应付账款 B.应收账款 C.应付票据 D.预收货款

5.企业的筹资渠道包括( )。

A.银行信贷资金 B.国家资金

C.居民个人资金 D.企业自留资金

6.债券与股票的区别在于( )。

A.债券是债务凭证,股票是所有权凭证

B.债券的投资风险大,股票的投资风险小

C.债券的收入一般是固定的,股票的收入一般是不固定的

D.股票在公司剩余财产分配中优先于债券

7.融资租赁的租金中的租赁手续费包括( )。

A.租息 B.营业费用 C.一定的盈利 D.融资成本

8.按我国公司法规定,股票发行价格可采用以下( )方式。

A.平价发行 B.时价发行 C.溢价发行 D.折价发行

9.融资租赁的形式包含有下列( )。

A.直接租赁 B.经营租赁 C.售后租回 D.杠杆租赁

10.放弃现金折扣的成本要受多种因素的影响。下列各选项中,将会使放弃现金折扣的成本有所提高的是(　　)。

A.折扣百分比、折扣期不变,信用期延长

B.折扣百分比、信用期不变,折扣期延长

C.信用期、折扣期不变,折扣百分比提高

D.折扣百分比不变,信用期和折扣期等量延长

11.债券的基本要素包含(　　)。

A.债券面值　　B.债券的期限

C.利率与利息　　D.发行债券的条件

12.债券发行方式包含(　　)方式。

A.公募发行　　B.私募发行　　C.溢价发行　　D.折价发行

13.关于债券发行价格的说法中,下列哪几种是正确的(　　)?

A.市场利率低于债券票面利率,则债券要溢价发行

B.市场利率高于债券票面利率,则债券需折价发行

C.市场利率低于债券票面利率,则债券要折价发行

D.市场利率高于债券票面利率,则债券需溢价发行

14.优先股筹资的优点是(　　)。

A.不用偿还本金

B.股利的支付既固定,又有一定弹性

C.扩大了权益基础,可增加公司的信誉

D.不会改变普通股股东对公司的控制权

15.权益资金的筹集方式主要有(　　)。

A.吸收直接投资　B.长期借款　　C.发行股票　　D.留存收益

三、判断题

1.企业在利用商业信用筹资时,如果企业不放弃现金折扣,则没有实际成本。　(　　)

2.首次公开招股是指公司在资本市场上首次向公众公开发售股份来筹集股本资本。这种方式不但扩大股东的范围,提高公司的社会知名度,也可增加股票的适销性和流通性。
(　　)

3.一般来说,企业希望采用定期等额偿还方式,因为这会降低贷款的实际利率。(　　)

4.股票筹资可以不付利息,因此其资金成本比借款筹资低。　(　　)

5.优先认股权是优先股股东的优先权。　(　　)

6.最佳资本结构是使企业综合资金成本最低,企业价值最大的资本结构。　(　　)

7.融资租赁租金包括设备价款、融资租赁成本和租赁公司承办租赁设备的营业费用以及一定的盈利。　(　　)

8.抵押借款由于有抵押品担保,所以其资金成本往往较非抵押借款低。　(　　)

9.放弃现金折扣的成本大小与折扣百分比的大小呈反向变化。　(　　)

10.周转信贷协定是银行具有法律义务地承诺提供不超过某一最高限额的贷款协定。（　　）

11.直接筹资是指直接从银行等金融机构借入资金的活动。（　　）

12.杠杆租赁中出租人也是借款人,他既收取租金又偿付债务,从这个角度看,杠杆租赁与直接租赁是不同的。（　　）

四、计算题

1.某公司准备采购一批原材料,供货商的报价如下:①立即付款,价格为 9 500 元;②30 天内付款,价格为 9 700 元;③31~60 天内付款,价格为 9 800 元;④61~90 天内付款,价格为 10 000 元。假设银行短期贷款利率为 15%,每年按 360 天计算。

要求:计算放弃现金折扣的成本,并判定哪种报价对该公司最有利?

2.ABC 公司借款 10 万元,银行年利率为 15%,该公司准备分 12 个月等额偿还。求该笔借款的实际利率。

3.某公司发行普通股股票 600 万元,筹资费用率 5%,上年股利率为 14%,预计股利每年增长 5%,所得税率 25%,该公司年末留存 50 万未分配利润用作发展之需,则该笔留存收益的成本是多少?

4.ABC 公司拟筹资 5 000 万元,其中,按面值发行债券 2 000 万元,票面利率为 10%,筹资费率为 1%;发行优先股 1 000 万元,股利率为 12%,筹资费率为 2%;发行普通股 2 000 万元,筹资费率为 4%,预计第一年股利率为 12%,以后每年按 4%递增,所得税税率为 25%。

要求:①计算债券成本;

②计算优先股成本;

③计算普通股成本;

④计算加权平均资金成本。

5.某公司欲采购一批材料,目前正面对着 A、B 两家提供不同信用条件的卖方,A 公司的信用条件为“3/10,n/40”,B 公司的信用条件为“2/20,n/40”,请回答下面问题并说明理由。①已知该公司目前有一投资机会,投资收益率为 40%,该公司是否应享受 A 公司提供的现金折扣?②如果该公司准备放弃现金折扣,那么应选择哪家供应商;如果该公司准备享有现金折扣,那么应选择哪家供应商?

6.某企业计划年初的资本结构如表 3.9 所示:

表 3.9　年初资本结构

各种资本来源	金额/万元
长期债券,年利率 10%	600
优先股,年股息率 8%	200
普通股,40 000 股	800
合　计	1 600

普通股每股股票面额 200 元，今年期望股息 20 元，预计以后每年股息增加 5%，该企业所得税率为 25%，假设发行各种证券均无筹资费用。

该企业现拟增资 400 万元，有甲、乙两个方案：

甲方案，发行长期债券 400 万元，年利率 10%，普通股股息增加到 25 元，以后每年还可增加 6%，但是，由于增加了风险，普通股市价将跌到每股 160 元。

乙方案，发行长期债券 200 万元，年利率 10%，另发行普通股 200 万元。普通股股息增加到 25 元，以后每年再增加 5%，由于信誉提高，普通股市价将上升到每股 250 元。

试选择最佳筹资方案。

7. 已知 ABC 公司目前资金结构如表 3.10 所示：

表 3.10 目前资金结构

筹资方式	金额/万元
长期债券（年利率 8%）	1 000
普通股（4 500 万股）	4 500
留存收益	2 000
合 计	7 500

因发展新的投资项目的需要，公司年初准备增加资金 2 500 万元，现有两个筹资方案可供选择：甲方案为增加发行 1 000 万股普通股，每股市价 2.5 元；乙方案为按面值发行每年年末付息、票面利率为 10%的公司债券 2 500 万元。假定股票与债券的发行费用均可忽略不计；适用的企业所得税税率为 25%。

要求：①计算两种筹资方案下每股利润无差别点的息税前利润。

②如果公司预计息税前利润为 1 200 万元，指出该公司应采用的筹资方案。

③如果公司预计息税前利润为 1 600 万元，指出该公司应采用的筹资方案。

④若公司预计息税前利润在每股利润无差别点增长 10%，计算采用乙方案时该公司每股利润的增长幅度。

第 4 章　项目投资管理

本章导航

项目投资概述	一、投资的概念及种类	了解投资的概念及类型
	二、项目投资的概念和特点	熟悉项目投资的概念和特点
	三、项目投资的种类	熟悉项目投资的类型
	四、项目投资的程序	熟悉项目投资的程序
	五、项目计算期的构成	掌握项目计算期的构成
	六、项目投资金额及投资方式	理解原始总投资和项目总投资的含义
现金流量	一、现金流量的概念及作用	熟悉现金流量的概念及作用
	二、确定现金流量的假设	理解确定现金流量的假设
	三、现金流量的组成内容	掌握现金流量的具体内容
	四、现金流量的估算	熟悉各项现金流量的估算方法
	五、现金流量估算中应注意的问题	理解在现金流量估算中应注意的问题
	六、净现金流量的计算	掌握各类净现金流量的计算
项目投资决策的评价指标	一、非折现指标	掌握静态投资回收期的含义、计算公式及决策规则；熟悉总投资收益率指标
	二、折现指标	掌握净现值、净现值率、现值指数、内含报酬率指标的含义、计算、决策规则、特点以及指标之间的相互关系
项目投资决策评价指标的应用	一、独立方案的投资决策	熟悉独立方案投资决策方法
	二、互斥方案的投资决策	掌握项目计算期相同、投资额不同的投资方案决策方法；掌握项目计算期不同的投资方案决策方法
	三、资本限量决策	熟悉资本有限的条件下的投资方案决策
	四、项目投资的风险决策	掌握考虑风险因素后的风险调整折现率法和调整现金流量法的项目投资决策

4.1 项目投资概述

4.1.1 投资的概念及种类

企业筹集到一定资金后,只有将资金投放出去,才能获得收益或实现资金的增值。投资,从特定企业的角度来说,就是企业为了获取收益而向一定的对象投放资金的经济行为。投资可以按不同的标准分为以下类型:

1)按投资活动与企业本身的生产经营活动的关系划分

按此方法划分,可分为直接投资和间接投资。直接投资是指不借助金融工具,由投资人直接将资金转移交付给被投资对象使用的投资,包括企业内部直接投资和对外直接投资,前者形成企业内部直接用于生产经营的各项资产,后者形成企业持有的各种股权性资产。间接投资是指通过购买被投资对象发行的金融工具而将资金转移交付给被投资对象使用的投资。

2)按投资活动资金投出的方向划分

按此方法划分,可分为对内投资和对外投资。从企业的角度看,对内投资就是项目投资,是指企业将资金投放于为取得供本企业生产经营使用的固定资产、无形资产、其他资产和垫支流动资金而形成的一种投资。对外投资是指企业为购买国家和其他企业发行的有价证券或其他金融产品或以货币资金、实物资产、无形资产向其他企业注入资金而发生的投资。

3)按投资活动投入的领域不同划分

按此方法划分,可分为生产性投资和非生产性投资。生产性投资是指将资金投入生产、建设等物质生产领域,并能够形成生产能力或可以产出生产资料的一种投资。非生产性投资是指将资金投入非物质生产领域中,不能形成生产能力,但能形成社会消费或服务能力,满足人民的物质文化生活需要的一种投资。

4)按投资内容不同划分

按此方法划分,可分为固定资产投资、无形资产投资、流动资金投资、房地产投资、有价证券投资、信托投资和保险投资等多种。

4.1.2 项目投资的概念和特点

1)项目投资的概念

项目投资是指以特定建设项目为对象,直接与新建项目或更新改造项目有关的长期投资行为。一般来说,项目投资属于直接投资、对内投资、生产性的投资,从内容上说包括购建固定资产、无形资产、其他资产和垫支流动资金所形成的投资。项目投资不仅数额大,投资面广，而且对企业的稳定与发展、增强企业未来盈利能力与偿债能力、促进社会经济长期持续发展、为社会提供更多的就业机会具有重要意义。

2) 项目投资的特点

与其他形式的投资相比，项目投资具有以下特点：

(1) 投资内容独特

项目投资的对象是特定的建设项目，这些项目又包括新建项目和更新改造项目，新建项目属于外延式扩大再生产类型，又可以分为单纯固定资产投资项目和完整工业投资项目；更新改造项目属于简单再生产或内涵式扩大再生产类型。但每个项目都至少涉及一项形成固定资产的投资。

(2) 投资数额大

项目投资，特别是扩大生产能力的战略性投资，一般都需要较多的资金，其投资额往往是企业及其投资人多年的资金积累，在企业总资产中占有相当大的比重。因此，项目投资对企业未来现金流量和财务状况都将产生深远的影响。

(3) 影响时间长

项目投资的投资期及发挥作用的时间都较长，对企业未来的生产经营活动和长期经济效益都将产生重大的影响。

(4) 变现能力差

项目投资一般不准备在一年或大于一年的一个营业周期内变现，而且即使在短期内变现，其变现能力也很差。因为，项目投资一旦完成，要想改变是相当困难的，不是无法实现，就是代价太大。

(5) 不经常发生

与企业的短期投资和长期性金融投资相比，企业内部项目投资的发生次数不太频繁，特别是大规模的具有战略投资意义的扩大生产能力投资，一般要几年甚至十几年才发生一次，这就要求企业财务管理人员对此进行谨慎的可行性研究。

(6) 投资风险高

影响项目投资未来效益的因素特别多，诸如市场需求、国家宏观政策、经济环境等，都可能发生变化，加上投资额大，影响的时间长和变现能力差，必然造成其投资风险比其他投资风险大，会对企业未来命运产生决定性影响。

4.1.3 项目投资的种类

1) 维持性投资与发展性投资

项目投资按投资活动对企业未来生产经营前景的影响分为维持性投资与发展性投资。维持性投资是为了维持企业正常经营，保持现有生产能力而投入的财力，如固定资产更新改造投资。发展性投资是企业为了扩大生产规模，增加生产能力，或改变企业经营方向，对企业今后的发展有重大影响的投资，如新增一条生产线，购置新的设备等。

2) 战术性投资与战略性投资

项目投资按其对企业前途的影响可分为战术性投资和战略性投资。战术性投资是指不牵涉整个企业前途的投资，如为提高劳动生产率而进行的投资，为改善工作环境而进行的投资等。战略性投资是指对企业全局有重大影响的投资，如企业转产、增加新产品投资，战略性投资一般所需资金多，回收时间长，风险大。

3）独立性投资与互斥性投资

项目投资按所投资项目之间的相互关联关系可分为独立投资和互斥投资。独立投资也称为采纳与否投资，是指某一项目的投资只有一个方案，要么采纳，要么放弃，例如是否要购入一台设备、是否要建造一栋厂房都属于采纳与否投资。互斥投资是指在两个或两个以上的项目中，只能选择其中之一的投资。

此外，项目投资按其增加利润的途径还可分为扩大收入投资与降低成本投资；按投资对象还可分为固定资产投资和无形资产投资等。

4.1.4 项目投资的程序

1）投资项目提出

投资项目的提出是项目投资程序的第一步，是根据企业的长远发展战略，中长期投资计划和投资环境的变化，在把握良好投资机会的情况下提出的。为了实现财务管理目标，管理者必须首先考虑是否应维持现有生产规模，其次应考虑是否应扩大生产规模，由此提出固定资产更新、购置等意向性投资方案。它可以由企业管理当局或企业高层管理人员提出，也可以由企业的各级管理部门和相关部门领导提出。

2）投资项目评价

投资项目的评价主要涉及如下几项工作：①对提出的投资项目进行适当分类，为分析评价做好准备；② 计算有关项目的建设周期，测算有关项目投产后的收入、费用和经济效益，预测有关项目的现金流入和现金流出；③运用各种投资评价指标，把各项投资按可行程度进行排序；④ 写出详细的评价报告。

3）投资项目决策

投资项目评价后，应按分权管理的决策权限由企业高层管理人员或相关部门经理作最后决策。投资决策的方法有很多，不同的方法各具特色，有其适用的范围和情形。决策指标选定以后，计算指标值，然后根据相应决策规则对投资方案做出比较和选择。

4）投资项目实施

决定对某项目进行投资后，要积极筹措资金，实施项目投资。在投资项目的实施过程中，要对工程进度、工程质量、施工成本和工程概算进行监督、控制和审核，防止工程建设中的舞弊行为，确保工程质量，保证按时完成。

5）投资项目再评价

在投资项目的执行过程中，应注意原来作出的投资决策是否合理，是否正确。一旦出现新的情况，就要随时根据变化的情况作出新的评价和调整。

4.1.5 项目投资的计算期及其构成

项目计算期是指从投资建设开始到最终清理结束整个过程的全部时间，即该项目的有效持续期间。项目计算期通常以年为计算单位。

一个完整的项目计算期包括建设期和运营期两个部分。其中,建设期是指项目资金正式投入到项目建成投产为止所需要的时间,建设期第一年年初称为建设起点,建设期最后一年年末称为投产日。项目计算期最后一年的年末称为终结点,假定项目最终报废和清理都发生在终结点(但更新改造除外)。从投产日到终结点之间的时间间隔称为运营期,又包括试产期和达产期(完全达到设计生产能力)两个阶段。试产期是指项目投入生产,但生产能力尚未完全达到设计的过渡阶段。达产期是指项目投入生产运营达到设计预期水平的时间。

项目计算期、建设期与运营期存在以下关系:

$$项目计算期(n) = 建设期(s) + 运营期(p)$$

如图 4.1 所示。

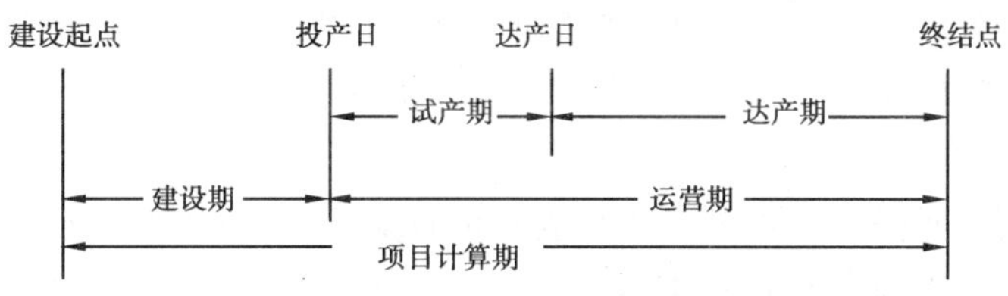

图 4.1 项目计算期示意图

4.1.6 项目投资的内容及投资方式

反映项目投资金额的指标主要有原始投资和项目总投资。原始投资(又称初始投资)是反映项目所需现实资金的价值指标,它等于企业为使项目完全达到设计生产能力、开展正常经营而投入的全部现实资金。包括建设投资和流动资金投资两项内容。

建设投资,是指建设期内按一定生产经营规模和建设内容进行的投资,具体包括固定资产投资、无形资产投资和其他资产投资。

固定资产投资,是指项目用于购置或安装固定资产发生的投资。固定资产原值与固定资产投资之间存在以下关系:

$$固定资产原值 = 固定资产投资 + 建设期资本化借款利息$$

无形资产投资,指项目用于取得无形资产发生的投资。

其他资产投资,指建设投资中除固定资产和无形资产投资以外的投资,包括生产准备费和开办费两项内容。

流动资金投资,指项目投产前后分次或一次投放于流动资产项目的投资增加额。

项目总投资是反映项目投资总体规模的价值指标,它等于原始投资与建设期资本化利息之和。

从时间特征上看,投资主体将原始投资投入具体项目的方式有一次投入和分次投入两种。一次投入是指集中在项目计算期第一个年度的年初一次性发生的投资行为;分次投入是指涉及两个或两个以上的年度分次发生的投资行为。

4.2 现金流量

4.2.1 现金流量的概念及作用

1)现金流量的定义

现金流量也称为现金流动量,在项目投资决策中,现金流量是指投资项目在计算期内因资本循环而可能或应该发生的现金流入量与现金流出量的统称,它是计算项目投资决策评价指标的主要根据。这里的"现金"是广义的现金,它不仅包括各种货币资金,而且还包括项目需要投入企业拥有的非货币资源的变现价值(或重置成本)。例如,一个项目需要使用原有厂房、设备和材料等,则相关的现金流出量是指它们的变现价值,而不是其账面价值。

2)现金流量的作用

①现金流量信息所揭示的未来期间现实货币收支运动,可以序时动态地反映项目投资流向与回收之间的投入与产出关系,使决策者处于投资主体的立场,便于更完整、准确、全面评价具体投资项目的经济效益。

②利用现金流量指标代替利润指标作为反映项目效益的信息,可以摆脱在贯彻财务会计的权责发生制时必须面临的困境,即由于不同的投资项目可能采取不同的固定资产折旧方法、存货估价方法或费用摊配方法,从而导致不同方案的利润相关性差、可比性差的问题。

③采用现金流量的考核方法有利于科学地考虑资金的时间价值因素。由于现金流量信息与项目计算期的各个时点密切结合,有助于在计算投资评价指标时应用资金时间价值的形式进行动态投资效果的综合评价。

④采用现金流量信息,排除了非现金收付内部周转的资本运动形式,从而简化了有关投资决策评价指标的计算过程。

4.2.2 确定现金流量的假设

确定项目的现金流量,就是在收付实现制基础上,预计并反映现实货币资金在项目计算期内未来各年中的收支情况。在现实生活中,这种预计并不是简单的事情。为便于确定现金流量的具体内容,简化现金流量的计算过程,本章特作以下假设:

①全投资假设。全投资假设,即假设在确定项目的现金流量时,只考虑全部投资的运动情况,不论是自有资金还是借入资金等具体形式的现金流量,都将其视为自有资金。

②建设期投入全部资金假设。建设期投入全部资金假设,即项目的原始总投资不论是一次投入还是分次投入,均假设它们是在建设期内投入的。

③项目投资的经营期与折旧年限一致假设。项目投资的经营期与折旧年限一致假设,即假设项目主要固定资产的折旧年限或使用年限与其经营期相同。

④时点指标假设。时点指标假设,即现金流量的具体内容所涉及的价值指标,不论是时

点指标还是时期指标,均假设按照年初或年末的时点处理。其中,建设投资在建设期内有关年度的年初发生;垫支的流动资金在建设期的最后一年末即经营期的第一年初发生;经营期内各年的营业收入、付现成本、折旧(摊销等)、利润、所得税等项目的确认均在年末发生;项目最终报废或清理(但更新改造项目除外),回收流动资金均发生在经营期最后一年末。

⑤确定性假设。确定性假设,即假设与项目现金流量估算有关的价格、产销量、成本水平、所得税税率等因素均为已知常数。

4.2.3 现金流量的组成内容

项目投资中的现金流量包括现金流入量、现金流出量和现金净流量。

1)现金流入量的内容

现金流入量是指投资方案所引起的企业现实货币资金增加的数额,简称现金流入。通常用 CI_t 表示第 t 年的现金流入量。主要包括以下内容:

(1)营业现金收入

营业现金收入,是指项目投产后每年实现的全部销售收入或营业收入,它是经营期主要的现金流入项目。虽然该项目本应按当期现销收入与回收以前应收账款的合计数确认,但为简化核算,可假定正常经营年度内每期发生的赊销额与回收的应收账款大体相等。所以可以用营业收入代替当年的收现额。

(2)回收固定资产余值

回收固定资产余值,指投资项目的固定资产在终结点报废清理或中途变价转让处理时所回收的价值。它是固定资产清理或出售收入扣除清理费用后的余额。

(3)回收流动资金

回收流动资金,主要指新建项目在项目计算期终止时(终结点)因不再发生新的替代投资而回收的原垫付的全部流动资金回收额。

回收流动资金和回收固定资产余值统称为回收额。

(4)其他现金流入

其他现金流入,指以上内容外的现金流入项目。

2)现金流出量的内容

现金流出量,是指投资方案所引起的企业现实货币资金减少的数额,简称现金流出。通常用 CO_t 表示第 t 年的现金流出量。主要包括以下内容:

(1)建设投资(含更新改造投资)

建设投资,指在建设期内按一定生产规模和建设内容进行的投资,具体包括固定资产投资、无形资产投资和其他资产投资三项内容。它是建设期内发生的主要现金流出量。其中,固定资产投资是所有类型投资项目注定要发生的内容。这部分现金流出量随着建设进程的进行可能一次投入,也可能分次投入。

(2)流动资金投资

流动资金投资,是指在完整工业投资项目中发生的用于生产经营周转使用的营运资金投资,又称为垫支流动资金。这部分资金主要是保证生产经营活动所必需的存货储备占用等。一般在营业终了或出售(报废)固定资产时才能收回,并继续用于其他目的。

建设投资与流动资金投资合称为项目的原始总投资。

(3)经营成本

经营成本,是指经营期为了满足正常生产经营需要每年动用现实货币资金支付的成本费用,又称为付现成本。它是生产经营阶段最主要的现金流出项目。

(4)各项税款

各项税款,指项目投产后依法缴纳的、单独列示的各项税款,包括营业税、所得税等。

(5)其他现金流出

其他现金流出,指以上内容外的现金流出项目。

3)现金净流量的内容

现金净流量又称净现金流量,是指项目计算期内由每年现金流入量与同年现金流出量的差额所形成的序列指标,它是计算项目投资决策评价指标的重要依据。

根据净现金流量的定义,可将其计算公式归纳为:

$$净现金流量 = 现金流入量 - 现金流出量$$

或:

$$NCF_t = CI_t - CO_t (t = 0,1,2,\cdots)$$

式中 NCF_t——第 t 年的净现金流量;

CI_t——第 t 年的现金流入量;

CO_t——第 t 年的现金流出量。

在项目计算期数轴上,0 表示第一年的年初,1 既代表第一年的年末,又代表第二年的年初,以下依此类推。

由计算公式可以看出,无论在建设期还是经营期都存在净现金流量。由于项目计算期不同阶段上的现金流入量和现金流出量发生的可能性不同,使得各阶段上的净现金流量在数值上表现出不同的特点:建设期内的净现金流量一般小于或等于零;在经营期内的净现金流量则多为正值。

4.2.4 现金流量的估算

在项目计算期的各个阶段上,都可能发生现金流量,必须逐年估算每一时点上的现金流入量和现金流出量。

1)现金流入量的估算

(1)营业现金收入的估算

应按照项目在经营期内有关产出物的各年预计单价(不含增值税)和预测销量进行估算。

(2)回收固定资产余值的估算

建设项目按主要固定资产的原值乘以法定净残值率可以估算出终结点发生的回收固定资产余值;而更新改造项目往往需要估算两次:第一次估算在建设起点发生的回收余值,即根据提前变卖的旧设备可变现净值来确认;第二次按建设项目的办法估算在终结点发生的回收余值(新设备的净残值)。

(3)回收流动资金的估算

假定在经营期不发生提前回收流动资金,则在终结点一次回收的流动资金等于各年垫支流动资金的合计数。

(4)其他现金流入量的估算

如建设期的零星收入、经营期由项目本身带来的现金性营业外收入。

2)现金流出量的估算

(1)建设投资的估算

建设投资是建设期发生的主要投资,按形成固定资产、无形资产、其他资产的投资分别进行估算。固定资产是所有类型的项目投资在建设期必然发生的现金流出量,应按项目规模和投资计划所确定的各项建筑工程费用、设备购置费用、安装工程费用和其他费用来估算。无形资产和其他资产投资,应根据需要和可能,逐项按有关资产的评估方法和计价标准进行估算。

(2)流动资金投资的估算

在项目投资决策中,流动资金是指在运营期内长期占用并周转使用的营运资金。可按下式估算:

某年流动资金投资额 = 本年流动资金需用数 - 截止上年的流动资金投资额

或 = 本年流动资金需用数 - 上年流动资金需用数

本年流动资金需用数 = 该年流动资产需用数 - 该年流动负债可用数

流动资金属于垫付周转金,理论上,投产第一年所需的流动资金应在项目投产前安排,即最晚发生在建设期末。

例 4.1 某企业一投资项目投产第一年预计流动资产需用数为 40 万元,流动负债可用额为 25 万元,投产第二年预计流动资产需用额为 50 万元,流动负债可用额为 25 万元。根据上述资料,可估算该项目各项指标如下:

投产第一年流动资金需用额=40-25=15(万元)

第一次流动资金投资额=15-0=15(万元)

投产第二年流动资金需用额=50-25=25(万元)

第二次流动资金投资额=25-15=10(万元)

流动资金投资合计=15+10=25(万元)

(3)经营成本的估算

不论什么类型的投资项目,在运营期都要发生经营成本,它的估算与具体的筹资方式无关。为简化计算,假定经营成本都发生在运营期各年年末。经营成本有加法和减法两种计算公式:

某年经营成本 = 该年外购原材料燃料和动力费 + 该年职工薪酬 + 该年修理费 + 该年其他费用

某年经营成本 = 该年不包括财务费用的总成本费用 - 该年折旧额 - 该年无形资产和其他资产摊销额

(4)各种税款的估算

在项目投资决策中,应按运营期内应交纳的营业税、消费税、土地增值税、资源税、城市维护建设税、教育费附加和所得税估算。

(5)其他现金流出量的估算

其他现金流出项目,如经营期由项目本身带来的现金性营业外支出。

4.2.5 估算现金流量应注意的问题

估算现金流量应遵循增量现金流量原则,只有增量现金流量才是与项目相关的现金流量。所谓增量现金流量,是指接受或拒绝某个投资项目后,企业总现金流量因此发生的变动。只有那些由于采纳某个项目引起的现金支出的增加额,才是该项目的现金流出;只有那些由于采纳某个项目引起的现金流入增加额,才是该项目的现金流入。

为了正确计算投资项目的增量现金流量,需要正确判断哪些支出会引起企业总现金流量的变动,哪些支出不会引起企业总现金流量的变动。在进行这种判断时,应注意以下几个问题:

1)区分相关成本和非相关成本

相关成本是指与特定项目决策有关的、在判断现金流量时必须加以考虑的成本,例如,差额成本、未来成本、重置成本、机会成本等都属于相关成本。非相关成本是指与特定项目决策无关的、在判断现金流量时不必加以考虑的成本,例如,沉没成本、过去成本、账面成本等都属于非相关成本,如项目实施前所发生的市场调研费用、咨询论证费用等。如果将非相关成本纳入投资方案的总成本,则一个有利的方案可能因此变得不利,一个较好的方案可能变为较差的方案,从而造成决策的失误。

2)要考虑投资项目(方案)对公司其他部门或产品的影响

当我们采纳一个新的项目后,该项目可能对公司的其他部门或产品造成有利或不利的影响,这种效应被称为附加效应。例如,若新建车间生产的新产品上市后,原有其他产品的销路可能减少,而且整个公司的销售额也许不增加甚至减少。因此,在判断现金流量时,不应将新建车间的销售收入作为增量收入来处理,而应扣除其他部门因此而减少的销售收入,以二者之差作为新建项目的现金流量。当然,也可能发生相反的情况,新产品上市后将促进其他部门的销售增长,主要看新项目与原有部门是竞争关系还是互补关系。

3)机会成本

在投资方案的选择中,如果选择了一个投资方案,则必须放弃投资于其他途径的机会,其他投资机会可能取得的收益是实行本方案的一种代价,被称为机会成本。例如,某公司一投资项目需要占用一块土地,该公司刚好拥有一块土地,如果将其出售,可得净收入 100 万元。如果将这块土地用于项目投资,公司将损失 100 万元出售土地的收入,这部分丧失的收入即为投资的机会成本。机会成本并不是简单意义上的"成本"含义,它不是一种支出或费用,而是失去的收益。这种收益不是实际发生的,而是潜在的。机会成本总是针对具体方案的,离开被放弃的方案就无从计量确定。重视机会成本有利于全面考虑可能采取的各种方案,以便为既定资源寻求最为有利的使用途径。

4)对营运资本的影响

投资于新建项目,有时需要增加现金、应收账款和存货。这种营运资本的投资在其发生时应视为现金流出,而在项目寿命期末,收回营运资本时应视为现金流入。营运资本投资的增减不一定仅限于项目开始和结束时,在任何时候都可以发生。

4.2.6　净现金流量的计算

根据投资项目所处的时期不同,净现金流量又可以分为初始投资现金净流量、经营现金净流量和终结现金净流量三类。下面分别来计算各现金净流量:

1)初始投资现金净流量

建设期初始投资现金净流量,指投资项目开始实施到固定资产投入使用之前这一期间产生的现金净流量,主要包括:

①固定资产投资支出,如设备买价、运输费、安装费、建筑费等。

②垫支的流动资金,是指项目投产前后分次或一次投放于流动资产上的资本增加额。

③原有固定资产的变价收入,是指固定资产更新时原有固定资产变卖所得的现金净流量。

④其他费用,是指与投资项目有关的筹建费用、职工培训费用等。

⑤所得税效应,是指固定资产重置时变价收入的税赋损益。引起所得税多缴的部分视为现金流出,形成节税的部分视为现金流入。

项目建设期发生的现金流量大多为现金流出量(也不排除有少量现金流入的可能),它们可以是一次性发生的,也可以是分次发生的。

2)经营现金净流量

经营现金流量,又称营业现金流量,指从项目建成并投入使用到固定资产转入清理这一期间所产生的现金净流量。

在确定经营现金净流量时,要区分税前现金流量和税后现金流量。

由于所得税是企业的一种现金流出,它的大小取决于利润大小和税率高低,而利润大小受折旧方法的影响,因此,讨论所得税问题必然涉及折旧问题。折旧对投资决策产生影响,实际是由于所得税的存在引起的。

(1)税后成本与税后收入

凡是可以减免税负的项目,实际支付的金额并不是真正的成本,而应将因此减少的所得税考虑进去。扣除了所得税影响以后的费用净额,称为税后成本,即:

$$税后成本 = 支出金额 \times (1 - 所得税税率)$$

当企业取得收入时,由于所得税的存在,营业收入中的一部分会作为税负流出,企业实际得到的现金流入就是税后收入,即:

$$税后收入 = 收入金额 \times (1 - 所得税税率)$$

这是所说的收入是根据税法确定缴纳所得税的收入,不包括项目结束时收回的垫支资金。

(2)折旧的抵税作用

加大成本会减少利润,从而减少所得税。折旧作为一项成本可以起到这种作用。如果不提折旧,企业应交纳的所得税就会增加许多。我们把折旧可以起到的减少税负的作用称为“折旧抵税”或“税收挡板”。

折旧对税负的影响可按以下公式计算:

$$折旧抵税额 = 折旧额 \times 所得税税率$$

(3)税后经营现金净流量的计算

在考虑所得税后,经营现金净流量的计算有以下三种方法:

方法一:根据经营现金净流量的定义计算。具体计算公式如下:

$$经营现金净流量 = 营业收入 - 付现成本 - 所得税$$

方法二:根据年末营业结果来计算。

企业每年现金增加来自两个主要方面:一是当年增加的净利;二是计提的折旧,以现金形式从销售收入中扣回,留在企业里。具体计算公式如下:

$$经营现金净流量 = 税后净利润 + 折旧$$

方法三:根据所得税对收入、成本和折旧的影响计算。具体计算公式如下:

$$\begin{aligned}经营现金净流量 &= 收入 \times (1 - 税率) - 付现成本 \times (1 - 税率) + 折旧 \times 税率 \\ &= 税后收入 - 税后成本 + 折旧抵税额\end{aligned}$$

以上三种方法的计算结果是一致的,它们之间能够相互推导出来。

例 4.2 假设甲、乙两公司的基本情况相同,唯一的区别在于二者的折旧额不同。现金流量的计算见表 4.1。

表 4.1 现金流量计算表 单位:元

项　目	甲公司	乙公司
销售收入	1 000 000	1 000 000
付现营业成本	500 000	500 000
折旧	150 000	200 000
营业成本合计	650 000	700 000
税前利润	350 000	300 000
所得税(25%)	87 500	75 000
税后净利	262 500	225 000
营业现金净流量	412 500	425 000

根据以上资料,经营现金净流量的计算结果验证如下:

根据经营现金净流量的定义计算:

经营现金净流量(甲)= 1 000 000-500 000-87 500=412 500(元)

经营现金净流量(乙)= 1 000 000-500 000-75 000=425 000(元)

根据年末营业结果计算:

经营现金净流量(甲)= 262 500+150 000=412 500(元)

经营现金净流量(乙)= 225 000+200 000=425 000(元)

根据所得税对收入、成本和折旧的影响计算:

经营现金净流量(甲)=(1 000 000-500 000)×(1-25%)+150 000×25%
= 412 500(元)

经营现金净流量(乙)=(1 000 000-500 000)×(1-25%)+200 000×25%
= 425 000(元)

由以上计算结果可见,甲、乙公司分别按三种不同的计算方法得到的经营现金净流量是完全一致的。乙公司的经营现金净流量之所以高出甲公司 12 500 元,是源于二者折旧费差额的节税额,即:

$$(200\ 000 - 150\ 000) \times 25\% = 12\ 500(\text{元})$$

这三种方法中,方法三不需要知道企业的利润是多少,使用起来比较方便。特别是在有关固定资产更新改造决策中,当没有办法计量某项资产给企业带来收入和利润时,无法使用前两种方法。

3)终结现金净流量

终结现金净流量,指企业固定资产不再继续使用,项目进行清理所发生的各种现金收支,即在项目计算期的最后一年所发生的固定资产清理净收入和回收的流动资金。项目终结的“年份”具有双重含义,它既是项目经营使用期的最后年份,同时也是项目终了的年份。因此,在终结点上所发生的现金净流量不同于终结现金净流量,它既包括最后一年的经营现金净流量(内容与预计方法如前述),又包括非经营现金流量。非经营现金流量包括固定资产的残值收入或变价收入及税赋损益、垫支营运资本的回收、停止使用的土地的变价收入等。

例 4.3　金龙公司拟购入一台设备以扩充生产能力,现有甲、乙两个方案可供选择。甲方案需投资 30 000 元,使用寿命 5 年,采用直线法计提折旧,5 年后设备无残值,5 年中每年销售收入 20 000 元,每年付现成本 12 000 元。乙方案需投资 40 000 元,采用直线法折旧,使用寿命也是 5 年,5 年后残值收入 5 000 元,5 年中每年销售收入为 22 000 元,付现成本第 1 年为 8 000 元,以后随着设备陈旧逐年将增加修理费 500 元,另需垫支流动资金 3 000 元。假设所得税税率为 25%。

解:甲、乙两个方案各年净现金流量计算过程如下:

甲方案:初始投资现金净流量有一项内容,即在第 1 年年初购入设备的投资额 30 000 元,各年的经营现金净流量的计算见表 4.2,终结现金流量为 0。

乙方案:初始投资现金净流量有两项内容,即在第 1 年年初购入设备的投资额 40 000 元和垫支的流动资金 3 000 元,合计为 43 000 元,各年的经营现金净流量的计算见表 4.3,终结现金流量为第 5 年末设备的残值收入 5 000 元和回收的流动资金 3 000 元,合计为 8 000 元。

根据以上资料编制的甲、乙两方案的现金流量表见表 4.2 和表 4.3。

表 4.2　投资项目的经营现金净流量计算表　　单位:元

年　份	1	2	3	4	5
甲方案:					
销售收入	20 000	20 000	20 000	20 000	20 000
付现成本	12 000	12 000	12 000	12 000	12 000
折旧	6 000	6 000	6 000	6 000	6 000
税前利润	2 000	2 000	2 000	2 000	2 000
所得税	500	500	500	500	500
税后利润	1 500	1 500	1 500	1 500	1 500
经营现金净流量	7 500	7 500	7 500	7 500	7 500
乙方案:					
销售收入	22 000	22 000	22 000	22 000	22 000
付现成本	8 000	8 500	9 000	9 500	10 000
折旧	7 000	7 000	7 000	7 000	7 000
税前利润	7 000	6 500	6 000	5 500	5 000
所得税	1 750	1 625	1 500	1 375	1 250
税后利润	5 250	4 875	4 500	4 125	3 750
经营现金净流量	12 250	11 875	11 500	11 125	10 750

注:甲方案年折旧额=30 000÷5=6 000(元)

乙方案年折旧额=(40 000−5 000)÷5=7 000(元)

表 4.3　投资项目现金净流量计算表　　单位:元

年　份	0	1	2	3	4	5
甲方案:						
初始现金净流量	−30 000					
经营现金净流量		7 500	7 500	7 500	7 500	7 500
各年现金净流量	−30 000	7 500	7 500	7 500	7 500	7 500
乙方案:						
设备投资	−40 000					
垫支流动资金	−3 000					
经营现金净流量		12 250	11 875	11 500	11 125	10 750
设备残值						5 000
流动资金回收						3 000
各年现金净流量	−43 000	12 250	11 875	11 500	11 125	18 750

4.3 项目投资决策的评价指标

当投资项目各年净现金流量确定后，下一步就是要计算项目投资评价所使用的指标。根据计算评价指标有没有考虑资金时间价值，将评价指标分为两类：一类是非折现指标，即没有考虑资金时间价值的指标，主要包括静态投资回收期、总投资收益率等；一类是折现指标，即考虑了时间价值因素的指标，主要包括净现值、净现值率、现值指数和内含报酬率等。

4.3.1 非折现指标

1）静态投资回收期

（1）静态投资回收期的含义

静态投资回收期（payback period，简称回收期），是指以投资项目经营净现金流量抵偿原始总投资所需要的时间。该指标以年为单位。它有包括建设期的投资回收期（记作 PP）和不包括建设期的投资回收期（记作 PP'）两种形式。在建设期为 s 时，$PP=s+PP'$，只要求出其中一种形式，就可以很方便推出另一种形式。

（2）静态投资回收期的计算

静态投资回收期指标可分别采用公式法和列表法求得。

①公式法。如果某一项目投资均发生在建设期内，在运营期内前若干年（假设为 m 年）每年净现金流量相等，且其合计大于或等于建设期发生的原始投资合计，则可按以下公式直接求出投资回收期：

$$\text{不包括建设期的回收期 } PP' = \frac{\text{建设期发生的原始投资合计}}{\text{运营期内前若干年每年相等的净现金流量}}$$

如果全部流动资金投资均不发生的建设期内，则上式分子应调整为建设投资合计。

例 4.4 某投资项目在第 1 年年初购入一生产线，投入资金 2 000 万元，安装调试在一年内完成，年末垫支流动资金 20 万元，第 2 年投产，从第 2 年到第 10 年每年有等额净现金流量 400 万元，第 11 年净现金流量为 450 万元。

根据上述资料，计算静态投资回收期如下：

建设期 $s=1$ 年，$m=9$ 年，$NCF_{2\sim10}=200$（万元）

建设期发生的原始投资合计$=2\ 000+20=2\ 020$（万元）

$9\times400=3\ 600$（万元）$>$原始投资额$=2\ 020$（万元）

$$\text{不包括建设期的回收期 } PP'=\frac{2\ 020}{400}=5.5\text{ 年}$$

包括建设期的投资回收期 $PP=1+5.5=6.5$ 年

公式法所要求的条件比较特殊，如果不能满足条件，就无法采用这种方法，必须采用列表法。

②列表法。列表法是指通过列表计算累计净现金流量的方式,来确定包括建设期的投资回收期,进而推算出不包括建设期的投资回收期的方法。这种方法无论在什么条件下都可以采用,所以又称为计算静态投资回收期的一般方法。

该法的原理是:按照回收期的定义,包括建设期的投资回收期 PP 满足下列关系式:

$$\sum_{t=0}^{PP} NCF_t = 0$$

这表明累计净现金流量为零的年限就是包括建设期的投资回收期。如果无法在累计净现金流量中找到零,必须按下列公式计算包括建设期的投资回收期:

$$\text{包括建设期的投资回收期}(PP) = \text{最后一项为负值的累计净现金流量对应的年数} + \frac{\text{最后一项为负值的累计净现金流量绝对值}}{\text{下一年度净现金流量}}$$

例 4.5 某企业一工业投资项目建设期 1 年,于第 1 年初投入 105 万元,年末投资 20 万元,投产后第 1 年现金净流量为 16 万元,以后每年递增 5 万元,经营期为 11 年。则列表计算如表 4.4 所示。

表 4.4

单位:万元

项目 计算期	0	1	2	3	4	5	6	7	8	9	10	11	12
净现 金流量	-105	-20	16	21	26	31	36	41	46	51	56	61	66
累计 净现金 流量	-105	-125	-109	-88	-62	-31	5	46	92	143	199	260	326

$$PP = 5 + \frac{|-31|}{36} = 5.86 \text{ 年}$$

$$PP' = 5.86 - 1 = 4.86 \text{ 年}$$

(3)静态投资回收期的决策规则

利用静态投资回收期进行项目评价的决策规则是:在独立方案的决策中,如果项目的投资回收期小于基准回收期(公司自行确定或根据行业标准确定)时,则该项目可以接受;反之,则应放弃。

在互斥方案决策中,应优先选择回收期短的方案。

在实务分析中,一般认为静态投资回收期小于项目周期的一半时方为可行。在评价方案可行性时,包括建设期的回收期比不包括建设期的回收期用途更广泛。

(4)静态投资回收期的特点

投资回收期是最早用于评估资本预算项目的方法,曾一度被广泛运用。

该方法优点在于:计算简便,能直观地反映原始投资的返本期,便于理解。

其缺点在于:它不仅忽视了资金时间价值,而且也没有考虑回收期以后的现金流量。事实上,具有战略意义的长期投资往往早期收益较低,而中后期收益较高。回收期优先考虑急功近利的项目,可能导致放弃长期成功的方案。因此,在项目评价时,投资回收期只能作为一个辅助标准,必须和其他指标相结合,以判断项目的可行性。

2)总投资收益率

(1)总投资收益率的含义

总投资收益率,又称为投资报酬率(return on investment,记作 *ROI*),是指达产期正常年份的年息税前利润或运营期年均息税前利润占项目总投资的百分比。

(2)总投资收益率的计算

总投资收益率的计算公式如下:

$$\text{总投资收益率}(ROI)=\frac{\text{年息税前利润或年均息税前利润}}{\text{项目总投资}}\times 100\%$$

例 4.6 投资方案 A 的投资额及每年息税前利润有关资料如表 4.5 所示。该企业所要求的目标投资收益率为 20%。要求:判断 A 方案是否可以接受。

表 4.5 单位:元

年 份	0	1	2	3	4	5
固定资产投资额	100 000					
各年息税前利润		20 000	15 000	18 000	16 000	25 000

解:A 方案的总投资收益率 $=\frac{(20\ 000+15\ 000+18\ 000+16\ 000+25\ 000)\div 5}{100\ 000}\times 100\%$

$=18.8\%$

该投资项目的总投资收益率小于基准投资收益率,所以方案 A 不可行,不能接受。

(3)总投资收益率的决策规则

总投资收益率的决策规则是:在独立方案的决策中,如果项目的总投资收益率大于基准总投资收益率(通常由公司自行确定或根据行业标准确定),则应接受该项目;反之,则应放弃。在有多个互斥方案的选择中,则应选择总投资收益率最高的项目。

(4)总投资收益率的特点

总投资收益率的优点是:计算公式简单,易懂、易算。

其缺点在于:其一,没有考虑资金时间价值因素,不能正确反映建设期长短及投资方式和回收额等条件对项目的影响。其二,总投资收益率以会计核算数据而不是以项目的净现金流量作为计算基础,使决策依据缺乏客观性。其三,分子、分母的计算口径的可比性较差。因此,总投资收益率只能作为一种辅助指标来衡量投资项目的优劣。

4.3.2 折现指标

1)净现值

(1)净现值的含义

净现值(net present value,记作 *NPV*),是指投资项目(方案)在项目计算期内未来现金流入量的现值与未来现金流出量的现值之差，或称为各年现金净流量现值的代数和。

(2)净现值的计算

净现值的计算涉及两个主要参数：一是项目的现金净流量(前已述及)；二是折现率。根据这两个主要参数，即可计算项目的净现值，其计算公式如下：

$$NPV = \sum_{t=0}^{n} \frac{NCF_t}{(1+K)^t} = \sum_{t=0}^{n} NCF_t(P/F,k,t)$$

式中　NCF_t——第 t 期现金净流量；

K——预定的折现率，为简化计算，假设各年不变；

n——项目计算期。

例 4.7　某企业拟建设一项目，提出甲、乙两个方案，两个方案投资额均为 130 000 元，企业最低的必要报酬率为 10%。项目建设当年投产，运营期 5 年，甲、乙两个方案的各年现金净流量如表 4.6 所示，请计算甲、乙两个方案的净现值各是多少。

表 4.6　　单位：元

项　目	第 1 年	第 2 年	第 3 年	第 4 年	第 5 年
甲方案现金净流量	10 000	30 000	50 000	70 000	90 000
乙方案现金净流量	50 000	50 000	50 000	50 000	50 000

解：甲、乙两方案运营期为 5 年，项目建设当年投产，则建设期为 0，项目计算期为 5 年。两个方案投资均发生在建设起点一次投入。甲、乙两个方案净现值计算如表 4.7 所示。

表 4.7　　单位：元

年　次	10%的复利现值系数	甲方案/元		乙方案/元	
		现金净流量	折现的净现金流量	现金净流量	折现的净现金流量
0	1	-130 000	-130 000	-130 000	-130 000
1	0.909 1	10 000	9 091	50 000	45 455
2	0.826 4	30 000	24 792	50 000	41 320
3	0.753 1	50 000	37 565	50 000	37 565
4	0.683 0	70 000	47 810	50 000	34 150
5	0.620 9	90 000	55 881	50 000	31 045
合 计			45 139		59 535

净现值(甲)= -130 000+10 000×(P/F,10%,1)+30 000×(P/F,10%,2)+50 000×(P/F,10%,3)+70 000×(P/F,10%,4)+90 000×(P/F,10%,5)= 45 139(元)

净现值(乙)= -130 000+50 000×(P/F,10%,1)+50 000×(P/F,10%,2)+50 000×(P/F,10%,3)+50 000×(P/F,10%,4)+50 000×(P/F,10%,5)= 59 535(元)

或:净现值(乙)= -130 000+50 000×(P/A,10%,5)= -130 000+50 000×3.790 8
=59 540(元)

乙方案在两种方法计算的结果略有误差,是因为折现系数取近似值的原因造成的。

例 4.8 某企业一工业项目,投资 100 000 元,购建固定资产,建设期 1 年,按直线法计提折旧,使用寿命 5 年,预计净残值 5 000 元,第 1 年末流动资金投资 5 000 元,预计投产后每年可获得净利润 30 000 元,行业基准收益率为 10%。计算该项目的净现值。

解:年折旧额 $=\dfrac{100\ 000-5\ 000}{5}=19\ 000$(元)

经营现金净流量 = 30 000+19 000 = 49 000(元)

各年现金净流量如下:

$NCF_0=-100\ 000$,$NCF_1=-5\ 000$,$NCF_{2\sim5}=49\ 000$,

$NCF_6=49\ 000+5\ 000+5\ 000=59\ 000$

$$\begin{aligned}NPV&=-100\ 000-5\ 000\times(P/F,10\%,1)+49\ 000\times(P/A,10\%,4)\times\\&\quad(P/F,10\%,1)+59\ 000\times(P/F,10\%,6)\\&=-100\ 000-5\ 000\times0.909\ 1+49\ 000\times3.169\ 9\times0.909\ 1+59\ 000\times0.564\ 5\\&=69\ 966.05(\text{元})\end{aligned}$$

净现值指标在项目评价中得到了广泛的应用,它也是计算其他折现评价指标的基础。但在净现值计算中正确选择折现率至关重要,它直接影响到项目评价的结论。如果选择的折现率过低或过高,都不利于有限的社会资源得到有效利用。在实务中,一般可采用以下方法确定折现率:第一,以拟投资项目所在行业的权益资本必要收益率作为折现率;第二,以拟投资项目所在行业的加权平均资金成本作为折现率;第三,以社会的投资机会成本作为折现率;第四,以国家或行业主管部门定期发布的行业基准收益率为折现率。

(3)净现值的决策规则

在独立方案的决策中,如果方案的净现值大于或等于零,表明折现后的现金流入大于折现后的现金流出,该项目的实际报酬率大于或等于预定的折现率,则该项目是可行的;如果方案的净现值小于零,表明折现后的现金流入小于折现后的现金流出,该项目的实际报酬率小于预定的折现率,则应放弃该项目。在有多个备选方案的互斥选择决策中,应选择净现值是正值中的最大者。

(4)净现值的特点

净现值的优点是:此法充分考虑了资金时间价值和项目有效期全部现金流量,能够反映投资项目的收益;其取舍标准也最好地体现了财务管理的基本目标——公司价值最大化。

净现值的不足在于:第一,确定折现率比较困难;第二,对于经济寿命不等的项目,用净现值难以评估;第三,对于初始投资额不等的项目,仅用净现值难以评估其优劣;第四,它不能揭示各个投资方案本身可能达到的实际收益率是多少。

2)净现值率

(1)净现值率的含义

净现值率(net present value rate,记作 *NPVR*),是指投资项目净现值占原始投资现值总和的比率。

(2)净现值率的计算

净现值率的计算公式为:

$$净现值率(NPVR)=\frac{项目的净现值}{原始投资的现值合计}$$

例 4.9 承例 4.7 计算甲、乙两个方案的净现值率。

$$NPVR_{(甲)}=\frac{45\ 139}{130\ 000}\approx 0.35$$

$$NPVR_{(乙)}=\frac{59\ 535}{130\ 000}\approx 0.46$$

(3)净现值率的决策规则

在独立方案的决策中,如果项目的净现值率大于或等于零,表明该项目的实际报酬率大于或等于预定的折现率,则该项目是可行的;如果方案的净现值率小于零,表明该项目的实际报酬率小于预定的折现率,则应放弃该项目。在有多个备选方案的互斥选择决策中,应选择净现值率是正值中的最大者。

(4)净现值率的特点

净现值的优点:可以从动态角度反映项目投资的资金投入与净产出之间的关系,计算过程比较简单。

其缺点在于:无法直接反映投资项目的实际收益率。

3)现值指数

(1)现值指数的含义

现值指数(present value index,记作 PI),也称为获利指数,是指投产后各年净现金流量的现值合计与原始投资的现值合计之比。

(2)现值指数的计算

现值指数的计算公式为:

$$现值指数(PI)=\frac{投产后各年现金净流量的现值之和}{原始投资的现值合计}$$

当原始投资在建设期内全部投入时,现值指数与净现值率有以下关系:

$$现值指数(PI)=1+净现值率(NPVR)$$

例 4.10 承例 4.7,计算甲、乙两个方案的现值指数。

$$PI_{(甲)}=\frac{175\ 139}{130\ 000}\approx 1.35$$

$$PI_{(乙)}=\frac{189\ 535}{130\ 000}\approx 1.46$$

(3)现值指数的决策规则

在独立方案的决策中,若项目或方案的现值指数 $PI\geqslant 1$,表明项目的收益率大于或等于预定的折现率,则应接受该项目或方案;反之,若项目或方案的现值指数 $PI<1$,表明项目的收益率小于预定的折现率,则应放弃。在有多个方案的互斥选择决策中,应选择现值指数大

于1的最大者。

(4)现值指数的特点

现值指数的优点是:充分考虑了货币的时间价值;它以相对数来表示,从动态角度反映了项目投入资金与总产出之间的关系,弥补了净现值在投资额不同方案之间不能比较的缺陷。使投资方案之间可直接利用现值指数进行对比。其缺点是:无法直接反映投资项目的实际收益率。

4)内含报酬率

(1)内含报酬率的含义

内含量报酬率(internal rate of return,记作 IRR),又称为内部收益率,它是项目实际可以达到的收益率。内含报酬率是根据项目本身的现金流量计算的,它是使未来现金流入量现值与未来现金流出量现值相等的折现率,也即使投资项目净现值为零的折现率。

(2)内含报酬率的计算

内含报酬率可按以下公式计算:

$$\sum_{t=0}^{n}[NCF_t \times (p/F, IRR, t)] = 0$$

①简便算法。当项目满足以下特殊条件时,可按简便算法求得内含报酬率。第一,全部投资均于建设起点一次投入,建设期为零,即建设起点第0期净现金流量等于原始投资的负值($NCF_0=-I$);第二,投产后每年净现金流量相等。即第1至 n 期净现金流量取得了普通年金的形式。则内含报酬率 IRR 可按以下方式确定:

$$(P/A, IRR, n) = \frac{I}{NCF}$$

式中 I——在建设起点一次投入的原始投资;

$(P/A, IRR, n)$——以 IRR 为设定折现率,n 期的年金现值系数;

NCF——投产后 $1\sim n$ 年每年相等的净现金流量(NCF 为一常数,$NCF \geqslant 0$)。

根据上式计算出来的值,查 n 年的年金现值系数表,如果在年金现值系数表上恰巧能找到等于该系数的值,则该系数值所对应的折现率即为所求的 IRR;若在系数表上找不到事先计算出来的系数值,则在系数表上找到同期略大于和略小于该系数值的两个值以及所对应的两个折现率,然后应用内插法求出近似的内含报酬率。

为缩小误差,按照有关规定,两个折现率之间的差不得大于5%。

②一般方法。当项目现金流量不能满足特殊条件时,必须采用逐步测试法,计算 IRR。具体步骤如下:

首先预估一个折现率,并按此折现率计算方案的净现值。如果计算出的净现值为正数,表明预估的折现率小于方案的内含报酬率,应提高折现率,再进行测算;如果计算出的净现值为负数,表明预估的折现率大于方案的内含报酬率,应降低折现率,再进行测算。经过如此反复测算,找到净现值由正到负并且比较接近于零的两个折现率。其次,根据上述两个邻近的折现率,运用内插法计算出方案的内含报酬率。

例4.11 承例4.7,计算甲、乙两个方案的内含报酬率。

甲方案：

当预估折现率 $K=18\%$ 时，$NPV=-130\ 000+10\ 000\times(P/F,18\%,1)+30\ 000\times(P/F,18\%,2)+50\ 000\times(P/F,18\%,3)+70\ 000\times(P/F,18\%,4)+90\ 000\times(P/F,18\%,5)=5\ 896$

当预估折现率 $K=20\%$ 时，$NPV=-130\ 000+10\ 000\times(P/F,20\%,1)+30\ 000\times(P/F,20\%,2)+50\ 000\times(P/F,20\%,3)+70\ 000\times(P/F,20\%,4)+90\ 000\times(P/F,20\%,5)=-1\ 968$

所以，内含报酬率为：

$$IRR=18\%+\frac{5\ 896}{5\ 896+1\ 968}\times(20\%-18\%)\approx 19.60\%$$

乙方案：

符合简化方法的特殊要求，采用以下公式计算：

$$(P/A,IRR,5)=\frac{130\ 000}{50\ 000}=2.6$$

查年金现值系数表，得到：

$(P/A,24\%,5)=2.745\ 4$

$(P/A,28\%,5)=2.532\ 0$

则 $IRR=24\%+\dfrac{2.745\ 4-2.6}{2.745\ 4-2.532\ 0}\times(28\%-24\%)=26.73\%$

(3)内含报酬率的决策规则

内含报酬率是一个相对数正指标，在独立方案的决策中，如果项目的内含报酬率大于或等于基准折现率，则方案可行；否则，为不可行方案。在有多个方案的互斥决策中，如果几个投资方案的内含报酬率都大于基准折现率，且各投资方案的投资额相同，则以内含报酬率与基准折现率之间差异最大的方案最优；若几个投资方案的原始投资额不相等，应以“投资额×(内含报酬率-基准折现率)”最大者为优。

(4)内含报酬率的特点

内含报酬率的优点在于：计算时考虑了资金时间价值因素；能从动态角度反映项目真实的收益率水平，且不受行业基准收益率高低的影响，比较客观。

内含报酬率的不足之处在于：计算过程麻烦，当在运营期内大量追加投资时，可能出现多个内含报酬率，使内含报酬率没有实际意义。

(5)折现指标之间的关系

净现值、净现值率、现值指数和内含报酬率之间存在以下关系：

$NPV>0$ 时，$NPVR>0$，$PI>1$，$IRR>i_c$；

$NPV=0$ 时，$NPVR=0$，$PI=1$，$IRR=i_c$；

$NPV<0$ 时，$NPVR<0$，$PI<1$，$IRR<i_c$。

在独立方案的选择中，这四个指标对项目的可行性的评价能够得到完全一致的结论。

但在互斥方案的决策中，上述四种评价指标有时会出现不一致的结论。在多数情况下，运用净现值和内含报酬率这两种评价指标得出的结论是相同的，但在投资规模、现金流量的分布和项目有效期存在差异情况下可能发生冲突。冲突的根本原因在于，净现值和内含报酬率对于中期产生的现金流量用于再投资时所产生的收益率假设(再投资假设)不同。净现值对不同项目进行比较时用相同的折现率,而内含报酬率对不同项目进行比较时假定每个项目用各自的内含报酬率进行再投资,这种假定显然不符合客观事实,因为收回的现金不会再用于该项目。此外,内含报酬率是一相对数,以它作为项目评估的依据违反了价值可加性原则,而净现值却始终遵循这一原则。

采用净现值和现值指数评价投资项目的优劣时,在大多数情况,它们常常会得出相一致的结论,但在投资规模不同的互斥项目的选择中,有时也会产生分歧,有可能得出相反的结论。

总之,净现值的取舍原则充分体现了投资项目的决策规则,据此作出的决策符合财务管理的企业价值最大化的基本目标;而用净现值率、现值指数和内含报酬率虽然也能作出正确的选择,但在互斥项目的决策中,有时会作出错误的判断。相比之下,在这四种评价指标中,以净现值作为项目的评价标准是最好的选择(无资本限量条件下)。

4.4 项目投资决策评价指标的应用

计算了各评价指标后,就要利用这些评价指标对投资项目作出决策。

4.4.1 独立方案的投资决策

在只有一个投资项目可供选择的条件下,只需利用评价指标判断其财务可行性。

如果评价指标同时满足以下条件:$NPV \geqslant 0$,$NPVR \geqslant 0$,$PI \geqslant 1$,$IRR \geqslant i_c$,包括建设期的投资回收期 $PP \leqslant \frac{n}{2}$(即项目计算期的一半),不包括建设期的投资回收期 $PP' \leqslant \frac{p}{2}$(即经营期的一半),总投资收益率≥基准投资收益率(事先给定),则项目具有财务可行性;反之,则不具备财务可行性。其中,静态投资回收期属于次要指标;总投资收益率是辅助指标。当次要指标和辅助指标的评价结论与净现值等主要指标的评价结论发生矛盾时,应当以主要指标的结论为准。

例 4.12 已知某固定资产投资项目的原始投资额为 100 万元,项目计算期为 12 年(其中生产经营期为 11 年),基准投资报酬率为 10%,行业基准折现率为 12%。计算得到的该项目有关投资评价指标分别为:$ROI = 13\%$,$PP = 6.5$ 年,$PP' = 5.5$ 年,$NPV = 18.75$,$NPVR = 19.24\%$,$PI = 1.192\,4$,$IRR = 14.56\%$,判断该项目是否可以进行投资。

依题意:

$ROI = 13\% > 10\%$,$PP = 6.5 > n/2$,$PP' = 5.5 = p/2$, $NPV = 18.75 > 0$,

$NPVR = 19.24\% > 0$, $PI = 1.192\,4 > 1$, $IRR = 14.56\% > i_c = 12\%$

计算表明,该项目的各主要评价指标均达到或超过相应标准值,只有包含建设期的静态投资回收期指标长于标准值。所以从总体上来看,该项目具有财务可行性,可以进行投资。

4.4.2 互斥方案的投资决策

互斥方案的决策就是在多个已具有财务可行性的方案中，利用具体决策方法比较各方案的优劣，然后从中选出一个最优的方案。常用的方法有净现值法、净现值率法、差额内含报酬率法和年等额净回收额法。

1）项目计算期相等，原始投资额相同的方案决策

净现值法和净现值率法适用于原始投资相同且项目计算期相等的多方案决策。

例 4.13 某企业投资于一固定资产项目，有 A、B、C、D 4 个相互排斥的备选方案，其投资总额均为 100 万元，在建设起点一次投入，项目计算期均为 5 年，基准折现率为 10%。经计算有 A 方案净现值为 25.786 万元，B 方案净现值为－6.78 万元，C 方案净现值率为－0.17%，D 方案净现值为 17.98 万元。要求：从这四个方案中选出一个最优方案。

解：B 方案净现值为－6.78 万元<0，B 方案不具有财务可行性，应予舍弃。C 方案净现值率为－0.17%<0，C 方案也不具有财务可行性，应予舍弃。A、D 两方案的净现值大于 0，具有财务可行性。比较两方案的净现值，A 方案大于 D 方案，所以应选择 A 方案进行投资。

2）项目计算期相等，原始投资额不相同的方案决策

对于项目计算期相等，原始投资额不相同的互斥方案决策，通常采用差额内含报酬率法，即对两个原始投资额不同的方案，先计算差量净现金流量 ΔNCF，在此基础上，计算出差额内含报酬率 ΔIRR，并据以判断方案优劣。计算差量净现金流量 ΔNCF 时，通常是以投资额大的方案净现金流量减去投资额小的方案净现金流量，当计算的 ΔIRR 大于或等于基准折现率时，原始投资额大的方案优于原始投资额小的方案；反之，则投资额少的方案为优。ΔIRR 的计算过程与 IRR 相同。这种方法经常被用于更新改造项目的决策中。

例 4.14 某企业准备变卖一套尚可使用 6 年的旧设备，另购置一套新设备替换。取得新设备的投资额为 200 000 元，新设备预计使用年限为 6 年。旧设备的账面净值为 95 000 元，其变价净收入为 80 000 元，到第 6 年末新设备与继续使用旧设备的预计净残值相等。新旧设备的替换将在当年内完成（更新改造的建设期为零）。使用新设备可使企业每年增加营业收入 60 000 元，增加营业成本 30 000 元。设备采用直线法折旧。适用的企业所得税率为 25%，行业基准折现率为 10%。要求：采用差额内含报酬率法对是否进行更新改造作出决策。

解：依题意计算如下：

更新设备比继续使用旧设备增加的投资额＝新设备的投资－旧设备的变价净收入＝200 000－80 000＝120 000（元）

运营期每年增加的折旧额＝120 000/6＝20 000（元）

运营期每年增加的净利润＝（60 000－30 000－20 000）×（1－25%）＝7 500（元）

因旧设备提前报废发生的处理固定资产净损失为：

旧固定资产折余价值－变价净收入＝95 000－80 000＝15 000（元）

因旧固定资产提前报废发生净损失而抵减的所得税＝旧固定资产清理净损失×适用的企业所得税税率＝15 000×25%＝3 750（元）

建设期差量净现金流量为：

$$\Delta NCF_0 = \text{该年发生的新固定资产投资} - \text{旧固定资产变价净收入}$$
$$= 200\ 000 - 80\ 000 = -120\ 000(\text{元})$$

运营期差量净现金流量为：

ΔNCF_1＝该年因更新改造增加的税后净利润+该年因更新改造增加的折旧+因固定资产提前报废发生净损失而抵减的所得税额

$=7\ 500+20\ 000+3\ 750=31\ 250$(元)

$\Delta NCF_{2\sim6}$＝该年因更新改造增加的税后净利润+该年因更新改造增加的折旧+该年回收新固定资产净残值超过假定继续使用的旧固定资产净残值之差额

$=7\ 500+20\ 000=27\ 500$(元)

根据各年的 ΔNCF，计算 ΔIRR：

$$31\ 250\times(P/F,\Delta IRR,1)+27\ 500\times(P/A,\Delta IRR,5)\times(P/F,\Delta IRR,1)-120\ 000=0$$

采用逐步测试法，

当 $K=10\%$，$\Delta NPV=3\ 180.322\ 7$

当 $K=12\%$，$\Delta NPV=-3\ 581.912\ 2$

$$\Delta IRR=10\%+\frac{3\ 180.322\ 7}{3\ 180.322\ 7+3\ 581.912\ 2}\times(12\%-10\%)\approx 10.94\%$$

因为行业基准折现率为 10%，$\Delta IRR=10.94\%>10\%$，应当更新设备。

3)项目计算期不相等，原始投资额不相同的方案决策

当两个方案的项目计算期不相等时，就不能估算差量净现金流量，也不能直接使用净现值法和差额内含报酬率法，这种情况下通常使用年等额净回收额法。

所谓年等额净回收额法，是指通过比较所有投资方案的年等额净现值指标的大小来选择最优方案的决策方法。在此法下，年等额净现值最大的方案为优。

年等额净回收额法的计算步骤如下：

①计算各方案的净现值 NPV；

②计算各方案的年等额净现值，若折现率为 K，项目计算期为 n，则：

$$\text{年等额净回收额 } A = \frac{\text{净现值}}{\text{年金现值系数}} = \frac{NPV}{(P/A,k,n)}$$

例 4.15　某投资项目，现有甲、乙两个方案可供选择，两方案各年现金净流量如表 4.8 所示。

表 4.8　　单位：万元

年份	甲方案		乙方案	
	投资额	年现金净流量	投资额	年现金净流量
0	40		80	
1	40			30
2		40		30

续表

年份	甲方案		乙方案	
	投资额	年现金净流量	投资额	年现金净流量
3		45		30
4		50		30
5				30

要求：如果企业以10%作为折现率，请选出甲、乙两个方案哪一个为最优的方案。

解：甲、乙两方案项目计算期不相等，甲方案项目计算期为4年，乙方案项目计算期为5年，采用年等额净回收额法进行方案决策。

甲方案净现值 $=40\times(P/F,10\%,2)+45\times(P/F,10\%,3)+50\times(P/F,10\%,4)-40-40\times(P/F,10\%,1)=40\times0.826\,4+45\times0.751\,3+50\times0.683\,0-40-40\times0.909\,1=24.650\,5$（万元）

甲方案年等额净回收额 $=\dfrac{24.650\,5}{(P/A,10\%,4)}=\dfrac{24.650\,5}{3.169\,9}=7.776$（万元）

乙方案净现值 $=30\times(P/A,10\%,5)-80=30\times3.790\,8-80=33.724$（万元）

乙方案年等额净回收额 $=\dfrac{33.724}{(P/A,10\%,5)}=\dfrac{33.724}{3.790\,8}=8.896$（万元）

乙方案年等额净回收额大于甲方案年等额净回收额，故应选择乙方案。

4.4.3 资本限量决策

资本限量决策是指公司资本有一定限度，不能投资于所有可接受的项目。在这种情况下，为了使公司获得最大的利益，应在资本限额允许的范围内，按净现值率（或现值指数）的大小，结合净现值进行各种组合的排队，投资于一组使净现值最大的项目，即选择净现值最大的投资组合。具体程序如下：

第一，计算所有项目的净现值，并列出每一个项目的初始投资。

第二，接受 $NPV\geqslant0$ 的项目，如果所有可接受的项目都有足够的资本，则说明资本无限额，这一过程即可完成。

第三，如果资本不能满足所有 $NPV\geqslant0$ 的投资项目，则以各方案的净现值率（或现值指数）的高低为序，对所有的项目都在资本限额内进行各种可能的组合，并计算出各种组合的净现值总额。

第四，接受净现值合计数最大的项目组合。

例4.16 假设金龙公司有A、B、C、D、E 5个可供选择的投资项目，该公司可供投资的最大资本限额为500 000元。各投资项目的初始投资、净现值及净现值率见表4.9。

表 4.9 投资项目的相关资料

投资项目	初始投资/元	净现值/元	净现值率
A	120 000	67 000	0.56
B	155 000	79 500	0.53
C	300 000	111 000	0.37
E	100 000	18 000	0.18
D	125 000	111 000	0.17

在 500 000 元的资本限额内,可以形成以下投资组合:A+B+D+E,投资总额为 500 000 元,其净现值总额为 185 500 元;B+C,投资总额为 455 000 元,其净现值总额为 190 500 元。比较上述两个投资组合,B+C 组合投资总额小于资本限额 500 000 元,但实现的净现值仍是最高的,因此该组合为最优。

4.4.4 项目投资的风险决策

项目投资的动态评价方法所用的折现率尚未包含风险因素,由于项目投资方案涉及的时间较长,在未来各个时期内往往存在许多不确定的因素,因而也不同程度地存在着风险,需要通过一定的方法对可能包含的风险程度进行估量。考虑风险因素的项目投资分析方法常用的有风险调整折现率法和调整现金流量法。

1)风险调整折现率法

(1)风险调整折现率法的基本思路

风险调整折现率法是更为实际、更为常用的风险评价方法之一。所谓风险调整折现率法,就是将与特定投资项目相适应的风险收益率,加入到折现率中,构成按风险调整的折现率,然后再按净现值的计算和决策规则,重新判定项目的可行性。它要求对高风险的项目应当采用较高的折现率计算净现值。

(2)风险调整折现率的确定

通常,项目的折现率都是由无风险收益率和风险补偿率两部分组成的。无风险收益率一般可以用政府债券的利率来表示,而风险补偿率则取决于项目风险的高低。其计算公式为:

$$K_i = R_f + b_i \times V_i$$

式中 K_i——项目 i 按风险调整的折现率;

R_f——无风险收益率;

b_i——项目 i 的风险收益斜率;

V_i——项目 i 的风险程度,即标准离差率。

在这种方法下,确定风险调整折现率的关键是确定风险收益斜率 b 和标准离差率 V。

风险调整折现率法下以净现值作为评价依据的计算步骤如下:

①计算项目各年经营现金净流量的期望值(E);②计算项目各年的标准差(σ);③计算综合的期望现金净流量的现值(EPV);④计算综合标准差的现值(D);⑤计算综合标准离差率(V);⑥计算风险收益斜率(b);⑦计算风险调整折现率(K);⑧计算净现值。

下面举例说明该种调整方法的计算过程。

例 4.17 某公司现有 A、B、C 三个投资项目,公司要求的无风险最低收益率为 8%,有关资料见表 4.10。

表 4.10 A、B、C 项目现金流量及其概率分布 单位:元

年份	A 项目		B 项目		C 项目	
	现金净流量/元	概率	现金净流量/元	概率	现金净流量/元	概率
0	-11 000	1.0	-5 000	1.0	-6 000	1.0
1	6 000 4 000 2 000	0.3 0.5 0.2				
2	8 000 6 000 4 000	0.25 0.55 0.2				
3	5 000 4 000 3 000	0.3 0.4 0.3	4 000 10 000 16 000	0.2 0.6 0.2	8 000 10 000 12 000	0.3 0.4 0.3

首先,计算各项目经营现金净流量的期望值(E)。

A 项目:

$E_1=6\ 000\times0.3+4\ 000\times0.5+2\ 000\times0.2=4\ 200$(元)

$E_2=8\ 000\times0.25+6\ 000\times0.55+4\ 000\times0.2=6\ 100$(元)

$E_3=5\ 000\times0.3+4\ 000\times0.4+3\ 000\times0.3=4\ 000$(元)

B 项目:

$E_3=4\ 000\times0.2+10\ 000\times0.6+16\ 000\times0.2=10\ 000$(元)

C 项目:

$E_3=8\ 000\times0.3+10\ 000\times0.4+12\ 000\times0.3=10\ 000$(元)

第二,计算各项目现金流量的标准差(σ)及综合标准差(D)。

A 项目:

$$\sigma_1=\sqrt{(6\ 000-4\ 200)^2\times0.3+(4\ 000-4\ 200)^2\times0.5+(2\ 000-4\ 200)^2\times0.2}=1\ 400(\text{元})$$

$$\sigma_2=\sqrt{(8\ 000-6\ 100)^2\times0.25+(6\ 000-6\ 100)^2\times0.55+(4\ 000-6\ 100)^2\times0.2}=1\ 338(\text{元})$$

$$\sigma_3=\sqrt{(5\ 000-4\ 000)^2\times0.3+(4\ 000-4\ 000)^2\times0.4+(3\ 000-4\ 000)^2\times0.3}=775(\text{元})$$

$$D_A=\sqrt{\frac{1\ 400^2}{(1+8\%)^2}+\frac{1\ 338^2}{(1+8\%)^4}+\frac{775^2}{(1+8\%)^6}}=1\ 837(\text{元})$$

B 项目:

$$\sigma_B=\sqrt{(4\ 000-10\ 000)^2\times0.2+(10\ 000-10\ 000)^2\times0.6+(16\ 000-10\ 000)^2\times0.2}=3\ 795(\text{元})$$

C 项目:

$$\sigma_C=\sqrt{(8\ 000-10\ 000)^2\times0.3+(10\ 000-10\ 000)^2\times0.4+(12\ 000-10\ 000)^2\times0.3}=1\ 549(\text{元})$$

第三,计算各项目的标准离差率(V)。

A 项目:

综合现金净流量的现值

$$EPV=\frac{4\ 200}{1+8\%}+\frac{6\ 100}{(1+8\%)^2}+\frac{4\ 000}{(1+8\%)^3}=12\ 294(\text{元})$$

$$V_A=\frac{D}{EPV}=\frac{1\ 837}{12\ 294}=0.15$$

B 项目:

$$V_B=\frac{3\ 795/(1+8\%)^3}{10\ 000/(1+8\%)^3}=0.38$$

C 项目:

$$V_C=\frac{1\ 549/(1+8\%)^3}{10\ 000/(1+8\%)^3}=0.155$$

第四,计算风险收益斜率。

风险收益斜率 b 的大小取决于投资者对风险的态度,它通常是经验值,可根据历史数据用高低点法或直线回归法求得,当然也可用更为直观的方法求解斜率 b。

假设要求的风险调整收益率为 14%,中等风险程度的项目变化系数为 0.3,则:

$$b=\frac{14\%-8\%}{0.3}=0.2$$

第五,计算风险调整折现率。

据此得到:

$K_A=8\%+0.2\times0.15=11\%$

$K_B=8\%+0.2\times0.38=15.6\%$

$K_C=8\%+0.2\times0.155=11.1\%$

第六,计算净现值。

例题中按调整前的折现率计算的 A、B、C 各项目的净现值分别为:

$$NPV_A=\frac{4\ 200}{1+8\%}+\frac{6\ 100}{(1+8\%)^2}+\frac{4\ 000}{(1+8\%)^3}-11\ 000=1\ 294(\text{元})$$

$$NPV_B=\frac{10\ 000}{(1+8\%)^3}-5\ 000=2\ 938(\text{元})$$

$$NPV_C=\frac{10\ 000}{(1+8\%)^3}-6\ 000=1\ 938(\text{元})$$

按调整后的折现率计算的净现值分别为:

$$NPV_A=\frac{4\ 200}{1+11\%}+\frac{6\ 100}{(1+11\%)^2}+\frac{4\ 000}{(1+11\%)^3}-11\ 000=663(\text{元})$$

$$NPV_B = \frac{10\ 000}{(1 + 15.8\%)^3} - 5\ 000 = 1\ 473(\text{元})$$

$$NPV_C = \frac{10\ 000}{(1 + 11.1\%)^3} - 6\ 000 = 1\ 292(\text{元})$$

根据风险调整折现率计算的净现值作出评价,则优劣顺序为:B、C、A。

(3)风险调整折现率法的特点

风险调整折现率法的特点是对风险大的项目采用较高的折现率,对风险小的项目采用较低的折现率,这种做法比较符合逻辑,便于理解,因而被理论界认同,且广泛使用。但这种方法把风险因素和时间因素混为一谈,意味着风险随时间推移而加大,夸大了远期现金流量的风险,可能与事实不符,对有些行业而言不太合适。

2)调整现金流量法

(1)调整现金流量法的基本思路

对于项目风险的调整,也可通过调整现金流量的方式来进行。调整现金流量法的实质就是通过一个系数(肯定当量系数)将不确定的各年现金流量调整为确定的现金流量,然后再用无风险收益率作为折现率计算项目净现值,进而作出项目可行与否的决策。调整后的净现值为:

$$NPV = \sum_{t=0}^{n} \frac{\alpha_t NCF_t}{(1 + R_f)^t}$$

式中 α_t——是第 t 年现金流量的肯定当量系数,它为 0~1。

(2)肯定当量系数的确定方法

肯定当量系数是不肯定的 1 元现金流量期望值相当于肯定的现金流量的系数。它可以把各年不肯定的现金流量折算成肯定的现金流量。肯定当量系数的计算公式为:

$$\alpha_t = \text{肯定的现金流量} \div \text{不肯定的现金流量的期望值}$$

肯定当量系数越大,现金流量的风险越小。肯定当量系数的选用通常按照衡量投资项目风险大小的变异系数即现金流量的标准离差率来确定。变异系数越小,风险越小,肯定当量系数越大;反之,则相反。变异系数与肯定当量系数的对照关系可见表 4.11。

表 4.11 变异系数与肯定当量系数对照表

变异系数(V)	肯定当量系数(α_t)
0.00~0.07	1
0.08~0.15	0.9
0.16~0.23	0.8
0.24~0.32	0.7
0.33~0.42	0.6
0.43~0.54	0.5
0.55~0.70	0.4
⋮	⋮

例 4.18 依据例 4.17,计算各项目的变异系数及净现值如下:

A 项目:

$$V_1=\frac{\sigma_1}{E_1}=\frac{1\ 400}{4\ 200}=0.33$$

$$V_2=\frac{\sigma_2}{E_2}=\frac{1\ 338}{6\ 100}=0.22$$

$$V_3=\frac{\sigma_3}{E_3}=\frac{775}{4\ 000}=0.19$$

查表可知:

$\alpha_1=0.6$;$\alpha_2=0.8$;$\alpha_3=0.8$

$$NPV_A\ \frac{4\ 200\times0.6}{1+8\%}+\frac{6\ 100\times0.8}{(1+8\%)^2}+\frac{4\ 000\times0.8}{(1+8\%)^3}-11\ 000=-1\ 943(\text{元})$$

同理:

$$V_B=\frac{\sigma_B}{E_B}=\frac{3\ 795}{10\ 000}=0.38$$

$$V_C=\frac{\sigma_C}{E_C}=\frac{1\ 549}{10\ 000}=0.16$$

$$NPV_B=\frac{10\ 000\times0.6}{(1+8\%)^3}-5\ 000=-237(\text{元})$$

$$NPV_C=\frac{10\ 000\times0.8}{(1+8\%)^3}-6\ 000=350(\text{元})$$

根据调整现金流量法计算的净现值进行方案决策,则 A、B 两个项目均不具有财务可行性,不应进行投资,只有 C 方案可以进行投资。

(3)调整现金流量法的特点

调整现金流量法在理论上受到好评。该方法对时间价值和风险价值分别进行调整,先调整风险,然后把肯定的现金流量用无风险收益率进行折现。对不同年份的现金流量,可以根据风险的差别使用不同的肯定当量系数进行调整,克服了风险调整折现率法容易夸大远期风险的缺陷,但如何准确合理的确定肯定当量系数却是一个十分困难的问题。

总之,风险调整折现率法和调整现金流量法各有利弊,实务上普遍接受的做法是:根据项目的系统风险调整折现率,而用项目的特有风险调整现金流量。

能力训练

一、单项选择题

1.关于项目投资的期限,下列说法正确的是( )。

A.计算期=建设期+达产期　　B.计算期=建设期+运营期

C.从达产日到终结日之间的时间间隔称为运营期

D.试产期是指项目投入生产运营达到设计预期水平后的时间

2.对于投资的分类下列说法错误的是(　　)。

A.按照投资方向不同,分为对内投资和对外投资

B.按照投入的领域不同,分为生产性投资和非生产性投资

C.按照投资活动的内容不同,分为固定资产投资、无形资产投资等

D.按照投资活动环节不同,分为直接投资和间接投资

3.下列指标中属于非折现正指标的是(　　)。

A.投资回收期　　B.投资报酬率　　C.净现值　　D.内含报酬率

4.如果某项投资的相关评价指标满足以下关系:$NPV>0$,$PI>0$,$IRR>I_C$,则可以得出结论(　　)。

A.该项目完全具备财务可行性　　B.该项目基本不具备财务可行性

C.该项目基本具备财务可行性　　D.该项目完全不具备财务可行性

5.在确定投资方案的相关的现金流量时,所应遵循的最基本原则是:只有(　　)才是与项目相关的现金流量。

A.增量现金流量　　B.现金流入量　　C.现金流出量　　D.净现金流量

6.下列属于决策相关成本的有(　　)。

A.沉没成本　　B.机会成本　　C.账面成本　　D.过去成本

7.净现值与现值指数之间存在一定的对应关系,当 $NPV>0$,PI(　　)。

A.<0　　B.>0 且<1　　C.$=1$　　D.>1

8.计算营业现金流量时,每年 NCF 可按下列公式(　　)来计算。

A.NCF=净利+折旧　　B.NCF=净利+折旧-所得税

C.NCF=净利+折旧+所得税　　D.NCF=年营业收入-付现成本

9.如果企业每年提取折旧 2 000 元,所得税率为 25%,付现成本为 3 000 元,则由于计提折旧而减少的所得税额为(　　)。

A.800　　B.500　　C.2 000　　D.3 000

10.下列各项中,不属于投资项目现金流出量内容的是(　　)。

A.固定资产投资　　B.折旧与摊销　　C.无形资产投资　　D.新增经营成本

二、多项选择题

1.未考虑资金时间价值的主要指标有(　　)。

A.内含报酬率　　B.净现值

C.静态投资回收期　　D.总投资收益率

2.静态投资回收期指标的主要缺点是(　　)。

A.不能反映资金回收的速度快慢

B.没有考虑资金时间价值

C.不能衡量投资报酬率的高低

D.没有考虑回收期后的现金流量

3.对于同一个投资方案下列描述正确的有(　　)。

A.资金成本高于内含报酬率时,净现值为负数

B.资金成本与内含报酬率相等时,净现值为零

C.资金成本越高,净现值越大

D、资金成本越低,净现值越大

4.影响项目内含报酬率的主要因素包括(　　)。

A.企业必要报酬率　B.项目计算期　C.项目的现金流量　D.资金成本

5.下列说法属于净现值指标优点的是(　　)。

A.考虑了资金时间价值

B.考虑了投资风险

C.能够利用项目计算期全部现金流量信息

D.可以从动态角度反映投资项目的实际收益水平

6.投资决策的折现指标主要的(　　)。

A.净现值　B.内含报酬率　C.投资收益率　D.现值指数

7.内含报酬率是指(　　)。

A.现值指数为1时的折现率

B.能使未来现金流入量的现值与现金流出量的现值相等的折现率

C.使投资方案的净现值为零的折现率

D.经营期现金流量的现值与投资额的比率

8.一项投资方案的现金流出量通常包括(　　)。

A.建设投资　B.垫支的流动资金　C.缴纳的税款　D.营业成本

9.以下关于风险调整折现率法的说法正确的是(　　)。

A.根据风险的大小确定折现率,风险越大,折现率越高

B.将时间因素与风险因素混为一谈,意味着风险随时间推移而增大。

C.夸大了远期现金流量的风险

D.使用面窄,不为人们接受

10.以下关于调整现金流量法的说法正确的是(　　)。

A.对时间价值和风险价值分别进行调整

B.不会夸大远期风险

C.肯定当量系数难以准确确定

D.通过调整净现值的分子来考虑项目的投资风险

三、判断题

1.在整个投资有效年限内,净利润总计与现金净流量总计是相等的。(　　)

2.一个项目能否维持下去,不取决于一定期间是否盈利,而取决于有没有现金用于各种支付。(　　)

3.内含报酬率的计算与所选定的折现率直接相关。(　　)

4.投资决策中只要投资方案的总投资收益率大于零,该方案就是可行性方案。(　　)

5.净现值法适用于原始投资相同,但计算期不相同的多方案比较决策。(　　)

6.在运营期内的净现金流量一定大于或等于零。(　　)

7.项目投资中所使用的折现率与金融业务中票据贴现所使用的贴现率是相同的概念。( )

8.投资决策中的现金流量所使用的“现金”是广义的现金，不仅包括各种货币资金，还包括项目需要投入的企业拥有的非货币资源的变现价值。( )

9.风险调整折现率法是用调整净现值公式中的分子的办法来考虑风险，使分子分母都不含风险；调整现金流量法是用调整净现值公式分母的办法考虑风险，使其分子分母都包含风险。( )

10.年等额净回收额法，是指通过比较所有投资方案的年等额净现值指标的大小来选择最优方案的决策方法。( )

四、计算分析题

1.某公司准备购入一设备以扩充生产能力。现有甲、乙两个方案可供选择，甲方案需投资 20 000 元，使用寿命为 5 年，采用直线法计提折旧，5 年后设备无残值。5 年中每年销售收入 20 000 元，每年的付现成本为 12 000 元。乙方案需投资 34 000 元，采用直线法折旧，使用寿命为 5 年，5 年后有残值收入 4 000 元。5 年中每年销售收入为 12 000 元。付现成本第 1 年为 4 000 元，以后逐年增加修理费 300 元，另垫支流动资金 3 000 元。假设所得税率为 25%。试计算两个方案的现金流量。

2.某公司有甲乙两个投资项目，现金流量如表 4.12 所示，该企业的资金成本率为 10%。

要求：

①分别计算两个方案的投资回收期；

②分别计算两个方案的净现值；

③分别计算两个方案的内含报酬率；

④分别计算两个方案的获利指数。

表 4.12 现金流量表 单位：元

	0	1	2	3	4	5
甲方案 固定资产投资 营业现金净流量	 −7 000	 2 200	 2 200	 2 200	 2 200	 2 200
合　计	−7 000	2 200	2 200	2 200	2 200	2 200
乙方案 固定资产投资 流动资金垫支 营业现金净流量 固定资产残值 营运资金回收	 −8 000 −2 000	 2 800	 2 500	 2 200	 1 900	 1 600 2 000 2 000
合　计	−10 000	2 800	2 500	2 200	1 900	5 600

3.某企业的旧机器原始价值 9 875 元，累计折旧 1 875 元，尚可使用 4 年，4 年后清理残

值 1 000 元,现在清理变现可得价款收入 3 000 元,折旧采用直线法,每年可生产 3 000 件产品,均能销售,每件单价 20 元,每件变动成本 14 元,固定成本总额(含折旧)10 000 元。如果购买新机器其价格为 17 000 元,预期使用年限 4 年,4 年后清理残值为 1 000 元,折旧采用直线法。使用新机器后,每年可产销产品 4 000 件,售价与除折旧以外的成本不变。企业的折现率为 12%,所得税率 25%。要求:对是否进行设备的更新作出决策。

4.某企业进行一项固定资产投资项目决策,设定贴现率为 10%,有四个方案可供选择。其中甲方案的项目计算期为 10 年,净现值为 1 000 万元,年金现值系数为 5.650;乙方案的净现值率为-12%;丙方案的项目计算期为 12 年,其年等额净回收额为 150 万元;丁方案的内部收益率为 8%。要求:确定最优的投资方案。

5.某公司拟用新设备取代已使用 3 年的旧设备。旧设备原价 15 000 元,预计使用 6 年,当前估计尚可使用 3 年,直线法折旧,每年付现成本 2 000 元,预计最终残值 1 500 元,目前变现价值为 7 500 元。购置新设备需花费 16 000 元,预计可使用 6 年,每年付现成本 850 元,该设备采用直线法计提折旧,预计最终残值 1 000 元。该公司预期报酬率为 10%,所得税率为 25%。要求:作出是否更换新设备的决策。

6.某公司准备以 500 万元购置一条新的生产线,该公司投资要求的无风险最低报酬率为 6%,已知风险报酬斜率为 0.1。预计各年现金流量及概率如表 4.13 所示。

表 4.13 现金流量及概率分布表

年 限	现金收入/万元	概 率
1	400	0.3
	300	0.4
	500	0.3
2	250	0.25
	200	0.50
	150	0.25
3	300	0.2
	250	0.6
	200	0.2

要求:按风险调整贴现率法计算净现值并判断项目是否可行。

第 5 章　证券投资管理

本章导航

证券投资概述	一、证券投资目的	了解证券投资的目的
	二、证券投资的种类	熟悉证券投资的类别
	三、证券投资的风险	掌握证券投资的风险
	四、证券投资的收益	熟悉证券投资的收益构成
	五、证券投资的基本原则	理解证券投资的基本原则
债券投资管理	一、债券投资的目的和特点	了解债券投资的目的,熟悉其特点
	二、债券投资内在价值的测算	掌握债券投资内在价值的计算
	三、债券投资收益率的衡量	掌握债券投资收益率的计算
	四、债券投资的决策	掌握债券投资的决策方法
股票投资管理	一、股票投资的目的和特点	了解股票投资的目的,熟悉其特点
	二、股票内在价值的测算	掌握股票内在价值的测算
	三、股票投资收益率的衡量	掌握股票投资收益率的计算
	四、股票投资决策	掌握股票投资的决策方法
基金投资管理	一、基金投资的种类	熟悉基金的类别
	二、基金投资价格的测算	掌握基金价格的测算
	三、基金投资的收益率	掌握基金收益率的计算
	四、基金投资的特点	熟悉基金投资的特点

5.1　证券投资概述

5.1.1　证券投资的目的

证券投资是指投资者为了获得投资收益或其他特定的目的,在证券市场上购买其他单位的有价证券的一种投资行为。证券投资者不直接参与被投资企业的经营活动,这种投资行为必须借助于中介机构才能完成,所以又称为间接投资。

科学合理地进行证券投资,有利于增加企业收益,降低风险,实现企业的财务目标。证券投资一般基于以下目的:

1)利用闲置资金,获取投资收益

企业在生产经营过程中,时常会有一部分暂时不用的闲置资金。这部分资金可以投资于股票、债券等有价证券,获取投资收益。在企业有临时性资金需求时,可以将有价证券随时变卖,收回资金。

2)多元化投资,降低投资风险

企业将资金分散投资于多个相关程度较低的项目,实现多元化经营,能够有效地分散投资风险。因为证券投资不受地域和经营范围的限制,投资选择面较广。当企业购买多种证券形成证券组合时,某一种证券收益下降时,其他证券可能会获得较高收益。而且投资于证券,资金的退出和回收比较容易。所以证券投资是多元化投资的主要方式。

3)建立稳定的客户关系,保证生产经营顺利进行

企业生产经营过程中要有稳定的原材料供应和顺畅的销售渠道。如果企业能够对材料供应商或产品销售商进行投资或控股,就能够对关联企业的经营施加影响或形成控制,保障本企业的生产经营活动顺利进行。

4)提高资产流动性,为特定需要积累货币资金

有价证券是流动性仅次于货币资金的流动资产。企业可能在将来需要归还借款、偿付债券本息、现金分红或设备更新,有大量的现金需求,而现有现金储备又不足时,可以通过变卖有价证券迅速获取所需资金,保证企业的及时支付。

5.1.2 证券投资的种类

证券的种类很多,可以按不同的标准进行分类。企业投资于不同的证券,就形成了不同种类的证券投资。

根据证券投资的对象不同,将证券投资分为债券投资、股票投资、组合投资、基金投资等。

1)债券投资

债券投资是指企业将资金投入各种债券,如国债、公司债和短期融资券等,相对于股票投资,债券投资一般风险较小,能获得稳定收益,但要注意投资对象的信用等级。投资于信用等级低、期限长的债券,也会承担较大风险。

2)股票投资

股票投资是指企业购买其他企业发行的股票作为投资,如普通股、优先股股票。股票投资风险较大,收益也相对较高。

3)组合投资

组合投资是指企业将资金同时投放于债券、股票等多种证券,这样可分散证券投资风险,组合投资是企业证券投资的常用投资方式。

4)基金投资

基金就是投资者的钱和其他许多人的钱合在一起,然后由基金公司的专家负责管理,用来投资于多家公司的股票或者债券。基金投资由于由专家经营管理,风险相对较小,正越来越受广大投资者的青睐。

5.1.3 证券投资的风险

由于证券市场价格频繁波动,证券投资的风险往往较大。证券投资的主要目的是获取投资收益,证券投资的风险则是投资人无法获得预期投资收益的可能性。按风险性质,证券投资的风险可分为系统风险和非系统风险两大类别。

1)系统风险

系统风险是指由于外部经济环境因素的变化,给整个市场中所有证券收益带来不确定性的可能性。这种风险是不能通过多元化的投资组合加以分散的,也称为不可分散风险。

系统性风险波及所有的证券,最终反映在资本市场平均利率的提高上,所有的系统性风险几乎都可归结为利率风险。市场利率的变动会造成证券资产价格的普遍波动:当市场利率上升时,证券资产价格下降;当市场利率下降时,证券资产价格上升。

(1)价格风险

价格风险是指由于市场利率上升而导致证券资产价格普遍下跌的可能性。价格风险来自于证券市场买卖双方供求关系的不平衡。当资本需求量增加时,证券发行量增加,市场利率上升,引起整个资本市场所有证券资产价格普遍下降。反之,当资本需求量减少时,市场利率下降,所有证券资产价格上升。在证券持有期间市场利率上升时,证券资产价格就会下跌,期限越长,投资者遭受的损失越大。

(2)再投资风险

再投资风险是由于市场利率下降,而造成的无法通过再投资而实现预期收益的可能性。通常情况下,长期证券的报酬率要高于短期证券,为了避免市场利率上升所带来的价格风险,投资者可能会投资于短期证券,但短期证券又会面临市场利率下降的再投资风险,即无法按预定的报酬率进行再投资实现所预期的收益。

(3)购买力风险

购买力风险是指由于通货膨胀而使购买力下降的可能性。当物价持续上升时,货币性资产会遭受购买力损失;当物价持续下跌时,货币性资产会带来购买力收益。证券资产是一种货币性资产,通货膨胀会使证券资产投资的本金和收益贬值,实际报酬率降低。

2)非系统风险

非系统风险是指由于特定经营环境和特定事项变化引起的不确定性,从而对个别证券产生影响的特有风险。非系统风险是由每个公司自身的特有经营活动和财务活动引起的,与某个具体的证券相关。非系统风险可以通过多元化的证券资产抵消,也称为可分散风险。

非系统风险是公司特有的风险,从公司内部来说主要表现为经营风险和财务风险,从公司外部来看是以违约风险、变现风险、破产风险等形式表现出来的。

(1)违约风险

违约风险是指证券发行人无法按期兑付证券本息的可能性。这种风险多产生于债券投资中。产生的原因可能是公司经营不善,也可能是公司资金周转不灵。

(2)变现风险

变现风险是指证券持有人无法在市场上以正常的价格卖出证券的可能性。证券持有人可能在持有期内需要将证券售出变现,用于其他投资,如果不能及时变现就会给持有人带来损失。

(3)破产风险

破产风险是指在证券发行人破产清算时,投资者无法收回权益的可能性。在证券发行人由于种种原因导致企业不能持续经营时,可能申请破产保护。破产保护会导致债务清偿的豁免、有限责任的退资,使投资人不能取得应得的收益,甚至无法收回本金。

5.1.4 证券投资的收益

企业进行证券投资的收益来源于证券买卖的价差和所获得的利息或股息、红利。证券投资的收益可用绝对数和相对数两种方式来表示,实际工作中通常用相对数即收益率来表示。证券投资收益率的计算基本公式为:

$$K = \frac{S_1 - S_0 + P}{S_0 \times N} \times 100\%$$

式中 R——证券投资收益率;

S_0——证券购买价格;

S_1——证券出售价格;

P——证券投资所取得的利息、股息、红利;

N——证券持有的时间,以年来表示。

这是证券投资收益的基本公式,各种证券的投资收益都可根据这一基本公式,考虑证券的种类、期限长短、资金时间价值因素等而有所不同。

企业证券投资是一种风险投资。在持有证券期间所获得的收益与其所承担的风险是相对称的。投资风险与收益呈正向运动,收益高,风险大,收益低,承担的风险也小。收益的获得和风险的规避可通过证券的流通实现。因此,收益性、风险性、流动性构成了证券投资的基本特征。

5.2 债券投资管理

5.2.1 债券投资的目的和特点

1)债券投资的目的

企业进行短期债券投资的目的主要是为了合理利用暂时闲置的资金,调节现金余额,获得收益。企业进行长期债券投资的目的主要是为了获得稳定的收益。

我国债券发行有严格的条件和程序,发行债券的主体一般都有较高的信用等级,因此投资债券的风险较小,安全性高。投资者在选择债券投资时,要对债券的主要特点进行认真分析,以决定是否进行投资以及选择何种债券投资。

2)债券投资的特点

债券投资具有以下特点:

(1)本金安全性高

与股票相比,债券投资的风险较小。政府债券有国家财力作保障,其本金的安全性非常高,通常视为无风险证券;政府债券的信用度高,一般也不存在本金不能偿还的问题;企业债券有优先求偿权或其他的保证措施,其本金损失的可能性也小。

(2)收入稳定性强

债券有固定的票面利率,债券发行人有按时支付利息的法定义务,一般情况下,债券投资人都能获得比较稳定的利息收入。政府债券投资收益相对较低,但是免交所得税;企业债券能够获得比政府债券和金融债券高的收益,但要交纳所得税;金融债券的收益则介于政府债券和企业债券之间。

(3)市场流动性好

流动性是指债券具有能够按市场价格出售的属性。发行债券的企业一般资产条件较好,信用度高,其发行的债券一般能在金融市场上出售或抵押,流动性强。政府债券和金融债券更是如此。

(4)购买力风险较大

债券的面值和利率在发行时就已确定,如果投资期间通货膨胀率较高,则本金和利息的购买力都将受到影响,会产生购买力的损失。

(5)没有经营管理权

投资债券是一种债权投资行为,投资人不能对债券发行企业施加影响和控制。

5.2.2 债券内在价值的测算

进行债券投资时首先要弄清楚,所选择的债券市价是多少?是否值得进行投资?这就需要采用一定的方法对债券的内在价值进行评估。

债券的内在价值,是指投资者投资于某一债券按其要求的期望收益率折算的未来利息收入和收回的本金的折现价值。债券的内在价值是债券投资决策时使用的一项主要的指标。只有债券内在价值高于市价才值得投资。

我国债券利息的支付方法主要有两种,由此也形成了两种不同的债券内在价值的测算方法。

1)单利计算,到期一次还本付息的债券内在价值测算

$$V = (M + M \times r \times n) \times (P/F, i, m)$$

式中 V——债券内在价值;

M——债券面值;

r——票面利率；

n——债券的期限；

i——投资人要求的必要报酬率；

m——债券持有的期限。

例 5.1 甲公司 2011 年 1 月 1 日购入另一家公司发行的面值 1 000 元，票面利率 8%，票面期限为 5 年的债券，债券发行日为 2010 年 1 月 1 日，到期日为 2015 年 1 月 1 日，甲公司准备持有该债券至到期，债券到期时本息一次支付。甲公司要求的投资报酬率为 10%。计算该债券的内在价值。

$$\text{债券的内在价值} = (1\,000 + 1\,000 \times 8\% \times 5) \times (P/F, 10\%, 4) = 1\,400 \times 0.683\,0 = 956.2(\text{元})$$

即该债券的内在价值为 956.2 元，如果现行市价高于内在价值，说明市价虚高，甲公司不应投资购买；如果现行市价低于内在价值，说明市价被低估了，甲公司应投资购买该债券。

2) 按期付息，到期还本的债券内在价值的测算

债券如果按期支付利息，到期偿还本金，债券内在价值的测算公式为：

$$V = \sum_{t=1}^{n} \frac{I_t}{(1+i)^t} + \frac{M}{(1+i)^n}$$

当每年的利息保持不变时，

$$V = I \times (P/A, i, n) + M \times (P/F, i, n)$$

式中 V——债券内在价值；

I——每年的利息；

M——债券面值；

i——折现率，一般为市场利率或投资人要求的必要报酬率；

n——债券到期前的期数。

例 5.2 甲公司准备购买另一公司面值 1 000 元，票面利率 8%，期限为 5 年的债券。该债券每年年末支付一次利息，3 年后的 12 月 31 日到期。投资人要求的报酬率为 10%，则该债券的内在价值为：

$$V = 1\,000 \times 8\% \times (P/A, 10\%, 3) + M \times (P/F, 10\%, 3) = 80 \times 2.486\,9 + 1\,000 \times 0.751\,3 = 950.25(\text{元})$$

该债券的内在价值为 950.25 元，如果现行市价高于内在价值，则不应投资；如果现行市价低于内在价值，则应当投资购买该债券。

5.2.3 债券投资收益率的衡量

债券投资收益率是一定时期内债券投资收益与投资额的比率。其中，债券收益主要包括债券利息收入、债券买卖价差的收益；投资额包括购买债券时的买价、佣金、手续费等。

1) 短期债券投资收益率

短期债券投资收益率的计算一般比较简单，因为期限短，通常不超过一年，所以不用考

虑时间价值因素和通货膨胀因素。其计算主要是持有期收益率。

债券的持有期收益率是指债券持有人在持有期间得到的收益率。其中,债券的持有期是从购入债券至售出债券或者债券到期清偿之间的时间,通常以年为单位表示(持有期的实际天数除以360)。由于利息率、收益率指标多数以年利率的形式出现,债券持有期收益率可以根据实际情况换算为年均收益率。

$$持有期收益率 = \frac{债券持有期间的利息收入 + (卖出价 - 买入价)}{债券买入价} \times 100\%$$

$$持有期年均收益率 = \frac{持有期收益率}{持有年限}$$

$$持有年限 = \frac{实际持有天数}{360}$$

例 5.3 某投资者2013年1月1日以每张950元价格购买上市债券10张,该债券面值1 000元,票面年利率为10%,每半年付息一次,期限5年,当年7月1日收到上半年利息50元,9月30日以980元价格卖出。要求计算该债券的收益率。

$$持有期收益率 = \frac{50 + (980 - 950)}{950} \times 100\% = 8.42\%$$

$$持有期年均收益率 = \frac{8.42\%}{\frac{9}{12}} = 11.23\%$$

2) 长期债券投资收益率

长期债券持有期限较长,至少超过一年,应考虑资金时间价值,按每年复利计算持有期年均收益率。即计算使债券带来的现金流入量净现值为零的折现率,也就是计算债券的内含报酬率。这是债券投资的真实收益率。

(1) 到期一次还本付息的债券

$$持有期年均收益率 = \sqrt[n]{\frac{M}{P}} - 1$$

式中 P——债券买入价;

M——债券卖出价或到期兑付金额;

n——债券实际持有的期限(年)。

例 5.4 某企业于2010年1月1日购入Q公司同日发行的3年期,到期按单利一次还本付息的债券,面值10 000元,票面利率6%,买入价9 000元。则债券持有期年均收益率为:

$$持有期年均收益率 = \sqrt[3]{\frac{10\ 000 + 10\ 000 \times 6\% \times 3}{9\ 000}} - 1$$

$$= \sqrt[3]{\frac{11\ 800}{9\ 000}} - 1 \approx 1.09 - 1 = 9\%$$

(2)每年按期付息,到期还本的债券

$$P = \sum_{t=1}^{n} \frac{I_t}{(1+K)^t} + \frac{M}{(1+K)^n}$$

$$P = I \times (P/A,K,n) + M \times (P/F,K,n)$$

式中 K——债券持有期年均收益率;

P——债券买入价;

I——持有期每期收到的利息额;

M——售价或到期兑付的金额;

n——债券实际持有的期限(年)。

例 5.5 某企业债券面值 10 000 元,票面利率 12%,每年支付一次利息,期限为 8 年,债券发行时投资者以 10 500 元购入,准备持有到期,计算债券持有期年均收益率。

根据债券持有期年均收益率的计算公式有:

$$10\ 500 = 10\ 000 \times 12\% \times (P/A,K,8) + 10\ 000 \times (P/F,K,8)$$

因为,票面利率为 12%,而购买价格大于面值,因此 $K<12\%$

设 $K=11\%$,则

$$\begin{aligned}净现值 &= 10\ 000 \times 12\% \times (P/A,11\%,8) + 10\ 000 \times (P/F,11\%,8) - 10\ 500 \\ &= 1\ 200 \times 5.146\ 1 + 10\ 000 \times 0.433\ 9 - 10\ 500 = 14.32\end{aligned}$$

设 $K=12\%$,则

$$\begin{aligned}净现值 &= 10\ 000 \times 12\% \times (P/A,12\%,8) + 10\ 000 \times (P/F,12\%,8) - 10\ 500 \\ &= 1\ 200 \times 4.967\ 6 + 10\ 000 \times 0.403\ 9 - 10\ 500 = -499.88\end{aligned}$$

由此可知,持有期年均收益率即内含报酬率是 11%~12%。

利用插值法可计算求得:

$$k = 11\% + \frac{14.32}{14.32 + 499.88} \times (12\% - 11\%) = 11.03\%$$

5.2.4 债券投资的决策

债券投资决策的方法之一,计算确定债券的内在价值,将债券的内在价值与债券市价进行比较。债券内在价值是投资者购买该债券时可接受的最高市价,若前者大于后者,说明投资者认为债券的市场价格还有可能上涨,现在购买可以获得价差利益;若前者小于后者,说明投资者认为债券的价值被高估,其价格随时可能下跌,此时不宜购买该债券。这种债券投资决策的关键是合理确定计算债券价值所需要的折现率。

债券投资的决策的方法之二,就是确定债券的投资收益率,将债券的投资收益率与企业要求的最低收益率对比来决定是否进行投资。当债券的投资收益率高于企业要求的最低收益率时,可以投资;反之,则不宜投资。

5.3 股票投资管理

5.3.1 股票投资的目的和特点

1)股票投资的目的

企业进行股票投资的目的有两种:一是获取收益,即作为一般的股票投资人,获得股利收入和股票买卖的价差。二是形成控制,即通过购买某一企业大量的股票达到控制该企业的目的。

投资者在选择股票进行投资时,要了解股票的主要特点,以决定是否进行股票投资和选择哪种股票投资。

2)股票投资的特点

股票投资具有以下特点:

(1)投资收益高

股票投资是一项高风险的投资活动,股票价格变动频繁,既受宏观经济状况的影响,也受到行业、公司经营状况的影响;既承受商品市场风险,又要承受资本市场的风险等。但风险大,收益也高。其收益主要来自资本利得和红利所得,优质股票的价格长期趋势总是上涨的居多,只要选择得当,能取得优厚的投资回报。同时股票市场也可进行适度的投机活动,操作得当,也能带来较高的收益。

(2)购买力风险低

能较好地抵御通货膨胀的影响。第一,普通股股利不固定,在通货膨胀情况下,公司的产品销售价格也会上升,公司盈利增加,分红额也随之增加。第二,普通股股东是企业的所有者,通货膨胀情况下,企业的资产价格会上升,尤其是不动产,这样普通股股东的权益也随之增加。因此,与固定收益的证券相比,普通股能有效地降低购买力风险。

(3)拥有经营控制权

普通股股东是股份公司的所有者,有权监督和控制企业的生产经营情况。因此,欲控制一家企业,最好是收购这家企业的股票。投资普通股能控制发行企业的生产经营状况,优化资源,整合资产,获取资本运作的相应收益。

(4)求偿权居后

普通股对企业资产和盈利的求偿权均居于最后。企业清算时,普通股的求偿权居于债权人、优先股股东之后,相应的投资可能得不到全额补偿,甚至一无所有。

(5)价格不稳定

普通股的价格受众多因素影响,很不稳定。政治因素、经济因素、投资人心理因素、企业的盈利情况、风险情况,都会影响股价,这也使股票投资具有较高的风险。

(6)收入不稳定

普通股股利的多少不仅受发行企业盈利状况的影响,也受制于公司采取什么样的股利政策,其有无、多寡一般没有法律上的强制规定。所以相对于固定收益证券而言,股利收入不够稳定。

5.3.2 股票内在价值的测算

进行股票投资,投资人要测算股票的价值,以决定是否值得投资。股票未来现金流入量的现值就是股票的内在价值。股票投资带给投资人的现金流入量包括两部分:股利收入和出售时的资本利得。股票内在价值是股票投资决策时使用的一项主要指标。

1)短期持有、未来准备出售的股票

在一般情况下,投资者投资于股票,不仅希望得到股利收入,还希望在未来出售股票时从股票价格的上涨中获得好处。此时股票的内在价值为:

$$V = \sum_{t=1}^{n} \frac{d_t}{(1+K)^t} + \frac{F}{(1+K)^n}$$

式中 V——股票价值;

F——未来出售时预计的股票价格;

K——投资者要求的必要报酬率;

d_t——第 t 期的预计股利;

n——预计股票持有的期数。

例 5.6 2010 年 1 月金龙公司欲投资购买天蒙股份有限公司普通股,短期持有,然后出售以获取价差收益。预计天蒙股份有限公司普通股两年后股价将上升到每股 10 元,金龙公司将在两年后按该价格出售该股票;在持有的两年中,金龙公司估计被投资公司会于 2010 年 12 月和 2011 年 12 月两次分配股利,分别为每股 0.8 元和 0.9 元。经过分析金龙公司认为,必须得到 10%的期望收益率,投资购买该公司股票才划算。根据以上内容,则天蒙股份有限公司普通股的内在价值为:

$$\begin{aligned} V &= 10 \times (P/F,10\%,2) + 0.8 \times (P/F,10\%,1) + 0.9 \times (P/F,10\%,2) \\ &= 10 \times 0.826\,4 + 0.8 \times 0.909\,1 + 0.9 \times 0.826\,4 \\ &\approx 9.74(\text{元}) \end{aligned}$$

即天蒙股份有限公司普通股购买日的内在价值应为 9.74 元。当现行股价低于 9.74 元时,金龙公司应该购买;否则,应放弃购买。

2)长期持有、股利每年不变的股票价值的测算

在每年股利稳定不变,投资人持有时间很长的情况下,股票内在价值的计算公式可以简化为:

$$V = \frac{D}{K}$$

式中 V——股票内在价值;

D——每年获得的固定股利;

K——投资人要求的必要投资报酬率。

例 5.7 金龙公司准备购买某公司股票,该公司普通股预计年股利额每股为 1.2 元,期望收益率为 12%,长期持有。问:该公司股票的内在价值为多少?

$$V = 1.2 \div 12\% = 10(\text{元})$$

即该股票的内在价值为 10 元,如果现行市价高于 10 元,即股票现行市价高于其内在价值,说明该股票价值高估,企业此时不应该投资购买;如果现行市价低于 10 元,即股票现行市价低于其内在价值,说明该股票还有上涨空间,企业此时应该投资购买。

3)长期持有、股利固定增长的股票价值的测算

如果一个公司的股利不断增长,投资人的投资期限又非常长,则股票的估价就比较困难了,只能计算其近似数。在股利按固定的年增长率增长的情况下,设:D_0 为上年股利,每年股利比上年增长率为 g,则:

$$V = \frac{D_1}{K - g} = \frac{D_0(1 + g)}{K - g}$$

式中 D_1——预计第 1 年的股利。

例 5.8 金龙公司准备投资购买某股票,该普通股上年股利为 0.5 元,估计年增长率为 4%,金龙公司期望得到 12%的收益率。则该种股票的内在价值应为:

$$V = \frac{0.5(1 + 4\%)}{12\% - 4\%} = 6.5(\text{元})$$

即该股票的市价低于 6.5 元,金龙公司才能购买。

5.3.3 股票投资收益率的衡量

股票投资的收益和债券投资的收益一样,也分为分配的股利和买卖价差。

1)短期股票投资收益率

短期股票投资因持有期限短,通常也不用考虑资金的时间价值和通货膨胀因素,主要计算持有期收益率。

股票的持有期收益率是指股票持有人在持有期间得到的收益率。其中,股票的持有期是从购入股票到出售之间的时间,通常以年为单位表示(持有期的实际天数除以 360)。股票持有期收益率可以根据实际情况换算为年均收益率。

$$\text{持有期收益率} = \frac{\text{股票持有期间的股利收入} + (\text{卖出价} - \text{买入价})}{\text{股票买入价}} \times 100\%$$

持有期年均收益率的计算与债券相同。

例 5.9 2013 年 4 月 1 日,甲公司购买 A 上市公司股票,每股市价 50 元,2014 年 2 月 1 日,甲公司所持有的该股票每股分派了现金股利 4 元,2014 年 3 月 1 日,甲公司以每股 60 元的价格将该股票出售。要求计算甲公司持有 A 公司股票的收益率。

$$\text{持有期收益率} = \frac{4 + (60 - 50)}{50} \times 100\% = 28\%$$

$$持有期年均收益率=\frac{28\%}{\frac{11}{12}}=30.55\%$$

2）长期股票投资的收益率

长期股票投资的收益率计算要考虑资金的时间价值因素。企业进行股票投资，每年获得的股利是经常变动的，当企业出售股票时，也可收回一定的收益。长期股票投资的收益率的计算也就是计算股票投资的内含报酬率，这是股票的真实收益率。可采用以下公式：

$$P=\sum_{t=1}^{n}\frac{d_t}{(1+K)^t}+\frac{F}{(1+K)^n}$$

式中　P——股票购买价格；

d_t——每年获得的股利；

F——股票的出售价格；

K——股票投资收益率；

n——投资期限。

例5.10　天龙公司投资某股票，投资价格为每股10元，持有3年，每年分别获得现金股利为0.5元、0.6元、0.8元，3年后以每股15元的价格将其出售。要求计算投资该股票的收益率。

解：$10=0.5\times(P/F,K,1)+0.6\times(P/F,K,2)+15.8\times(P/F,K,3)$

采用逐步测试法和内插法计算：

当收益率为18%时，

$$\begin{aligned}P&=0.5\times(P/F,18\%,1)+0.6\times(P/F,18\%,2)+15.8\times(P/F,18\%,3)\\&=0.5\times0.847\,5+0.6\times0.718\,2+15.8\times0.608\,6\\&=10.470\,55>10\end{aligned}$$

当收益率为20%时，

$$\begin{aligned}P&=0.5\times(P/F,20\%,1)+0.6\times(P/F,20\%,2)+15.8\times(P/F,20\%,3)\\&=0.5\times0.833\,3+0.6\times0.694\,4+15.8\times0.578\,7\\&=9.976\,75<10\end{aligned}$$

$$k=18\%+\frac{10.470\,55-10}{10.470\,55-9.976\,75}\times(20\%-18\%)\approx19.91\%$$

5.3.4　股票投资的决策

股票投资决策是非常复杂的，包括投资对象的选择、投资时机的选择等。一般而言，股票投资决策方法与债券投资相似，基本方法有两种：其一，计算股票价值，然后将股票价值与股票市价比较以确定是否购买该股票；其二，计算股票投资的内含报酬率将之与该股票必要报酬率比较，以作出合理的投资决策。

5.4 基金投资

基金投资是一种利益共享、风险共担的集合投资方式,它是基金管理公司通过发行基金份额或受益凭证的方式,集中众多投资者的资金,交由专业投资机构经营运作,以获取投资收益的一种投资方式。通俗地说,投资基金是通过汇集众多投资者的资金,交给银行保管,由专业的基金管理公司负责投资于股票和债券等证券,以实现保值增值目的的一种投资工具。

投资基金的设立,须经中国证券监督管理委员会审查批准。经批准设立的投资基金,应当委托商业银行作为基金托管人托管基金资产,委托基金管理公司作为基金管理人管理和运用基金资产。基金托管人、基金管理人应在行政上、财务上相互独立。基金管理人管理和运用资金,主要从事股票、债券等金融工具投资。

5.4.1 基金投资的种类

投资基金种类繁多,按不同的标准分成不同的类别。

1)按发行条件和变现方式划分

按照发行条件和变现方式不同,分为封闭型基金和开放型基金。

封闭型投资基金有发行总额和存续期限的限定,在募集结束并达到发行限额后,基金即宣告成立并且予以封闭。在封闭期内基金单位总数不变,基金上市后投资者可以通过证券市场转让、买卖基金。在基金的存续期内,不再追加发行新的基金,也不允许证券持有人赎回基金,投资者只能通过证券交易所买卖基金。

开放型基金没有发行总额和存续期限的限定,发行者在首次发行结束一段时间后,可根据市场供求状况追发新的份额或被投资者赎回。开放型基金由于允许赎回,其资产经常处于变动之中。

2)按组织形式划分

按照组织形式不同,分为契约型基金和公司型基金。

契约型基金又称单位信托基金,把投资人、管理人(基金管理公司)和托管人(银行)三者作为当事人,由管理人和托管人签订信托契约的方式发行受益凭证而设立的一种基金。契约型基金通过信托契约来规范三方当事人的行为。基金管理人负责基金的管理操作,基金托管人作为基金资产的名义持有人,负责基金资产的保管和处置,并对基金管理人的运作实行监督。

公司型基金是按照公司法的要求,以公司形式组成的。基金管理公司以发行股份的方式募集资金,投资人以购买公司基金份额(股份)成为公司股东,凭其持有的基金份额享有投资收益。

二者的区别在于:①资金性质不同。契约型基金的资金属于信托财产,而公司型基金的资金是公司法人资本。②投资者的地位不同。契约型基金的投资者只是基金契约的受益人,没有管理基金资产的权利,而公司型基金的投资者是股东,可以通过公司股东大会享有公司的管理权。③基金的运营依据不同。契约型基金依据契约运营,而公司型基金依据公司章程运营。

3)按投资对象划分

按照投资对象不同,分为股票基金、债券基金、期货基金、期权基金、认股权证基金等。

股票基金,是指以增长潜力大、发展前景良好的上市公司普通股股票及少量优先股股票为投资对象的基金。股票基金具有较强的变现性和流动性,比较适合于风险型投资者进行中、短期投资的选择。

债券基金,是指以各种上市流通的政府债券、金融债券、公司债券等为投资对象的基金。投资于债券的基金可以获得稳定的收益回报,对于稳健型投资者比较合适。

期货基金,是指投资期货市场以获得较高回报的投资基金。由于期货市场具有高风险和高回报的特点,因此投资期货基金既可能获得较高的投资收益,投资者也面临着较大的投资风险。

期权基金,是指以能分配股利的股票期权为投资对象的基金。期权基金的投资损失被锁定在权利基金限度内,投资风险较小,如果判断准确,运作得当,能够获得较为可观的收益。因此,期权基金通常适合于稳健型的投资者。

认股权证基金,是指以认股权证为投资对象的基金。认股权证是指由股份有限公司发行的、能够按特定价格在特定的时间内购买或者卖出一定数量的该公司股票的选择权凭证。一般来说,认股权证的投资风险较通常的股票要大得多。认股权证基金属于高风险基金。

5.4.2 基金投资价格的测算

测算基金投资价格的主要指标,是基金单位净值。基金单位净值是投资基金在发行期满后买卖价格的计算依据,它是指在某一时点每一基金单位所具有的市场价值。它的计算公式为:

$$基金单位净值 = \frac{基金净资产价值总额}{基金单位总份额}$$

其中:基金净资产价值 = 基金总资产市场价值 - 基金负债总额,而基金总资产市场价值是指该投资基金所拥有的资产(包括现金、股票、债券和其他有价证券及其他资产)于每个营业日收市后根据收盘价格及账面余额计算出来的资产总市值。

单位基金资产净值是基金单位价格的内在价值。因此,基金单位价格与其资产净值一般是趋于一致的,基金单位资产净值增长,基金单位价格也跟着提高。一般而言,对封闭式基金来说,由于它的基金证券在证券交易所上市交易,其价格除了受基金单位资产净值影响外,还要受到市场供求情况、经济形势、政治环境等多方面因素的影响;而对开放型基金,基金单位的申报和赎回都主要根据基金单位资产净值计算。

开放型基金的柜台交易价格完全以基金单位净值为基础,通常采用两种报价形式:

①在基金发行新证券时,一般按基金的净资产价值加经销手续费出售基金证券,即:

$$基金认购价 = 基金单位资产净值 + 首次认购费$$

②持有人赎回基金证券时，则按净资产价值减除一定比例的手续费作为赎回价格，即：

基金赎回价 = 基金单位资产净值 − 基金赎回费

例 5.11 某公司发行的是开放式基金，2013 年的相关资料如表 5.1 所示。

表 5.1 单位：万元

项目	年初	年末
基金资产账面价值	1 000	1 200
负债账面价值	300	320
基金资产市场价值	1 500	2 000
基金单位	500 万份	600 万份

假设公司收取首次认购费为基金净值的 5%，赎回费为基金净值的 3%。

要求：计算年初、年末基金公司净资产价值总额；基金单位净值；基金认购价；基金赎回价。

解：①年初有关指标计算如下：

基金净资产价值总额 = 1 500−300 = 1 200(元)

基金单位净值 = 1 200/500 = 2.4(元)

基金认购价 = 2.4+2.4×5% = 2.52(元)

基金赎回价 = 2.4−2.4×3% = 2.328(元)

②年末有关指标计算如下：

基金净资产价值总额 = 2 000−320 = 1 680(元)

基金单位净值 = 1 680/600 = 2.8(元)

基金认购价 = 2.8+2.8×5% = 2.94(元)

基金赎回价 = 2.8−2.8×3% = 2.716(元)

5.4.3 基金收益率

基金收益率是反映基金增值情况的指标，它通过基金净资产的价值变化来衡量。基金净资产的价值以市价计量，基金资产的市场价值增加，意味着基金的投资收益增加，基金投资者的权益也随之增加。

基金收益率的计算公式如下：

$$基金收益率 = \frac{年末持有份数 \times 年末基金单位净值 - 年初持有份数 \times 年初基金单位净值}{年初持有份数 \times 年初基金单位净值}$$

如果年初和年末基金单位持有份数是相同的，基金收益率就简化为基金单位净值在本年内的变化幅度。年初的基金单位净值相当于购买基金的本金投资，基金收益率也相当于一种简化的投资报酬率。

例 5.12 沿用例 5.11 的资料，计算 2013 年的基金投资收益率。

$$基金收益率 = \frac{600 \times 2.8 - 500 \times 2.4}{500 \times 2.4} = 40\%$$

5.4.4　基金投资的特点

基金投资起点小，投资者管理费用少，基金种类多，可选择性大，流动性强。具体说来，将资金投向投资基金的优点是：

①基金资产的运作权与所有权及托管权分离。基金投资的出资人并不直接参与实际的投资运作，而是交由基金公司的专业人士对投资方向、投资对象的选择、投资收益的取得与分配等具体事项负责，实现了两权分离的现代企业制度。

②投资基金具有专家理财优势。投资基金的管理人都是投资方面的专家，他们在投资前均进行多种研究，这能够降低风险，提高收益。

③投资基金具有资金规模优势。我国的投资基金一般拥有资金 20 亿元以上，这种资金优势可以进行充分的投资组合，能够降低风险，提高收益。

尽管进行投资基金投资有上述优点，但是该种投资也有不足的地方，表现在：

①无法获得很高的投资收益。投资基金在投资组合过程中，在降低风险的同时，也丧失了获得巨大收益的机会。

②受大盘整体影响较大。在大盘整体大幅度下降的情况下，进行基金投资也可能会损失较多，投资人承担较大风险。

能力训练

一、单项选择题

1.证券投资中，因为通货膨胀带来的风险是(　　)。

A.违约风险　B.利率风险　C.购买力风险　D.流动性风险

2.下列因素中，不会影响债券价值的是(　　)。

A.票面利率　B.市场利率　C.付息方式　D.购买价格

3.一般而言，下列证券的风险程度由大到小的顺序是(　　)。

A.政府债券、企业债券、金融债券　B.企业债券、政府债券、金融债券

C.金融债券、政府债券、企业债券　D.企业债券、金融债券、政府债券

4.以下属于证券投资非系统风险的是(　　)。

A.购买力风险　B.流动性风险　C.利率风险　D.破产风险

5.下列哪种证券能够更好地避免购买力风险(　　)。

A.国库券　B.普通股票　C.企业债券　D.优先股票

6.以下不属于债券投资特点的是(　　)。

A.购买力风险大　B.市场流动性好

C.本金安全性高　D.对企业控制程度高

7.对发行者而言，在债券名义利率相同的情况下，对其最有利的复利计息是(　　)。

A.按月　B.按季　C.按半年　D.按年

8.下列关于基金的说法不正确的是(　　)。

A.开放式基金的发行规模不受限制　　B.开放式基金通过柜台赎回
C.封闭式基金总额不固定　　D.公司型基金投资人是公司的股东

9.基金按照组织形式分为(　　)。
A.开放式基金和封闭式基金　　B.契约型基金和公司型基金
C.股票型基金和债券型基金　　D.期权型基金和期货型基金

二、多项选择题

1.股票投资的特点是(　　)。
A.流动性差　　B.求偿权居后　　C.价格不稳定　　D.拥有控制权

2.证券投资收益包括(　　)。
A.资本利得　　B.债券利息　　C.股票股利　　D.租息

3.债券投资收益率的影响因素包括(　　)。
A.债券买价　　B.债券期限　　C.债券的违约风险　　D.债券的出售价格

4.下列各项中影响债券内在价值的因素有(　　)。
A.债券计息方式　　B.债券票面利率　　C.市场利率　　D.债券持有期限

5.基金投资的特点是(　　)。
A.获得的收益高于股票投资
B.专家理财
C.规模收益
D.是一种利益共享、风险共担的集合投资方式

三、判断题

1.国库券的利率固定,并且没有违约风险,因而也没有利率风险。(　　)
2.债券价格随市场利率的变化而变化,当市场利率下降时,债券价格上升。(　　)
3.到期一次还本付息的债券只有在平价发行时,到期收益率才与票面利率一致。(　　)
4.短期债券与长期债券相比,利率风险较小,再投资风险较大。(　　)
5.契约型基金的运营依据是基金契约,其投资者是公司股东,对公司拥有控制权。(　　)
6.普通股与公司债券相比能够更好地避免购买力风险。(　　)
7.投资者可以根据证券的内在价值与当前市价的比较来决定是否进行证券投资。(　　)
8.基金净资产的价值是以账面价值来计量的。(　　)

四、计算分析题

1.某企业于2012年3月1日以920元的价格购买面值1 000元,票面利率8%,每年末付一次利息的债券,2013年3月1日以950元的价格出售。要求:计算该债券的投资收益率。

2.某债券面值1 000元,票面利率5%,每年付息一次,期限3年,当前市场利率为6%。要求:判断该债券市场价格最高为多少时可以投资。

3.某企业投资一债券,以 940 元价格在发行时购入面值为 1 000 元,票面利率为 8%,期限为 5 年,每年计付一次利息的债券,准备持有至到期。要求:计算该债券的投资收益率。

4.甲企业计划利用一笔长期资金投资于股票。现有 A 公司股票和 B 公司股票可供选择。已知 A 公司上年税后利润 4 500 万元,上年现金股利发放率为 20%,普通股股数为6 000 万股。A 公司股票现行市价为每股 7 元,预计以后每年股利以 6%的增长率增长。B 公司股票现行市价为每股 9 元,上年每股股利为 0.6 元,股利分配政策将坚持固定股利政策。甲企业要求的必要报酬率为 8%。要求:

①计算 A 公司股票上年每股股利。

②利用股票估价模型,分别计算 A、B 公司股票价值,并为甲企业作出股票投资决策。

③若甲企业购买 A 公司股票,每股价格为 6.5 元,持有一年后卖出,预计每股价格为 7.3 元,同时每股可获得现金股利 0.5 年。要求计算 A 公司股票的投资收益率。

5.某公司股票上年支付的股利为 1.8 元,投资人要求的必要报酬率为 9%。要求计算:

①股利零增长,其永久投资价值是多少?

②股利固定增长率为 4%,其永久投资价值是多少?

③在未来三年内股利年增长率为 10%,从第四年起降为固定增长率为 4%,其永久投资价值是多少?

6.2012 年 4 月 1 日某公司准备进行证券投资,要求的必要报酬率为 10%,备选方案如下:①按照 95 元的价格购买甲公司于 2012 年 1 月 1 日发行的债券,面值为 100 元,票面利率为 8%,期限 5 年,每年年末支付一次利息,到期还本。②购买并长期持有乙公司的股票。乙公司预计未来两年每股股利与当前一致为 0.1 元,预计从第 3 年起逐年增长,增长率为 2%,乙公司股票目前市价为 1.5 元。要求:

①计算乙公司股票的内在价值,并为某公司是否投资作出决策。

②假定该公司购买甲公司债券后于 2013 年 2 月 1 日以 98 元的价格出售,计算该公司投资于该债券的持有期年均收益率。

第 6 章　营运资金管理

本章导航

营运资金管理概述	一、营运资金的含义	理解营运资金的含义
	二、营运资金的特点	了解流动资产、流动负债的特点
	三、营运资金的主要内容	了解营运资金的主要内容
现金管理	一、现金收支计划的编制	了解现金收支法、调整净收益法
	二、最佳现金持有量的确定	掌握现金相关成本、掌握成本分析法、存货模式、现金周转模式
	三、现金收支管理	了解现金收支管理的方法
应收账款管理	一、应收账款的成本	掌握机会成本、坏账成本的计算，理解管理成本
	二、信用政策	理解信用标准，掌握信用条件、收账政策的决策
	三、应收账款的日常管理	了解应收账款的日常管理
存货管理	一、存货的功能和成本	理解存货的功能，掌握存货的成本
	二、存货资金定额的核定	掌握周转期法
	三、存货决策	掌握存货经济进货批量的基本模型和存在数量折扣模型，理解订货点
	四、存货的日常管理	掌握存货储存期控制，了解存货归口分级控制、存货 ABC 分类控制

6.1　营运资金管理概述

6.1.1　营运资金的含义

营运资金是指流动资产减去流动负债的差额。

1）流动资产

流动资产指在一年以内或超过一年的一个营业周期内变现或运用的资产，主要包括现金、短期投资、应收及预付账款、存货等。

2）流动负债

流动负债指在一年内或超过一年的一个营业周期内到期的负债，主要有短期借款、应付及预收货款、应付票据、应付短期融资券、应付税金、应付股利及其他应付款、预付费用等。

如果营运资金大，意味着企业总体资产的变现能力强，则风险较小，但低风险意味着低报酬；相反，如果营运资金小，说明企业总体资产的变现能力差，则风险较大，但高风险意味着高报酬。企业的营运资金越大，风险越小，但收益率也越低；相反，营运资金越小，风险越大，但收益率也越高。企业需要在风险和收益率之间进行权衡，从而将营运资金的数量控制在一定的范围之内。

流动负债的管理在第 3 章已经作了相关的介绍，本章主要侧重于流动资产管理。

6.1.2 营运资金的特点

1）流动资产的特点

（1）投资回收期短

投资于流动资产的资金一般在一年或长于一年的一个营业周期内收回，对企业影响的时间比较短。

（2）流动性强

流动资产相对于固定资产等长期资产来说比较容易变现，这对于财务上满足临时性资金需求具有重要意义。

（3）并存性

流动资产在循环周转过程中，各种不同形态的流动资产在空间上同时并存，在时间上依次继起。

（4）波动性

流动资产易受企业内外部环境的影响，其资金占用量的波动性很大，财务人员应有效地预测和控制这种波动，以防止其影响企业正常的生产经营活动。

2）流动负债的特点

（1）速度快

申请短期借款往往比申请长期借款更容易、更便捷，通常在较短时间内便可获得。

（2）弹性大

与长期债务相比，短期借款给债务人更大的灵活性。

（3）成本低

正常情况下，短期债务利息低于长期借款利息。

（4）风险大

正常情况下，短期债务风险高于长期借款风险。

6.1.3 营运资金管理的主要内容

1)现金管理

现金管理的目的是在保证企业生产经营所需现金的同时,节约使用资金,并从暂时闲置的现金中获得最多的利息收入。持有足够的现金不仅能增强企业资产的流动性,还能应付意外事件对现金的需求,从而降低企业的财务风险。加强现金管理是企业流动资产管理中的一项最重要的内容。

2)应收账款管理

企业存在应收账款,一方面可以提高企业的竞争能力,扩大销售,减少存货;另一方面,应收账款的各种成本的增加又不可避免。因此,制定合理的信用政策,权衡应收账款的收益与风险,比较不同方案下的成本与收益,追求应收账款管理效益最大化。

3)存货管理

存货是流动资产的重要组成部分。存货控制和管理效率的高低,直接影响到企业资产的流动性和生产经营过程的连续性。存货管理的目的在于控制存货投资水平,降低存货成本,加速存货周转率。

6.2 现金管理

现金是企业在生产经营过程中处于现金形态的那部分资金,它可立即作为支付手段并被普遍接受,因而最具有流动性。广义的现金主要是由库存现金、银行存款和其他现金构成,具有流动性强、变现速度快的特点。现金管理的目的是在保证企业生产经营所需现金的同时,节约使用资金,并从暂时闲置的资金中获得最多的利息收入。持有足够的现金不仅能增强企业资产的流动性,还能应付意外事件对现金的需求,从而降低企业的财务风险。加强现金管理是企业流动资产管理中的一项最重要的内容。现金管理的内容主要包括:

①编制现金收支计划,以便合理估计未来的现金需求;

②用特定的方法确定现金最佳持有量;

③对日常的现金收支进行控制,力求加速收款,延缓付款。

6.2.1 现金收支计划的编制

现金收支计划是预计未来一定时期企业现金收支状况,并进行现金平衡的计划,是企业财务管理的一个重要工具。做好现金收支计划,有利于企业在现金支出发生前,有计划可循,避免盲目性,便于确定筹资的时间和数额,避免不必要的资金闲置,节省筹资成本。现金收支计划的编制方法很多,我们介绍两种方法:现金收支法和调整净收益法。

1)现金收支法

现金收支法就是将计划期内可能发生的一切现金收支项目分类列入表格,以确定收支差异,采取恰当的财务对策。具有直观、简便的特点,便于进行现金收支计划的控制和评价。

现金预算表主要由现金收入、现金支出、现金余缺及处理等项目构成。其具体格式见表6.1。

表6.1 A公司现金收支预算表

2014年第一季度　　　　单位:元

项目 \ 月份	1月份	2月份	3月份	合计
期初现金余额				
销货现金收入:				
现销收入				
收回应收账款				
其他现金收入				
可供支配现金合计				
经营性现金支出:				
材料采购支出				
工资支出				
管理费用支出				
财务费用支出				
销售费用支出				
其他现金支出				
现金支出合计				
现金收入减现金支出				
现金余缺的处理:				
向银行借款				
发行债券				
发行股票				
短期有价证券投资				
出售短期有价证券				
期末现金余额				

(1)现金收入

现金收入包括期初现金余额和预算期内现金流入额,即预算期内可动用的现金总额。预算期内现金收入的主要来源是销售收入、结算资产的收回、营业外收入、投资收益及现金性资本、负债的增加。在各项现金收入来源中,销售收入的预测较为困难,是现金预算的重点。

(2)现金支出

现金支出包括预算期内可能发生的全部现金支出,如支付购货款、增加固定资产投资、购买有价证券、支付人工工资及付现性制造费用与管理费用、解缴税款、派发现金股利、清偿债务本息等。

(3)现金余缺及处理

不考虑筹资增加的资金,企业预算期内可供支配的现金由两部分构成:期初现金余额和本期现金收入。而这些可供支配的现金除要满足正常的现金支付外,期末还应保留一个合理的现金余额,即最佳现金持有量,以供下期生产经营之用。因此,现金余额可用下列公式表示:

现金余额 = 期初现金余额 + 本期现金收入 - 本期现金支出 - 最佳现金持有量

当以上结果大于零时,表明企业当期现金多余,为提高企业的资金利用效率,可偿还部分债务,或进行短期投资;当以上结果小于零时,表明企业当期现金不足,可通过出售手头上的短期证券,或尽早安排适当的筹资方式,如发行股票、债券,或向银行借款来补充现金,筹资方式可视企业具体情况而定。

2)调整净收益法

调整净收益法是将权责发生制下的净收益调整成收付实现制下的净收益,并以此为基础编制现金预算的一种方法。该方法首先要求编制企业预算期内的预计资产负债表和预计损益表,以预算期的会计利润为出发点,结合影响损益和现金收支的有关会计事项,逐项调整,计算出预算期的现金余额。其基本格式如表6.2所示。

与现金收支法相比,调整净收益法的优点是能有效地将企业获利能力与现金流量结合起来,能有效地揭示企业收益与现金流量失衡的原因,有利于加强管理;调整净收益法的缺点是无法直观地反映现金余额的增减与各营业收支项目的关系,如产品销售、材料采购、资本性支出等对当期现金的影响无法反映出来。由于调整净收益法的编制程序较为复杂,企业较少使用,企业比较习惯使用现金收支法。

表6.2　A公司现金预算表

2014年第一季度　　　　单位:元

项目　　　　月份	1月份	2月份	3月份
1.权责发生制下的预算期税前利润 加:提取的折旧额 　提取的坏账准备 　现金回收超过销售额的差额 减:销售额超过现金回收的差额			
2.现金收付基础下的预算期税前利润 减:预算期内支付的所得税			
3.现金收付基础下的预算期净利润 加:预算期内与收益无关的现金收入 存货减少额 出售有价证券 出售固定资产 减:预算期内与收益无关的现金支出 存货增加额 应付账款减少额 偿还债务 购进固定资产 购买有价证券 发放现金股利			

续表

项　目 \ 月　份	1月份	2月份	3月份
4.预算期内现金流量的增减额 加:预算期期初现金余额 减:预算期期末现金余额			
5.预算期现金余缺数额			
6.现金余缺的财务安排: 向银行借款 发行债券 发行股票 短期有价证券投资 出售短期有价证券			

6.2.2 最佳现金持有量的确定

现金作为企业流动性最强的资产,保持一定量的现金有利于维持企业的支付能力,降低企业的风险水平;但是现金又是非营利性资产,库存现金没有任何盈利能力,银行存款的收益率也远远低于企业资金报酬率,现金余额过大会让企业承担较大的机会成本。因此,考虑到风险与报酬,就必然涉及最佳现金持有量的决策问题。常见的现金持有量决策模式有以下几种:

1)成本分析模式

成本分析模式是根据现金有关成本,分析预测其总成本最低时现金持有量的一种方法。现金的成本一般由以下三个部分组成:

(1)持有成本

持有成本,是指企业因保留一定的现金余额而增加的管理费用及丧失的再投资收益。其中,前者主要是由于对该项现金余额进行管理而增加的费用支出,如管理人员的工资与必要的安全措施费用等。这部分费用具有固定成本性质,它在一定的范围内与现金持有量关系不大。后者是由于企业不能同时用该现金进行有价证券投资所产生的机会成本,它是变动成本,它与现金持有量的额度密切相关,即现金持有量越大,机会成本就越高,反之就越小。因此,它属于决策的相关成本。机会成本=现金持有量×有价证券利率(或报酬率)。

(2)转换成本

转换成本,是指企业买卖有价证券时付出的交易费用,如委托买卖佣金、委托手续费、证券过户费、实物交割手续费等。转换成本之中有的具有变动成本性质,如委托佣金或手续费,它们一般是按照委托成交金额计算的。在证券总额一定的情况下,无论变现次数多少,所需支付的委托佣金总额是相同的。因此,它们属于决策的无关成本。这样,决策的相关成本只包括转换成本中的固定性转换成本。所以,通常在计算现金最佳持有量的转换成本时我们仅考虑其中的固定性转换成本。转换成本与证券变现次数呈线性关系,与现金最佳持有量成反比关系。固定性转换成本=证券变现次数×每次的转换成本。

(3)短缺成本

短缺成本,是指企业因缺乏必要的现金,无法应付日常支付可能蒙受的损失。企业的现金短缺成本经常发生,如因缺乏现金无法及时购买原材料,造成生产中断的停工损失;企业缺乏现金不能按期偿还债务造成的信用损失;企业缺乏现金无法在折扣期内支付货款而丧失的现金折扣好处等。现金的短缺成本随现金持有量的增加而减少,随现金持有量的减少而增加。

成本分析模式只考虑持有一定量的现金而产生的持有成本(包括机会成本与管理费用)及短缺成本,而不考虑转换成本。相关成本与现金持有量之间的关系如图6.1所示。

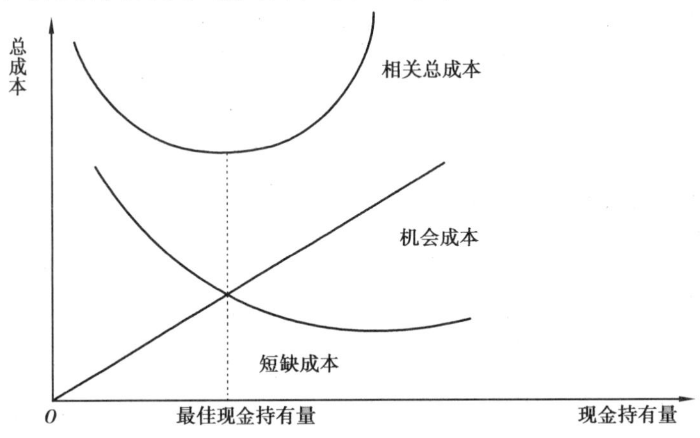

图6.1 现金持有量与成本关系

从图6.1可以看出,最佳现金持有量是总成本最低时的现金持有量。

例6.1 某公司现有甲、乙、丙三种现金持有方案,相关资料如表6.3所示。

表6.3 现金持有量备选方案 单位:元

项目	甲方案	乙方案	丙方案
现金平均持有量	50 000	60 000	70 000
机会成本率/%	9	9	9
管理费用	2 200	2 200	2 200
短缺成本	3 400	2 400	900

根据表6.3编制公司最佳现金持有量测算表6.4。

表6.4 公司最佳现金持有量测算 单位:元

方案	现金持有量	机会成本	管理费用	短缺成本	总成本
甲	50 000	4 500	2 200	3 400	10 100
乙	60 000	5 400	2 200	2 400	10 000
丙	70 000	6 300	2 200	900	9 400

通过比较可知,丙方案的总成本最低,因此,70 000元即为最佳现金持有量。

2)存货模式

存货模式又称鲍莫尔模式,它是由美国经济学家 William · J.Baumol 首先提出的,他认为公司现金持有量在许多方面与存货相似,存货经济订货批量模型可以用于确定目标现金持有量。存货模式的着眼点也是现金相关总成本最低。在这些成本中,管理费用因其相对稳定,同现金持有量的多少关系不大,因此在存货模式中将其视为决策无关成本而不予考虑。现金的短缺成本存在很大的不确定性和无法计量性,也不予考虑。在存货模式中,只对机会成本和固定性转换成本予以考虑。能够使现金管理的机会成本与固定性转换成本之和保持最低的现金持有量,即为最佳现金持有量。

设 A 为预算期内现金(现金)需要总量,Q 为最佳现金持有量,R 为有价证券利率或报酬率,F 为平均每次证券变现的固定费用,即转换成本,TC 为现金管理总成本,则:

现金管理总成本 = 持有机会成本 + 固定性转换成本

最低现金管理总成本、持有机会成本和固定性转换成本的关系如图 6.2 所示。

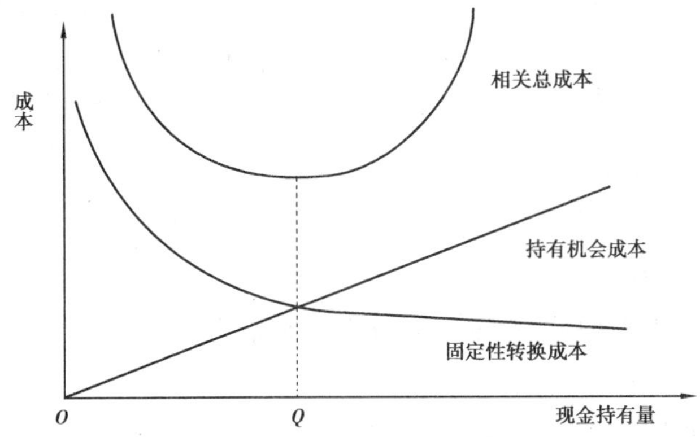

图 6.2 现金持有量与相关成本关系图

用公式表示为:

$$TC = \frac{Q}{2}R + \frac{A}{Q}F$$

通过求导,可以确定出最佳现金持有量及最低现金(现金)管理总成本。

$$TC' = \left(\frac{QR}{2} + \frac{AF}{Q}\right)' = \frac{R}{2} - \frac{AF}{Q^2}$$

令 $TC' = 0$,得:

最佳现金持有量

$$Q = \sqrt{\frac{2AF}{R}}$$

证券变现次数为

$$\frac{A}{Q}$$

最低现金管理总成本

$$TC = \sqrt{2AFR}$$

例 6.2 某企业预计全年需要现金 600 000 元,现金与有价证券的转换成本每次为 100

元,有价证券的利息率为 30%,则:

最佳现金持有量

$$Q=\sqrt{\frac{2AF}{R}}=\sqrt{\frac{2\times 600\ 000\times 100}{30\%}}=20\ 000(\text{元})$$

最低现金管理总成本

$$TC=\sqrt{2AFR}=\sqrt{2\times 600\ 000\times 100\times 30\%}=6\ 000(\text{元})$$

证券变现次数为

$$\frac{A}{Q}=\frac{600\ 000}{20\ 000}=30(\text{次})$$

3)现金周转模式

现金周转模式是根据现金周转速度来确定企业最佳现金持有量的一种方法。当企业一定时期的现金需求总量一定的情况下,现金平均余额的大小将取决于现金本身的周转期的长短,周转期越长,现金持有量越大;周转期越短,现金持有量越小。现金周转期是指自现金投入生产开始到最终又以现金形式回归所需的时间长短。现金周转期取决于以下三个因素:

(1)存货周转期

存货周转期,是指将原材料转化成产成品并出售所需要的时间。

(2)应收账款周转期

应收账款周转期,是指将应收账款转换为现金所需要的时间,即从产品销售到收回现金的时间。

(3)应付账款周转期

应付账款周转期,是指从收到尚未付款的材料开始到现金支出之间所用的时间。

现金周转期可用以下公式计算:

$$\text{现金周转期}=\text{存货周转期}+\text{应收账款周转期}-\text{应付账款周转期}$$

现金周转期确定后就可以确定现金最佳持有量,其计算公式如下:

$$\text{最佳现金持有量}=\text{日平均现金需要量}\times\text{现金周转期}$$

$$\text{日平均现金需要量}=\text{年现金需要量}/360$$

例 6.3 某企业预计全年需要现金 720 万元,存货周转期为 90 天,应收账款周转期为 40 天,应付账款周转期为 30 天。则有:

$$\text{现金周转期}=90+40-30=100(\text{天})$$

$$\text{最佳现金持有量}=\frac{720}{360}\times 100=200(\text{万元})$$

现金周转模式简便易行,但是该模式假设企业在采购、生产和销售各环节的现金流量是相等的,否则计算口径不同就无法按上述公式计算现金周转期,而现实情况与此假设有较大的偏差,从而影响了最佳现金持有量的合理性。

6.2.3 现金收支管理

现金收支管理的目的在于提高现金使用效率,为达到这一目的,应当注意做好以下几方面工作：

①力争现金流量同步。如果企业能尽量使它的现金流入与现金流出发生的时间趋于一致，就可以使其所持有的交易性现金余额降到最低水平。这就是所谓现金流量同步。

②使用现金浮游量。从企业开出支票，收票人收到支票并存入银行，至银行将款项划出企业账户，中间需要一段时间。现金在这段时间的占用称为现金浮游量。在这段时间里，尽管企业已开出了支票，却仍可动用在活期存款账户上的这笔资金。不过，在使用现金浮游量时，一定要控制好使用时间，否则会发生银行存款的透支。

③加速收款。这主要指缩短应收账款的时间。发生应收款会增加企业资金的占用；但它又是必要的，因为它可以扩大销售规模，增加销售收入。问题在于如何既利用应收款吸引顾客，又缩短收款时间。这要在两者之间找到适当的平衡点，并需实施妥善的收账策略。

④推迟应付款的支付。推迟应付款的支付，是指企业在不影响自己信誉的前提下，尽可能地推迟应付款的支付期，充分运用供货提供的信用优惠。如遇企业急需现金，甚至可以放弃折扣优惠，在信用期的最后一天支付款项。当然这要权衡折扣优惠与急需现金之间的利弊得失而定。

6.3 应收账款管理

应收账款，是指企业因销售产品或提供劳务等业务，应向购货单位或接受劳务单位收取的款项，是企业流动资产投资的重要组成部分。随着市场经济的发展，商业信用的推行，企业应收账款数额明显增多，应收账款管理已成为流动资产管理中一个重要的问题。企业进行应收账款投资，一方面可以提高企业的竞争能力，扩大销售，减少存货；另一方面，应收账款的各种成本的增加又不可避免。因此，制定合理的信用政策，权衡应收账款的收益与风险，比较不同方案下的成本与收益，追求应收账款管理效益最大化，就成为应收账款的管理目标。

6.3.1 应收账款的成本

应收账款的成本是企业在采用赊销方式促进销售时，因持有应收账款而付出的代价。其内容包括以下几个方面：

(1)机会成本

应收账款的机会成本，是指因资金投放在应收账款上而丧失的其他投资收益，如投资于有价证券就会有利息收入。这一成本的大小通常与企业维持赊销业务所需要的资金数量(应收账款占用的资金)、资金成本率有关。其计算公式为：

$$应收账款的机会成本 = 维持赊销业务所需要的资金 \times 资金成本率$$

上式中资金成本率一般按有价证券利息率或者投资报酬率计算，维持赊销业务所需要的资金数量可以按以下方法计算：

①计算应收账款平均余额。

应收账款平均余额 = 年赊销额 /360 × 平均收账天数

在年赊销额不易取得时，通常用年销售收入指标代替。

②计算维持赊销业务所需要的资金。

维持赊销业务所需要的资金 = 应收账款平均余额 × 变动成本率

在上述分析中，假设企业的单位变动成本和固定成本总额不变，随着赊销业务的扩大，只有变动成本随之上升。

例 6.4 某企业预计年销售收入净额为 450 万元，应收账款的平均收账天数为 60 天，产品变动成本率为 70%，同期市场有价证券利率为 10%，则应收账款的机会成本计算如下：

应收账款平均余额 = 450/360 × 60 = 75（万元）

维持赊销业务所需要的资金 = 75 × 70% = 52.5（万元）

应收账款的机会成本 = 52.5 × 10% = 5.25（万元）

（2）坏账成本

应收账款的坏账成本，是指企业因应收账款无法收回而发生的损失。应收账款基于商业信用而产生，存在无法收回的可能性，应收账款发生坏账的可能性一方面与特定的客户的资信状况和经济实力密不可分，另一方面与收账期的长短有关。一般地，收账期越长，应收账款发生坏账的可能性越大；收账期越短，应收账款发生坏账的可能性越小。其计算公式为：

坏账成本 = 赊销收入 × 预计坏账损失率

（3）管理成本

应收账款的管理成本，是指对应收账款进行日常管理而发生的各种费用。主要包括了解客户资信状况的信用调查费用、应收账款的收账费用等。管理成本的高低往往会影响到坏账的水平，即企业的管理水平越高，投入的管理费用就越多，则发生的可能性就会相应地降低。

6.3.2 信用政策

信用政策就是应收账款的管理政策，是指企业为对应收账款投资进行规划与控制而确立的基本原则与行为规范，包括信用标准、信用条件和收账政策三部分的内容。

1）信用标准

信用标准是客户获得企业商业信用所应具备的最低条件，通常以预期的坏账损失率表示。企业为减少坏账损失，按时收回货款，往往只对资信状况符合企业要求的客户予以赊销。如果客户的财务状况不符合企业的信用标准，企业会采用更为苛刻的销售条件，如现销或办理购货抵押等。如果企业信用标准过于苛刻，无疑会降低信用成本，但同时企业的销售额也会大受影响。因此，在制订信用标准时，要权衡成本与收益，作出科学的选择。

（1）影响信用标准的因素

企业在信用标准的确定上，面临着两难的选择。这也是风险、收益、成本的对称性关系在企业信用标准制订方面的客观反映。因此，必须对影响信用标准的因素进行定性分析。

企业在制订或选择信用标准时，应考虑以下三个因素：

其一，同行业竞争对手的情况。面对竞争对手，企业首先要考虑如何在竞争中处于优势地位，保持并不断扩大市场占有率。如果竞争对手的实力很强，就需要采取相对低于竞争对手的信用标准；相反，其信用标准就可以制订得严格一些。

其二，企业承担违约风险的能力。企业承担违约风险的能力强弱，对企业信用标准的选择也有着重要的影响。当企业具有较强的违约风险承担能力时，就可以以较低的信用标准提高竞争力，争取客户，扩大销售；相反，如果企业承担违约风险损失的能力比较弱时，就只能以稳健的策略，即选择严格的信用标准以尽可能降低违约风险的程度。

其三，客户的资信程度。企业在制订信用标准时，必须对客户的资信程度进行调查、分析，然后在此基础上判断客户的信用等级并决定是否给客户信用优惠。客户资信程度的高低通常决定于五个方面，即客户的信用品质（character）、偿付能力（capacity）、资本（capital）、抵押品（collateral）、经济状况（conditions），简称为"（5C）"系统。

①信用品质。信用品质代表客户履约或赖账的可能性，是决定是否给予客户信用的首要因素，它主要通过了解客户以往的付款履约记录进行评价。

②偿付能力。客户偿付能力的高低，取决于资产，特别是流动资产的数量、质量（变现能力）及其与流动负债的结构关系。企业流动资产的数量越多，流动比率越大，偿付债务的可能性就越大；反之，则存在着无法偿债的可能性。对客户偿付能力的判断，还需要注意对资产质量，即变现能力及负债的流动性进行分析。资产的变现能力越大，企业的偿付能力也就越强；负债的流动性越大，企业的偿债能力就越小。

③资本。资本反映了客户的经济实力与财务状况的优劣，是客户偿付债务的最终保证。

④抵押品。抵押品是客户提供的可以作为资信安全保证的资产。能够作为信用担保的抵押财产，必须为客户实际所有，并且具有较高的市场变现能力。这对于相互不知底细或向信用状况存有争议的客户提供信用的企业尤为重要。在这种情况下，只要客户能够提供足够的高质量的抵押财产（最好经过投保），也是可以向他们提供相应的商业信用的。

⑤经济状况。经济状况是指不利经济环境对客户偿付能力的影响及客户是否具有较强的应变能力。

上述各种信息资料主要通过下列渠道取得：商业代理机构或资信调查机构提供的客户信息资料及信用等级标准资料；委托往来银行向与客户有关联业务的银行索取信用资料；与同一客户有信用关系的其他企业相互交换该客户的信用资料；客户的财务报告资料；企业自身的经验与其他可取得的资料等。

（2）信用分析

收集到有关客户的信用信息之后，企业必须对申请信用的客户进行信用分析。信用分析的方法有定性分析和定量分析，我们在这里介绍信用评分制度。信用评分制度是确定客户资信状况的一种定量方法，是对客户的各项信用特征进行数量化的打分，据此确定是否给予申请者信用的一种信用分析方法。企业的信用分析一般按下列步骤进行：

①设立信用等级的评价标准。商业信用是一种短期筹资行为，企业最关注信用申请人资产的流动性和按时付款的能力。因此，流动比率、速动比率、应收账款周转率、存货周转率

等就受到重视。另外,客户的品德、财务实力等因素也不容忽视,可按赊购款履约情况、权益比率及盈利能力比率等指标来衡量。各信用指标的量化标准可结合行业水平和企业的信用管理要求来确定,如表 6.5 所示。

表 6.5 甲公司信用标准

信用指标	信用标准	
	信用好	信用差
流动比率	2.3	1.4
速动比率	1.2	0.8
现金比率	0.5	0.3
产权比率	1.4	2
利息保障倍数	4	2.5
应收账款周转率(次)	8	6
存货周转率(次)	6	4
总资产报酬率	25%	10%
营运资金对负债比率	1.2	0.8
赊购支付情况	及时	拖欠

②确定客户的信用风险。利用既有或潜在客户的财务报表数据,计算各自的指标值,并与上述标准比较。比较的方法是:若某客户的某项指标值等于或低于差的信用标准,则该客户的拒付风险系数增加 10%;若某客户的某项指标值介于好和差的信用标准之间,则该客户的拒付风险系数增加 5%;若某客户的某项指标值等于或高于好的信用标准,则视该客户无拒付风险系数。最后,将客户的各项指标的拒付风险系数累加,即作为该客户的信用风险系数。乙公司为甲公司的客户,甲公司对其信用风险的测算如表 6.6 所示。

表 6.6 乙公司信用风险测算表

信用指标	实际值	信用风险系数
流动比率	2.7	0
速动比率	1.5	0
现金比率	0.4	5%
产权比率	1.3	0
利息保障倍数	7	0
应收账款周转率(次)	9.5	0
存货周转率(次)	5.5	5%
总资产报酬率	28%	0
营运资金对负债比率	1	5%
赊购支付情况	及时	0
信用风险系数累计		15%

③确定客户的信用等级。企业根据以上计算的信用风险系数的大小进行风险排序,确定各客户的信用级别,如累计拒付风险系数在5%内的为A级客户,拒付风险系数在5%与10%之间的为B级客户等。对于不同信用等级的客户,分别采取不同的信用对策,包括拒绝或接受客户信用订单,给予不同的信用优惠条件或附加某些限制条款等。

2)信用条件

信用条件是企业接受客户信用订单时所提出的付款要求。一旦某客户符合企业的信用标准而成为信用客户时,就会面临信用条件的选择。信用条件主要包括信用期限、折扣期限、现金折扣率等。

(1)信用期限

信用期限是企业要求客户付款的最长期限,只要客户在此期限内能够付清账款,便认为该客户没有违约。信用期限越长,表明客户享受的信用条件越加优越。因为客户在较长的时间内可以无偿地占用企业的应收账款,既节约了客户的融资成本,又可能获得一定的投资收益,因此,对客户具有较大的吸引力。但对企业而言,延长信用期限,尽管有利于销售收入的扩大,但同时也意味着企业应收账款投资及相应的机会成本、管理成本的增加,并且还可能加剧企业的坏账风险。所以,企业是否给客户延长信用期限,应当联系延长信用期限增加的边际收入与增加的边际成本的对称关系而定。从理论上,如果延长信用期限增加的边际收入大于相应增加的边际成本,就可以延长信用期限,直到增加赊销的边际收入等于由此而产生的边际成本为止。否则,宜缩短信用期限。

(2)现金折扣和折扣期限。

延长信用期限会增加应收账款占用的时间。许多企业为了加速资金周转,及时收回货款、减少坏账损失,往往在延长信用期限的同时,采用一定的优惠措施。即在规定的时间内提前偿付货款的客户可按销售收入的一定比率享受折扣。如“2/10,n/45”表示赊销期限为45天,若客户在10天内付款,则可享受2%的折扣。现金折扣实际上是对现金收入的扣减,企业决定是否提供以及提供多大程度的现金折扣,着重考虑的是提供折扣后所得的收益是否大于现金折扣的成本。

企业究竟应当核定多长的现金折扣期限以及给予客户多少现金折扣优惠,必须与信用期限及加速收款所得到的收益与付出的现金折扣成本结合起来考查。因为同延长信用期限一样,采用现金折扣方式在有利于刺激销售的同时,也需要付出一定的成本代价,即给予客户现金折扣造成的价格损失。如果加速收款带来的机会收益能够绰绰有余地补偿现金折扣成本,企业就可以采取现金折扣或进一步改变当前的折扣方针。否则就不应采取现金折扣优惠,以继续维持当前的折扣方针为宜。

除上面表述的信用条件外,企业还可以根据需要,采取阶段性的现金折扣期与不同的现金折扣率。如“3/10,2/20,1/30,n/60”等。意思是:在60天的信用期内,客户若能在开票后的10日内付款,可以得到3%的现金折扣,超过10日而能在20日内付款时,也可以得到2%的现金折扣,超过20天但若能在30天内付款时,仍可获得1%的现金折扣。一旦超过30天,便只能按账面金额付清款项。

在此,需要说明的是,容易与现金折扣相混淆的概念是商业折扣。商业折扣也叫价格折扣,是企业为了鼓励客户多买而给予的价格优惠,每次购买的数额越多,价格也就越是便宜。在这种情况下,销售企业的销售收入是按商业折扣后的价格计算的,因此不存在调整销售收入的问题。而现金折扣的主要目的则是为了刺激客户尽快付款,因此,当客户接受了现金折扣优惠时,就会使企业原来计算的销售收入额相对调减,即企业销售收入净额等于账面销售收入剔除现金折扣额。

例 6.5 某企业预测的 2012 年度赊销额为 2 400 万元,其信用条件是:n/30,变动成本率为 65%,资金成本率(或有价证券利息率)为 20%。假设企业收账政策不变,固定成本总额不变。该企业准备了三个信用条件的备选方案:A.维持 n/30 的信用条件;B.将信用条件放宽到 n/60;C.将信用条件放宽到 n/90。为各种备选方案估计的赊销水平、坏账百分比和收账费用等有关数据见表 6.7。

表 6.7 信用条件备选方案表

项目 \ 方案	A	B	C
年赊销额	2 400	2 640	2 800
应收账款平均收账天数	30	60	90
应收账款平均余额	200	440	700
维持赊销业务所需资金	130	286	455
坏账损失率(坏账损失/年赊销额)	2%	3%	5%
坏账损失	48	79.2	140
收账费用	24	40	56

其中:应收账款平均余额=年赊销额/360×信用期

维持赊销业务所需资金=应收账款平均余额×变动成本率

根据以上资料,可计算如表 6.8 所示的指标。

表 6.8 信用条件分析评价表

项目	A	B	C
年赊销额	2 400	2 640	2 800
变动成本	1 560	1 716	1 820
信用成本前收益	840	924	980
信用成本:			
机会成本	26	57.2	91
坏账损失	48	79.2	140
收账费用	24	40	56
合计	98	176.4	287
信用成本后收益	742	747.6	693

根据表 6.8 可知，应选择方案 B。

例 6.6 仍按上例，如果企业选择了 B 方案，但为了加速应收账款的回收，决定将赊销条件改为“2/10，1/20，n/60”（D 方案），估计约有 60%的客户（按赊销额计算）会利用 2%的折扣，15%的客户将利用 1%的折扣。坏账损失率降为 2%，收账费用降为 30 万元。根据上述资料，有关指标可计算如下：

$$应收账款平均收账天数 = 60\% \times 10 + 15\% \times 20 + (1 - 60\% - 15\%) \times 60 = 24(天)$$

$$应收账款平均余额 = \frac{2\ 640}{360} \times 24 = 176(万元)$$

$$维持赊销业务所需资金 = 176 \times 65\% = 114.4(万元)$$

$$应收账款机会成本 = 114.4 \times 20\% = 22.28(万元)$$

$$坏账损失 = 2\ 640 \times 2\% = 52.8(万元)$$

$$现金折扣 = 2\ 640 \times (2\% \times 60\% + 1\% \times 15\%) = 35.64(万元)$$

根据以上资料可编制表 6.9。

表 6.9 单位：万元

项　目	B	D
年赊销额	2 640.00	2 640.00
减：现金折扣	0.00	35.64
年赊销净额	2 640.00	2 604.36
变动成本	1 716.00	1 716.00
赊销条件改变前收益	924.00	888.36
信用成本：		
机会成本	57.20	22.88
坏账损失	79.20	52.80
收账费用	40.00	30.00
合计	176.40	105.68
赊销条件改变后收益	747.60	782.68

计算结果表明，实行现金折扣以后，企业的收益增加 35.08 万元（782.68−747.60），因此，企业最终应选择方案“2/10，1/20，n/60”（D 方案）作为最佳方案。

3）收账政策

收账政策也叫收账方针，是指当客户违反信用条件，拖欠甚至拒付账款时企业所采取的收账策略与措施。企业在向客户提供商业信用时，必须考虑三个因素：一是客户是否会拖欠或拒付账款，程度如何；二是怎样最大限度地防止客户拖欠账款；三是一旦遭到拖欠甚至拒付时，企业应采取怎样的对策。前两个问题主要靠信用调查和严格信用审批制度；后一个问题则必须通过制定完善的收账方针，采取有效的收账措施予以解决。

为了保障应收账款的安全回收，协调与客户的关系，企业要谨慎制定收账政策，如果政策过严，催收过急，可能会得罪那些无恶意拖欠的客户，而失去后续订单，影响产品销售和利润水平；但收账政策过于宽松，可能会放任部分恶意拖欠货款的客户，而且收款期的延长也会增加企业的信用成本。企业对逾期应收账款的收账程序多种多样，主要包括邮寄信函、电话催问、上门收款和法律诉讼等，这些收账方式的选择有一定的层次性，是一个循序渐进的过程。一般来说，企业应为客户设置一个允许拖欠的期限，当客户超过此期限时，首先向对方发出信函，有礼貌的提醒对方交款日已过。有时也可以在付款日前几日致函对方，提醒对方交款期将至；如果交款期已过，而客户又没有回函表示意见，企业有必要电话催收或积极的派人上门索款，如果客户确因资金周转紧张而不能立即付款时，双方可共同商讨具体付款办法；如果以上各收款程序均无效果，企业才可考虑法律诉讼，因为企业解决与客户账款纠纷的目的，不是争论谁是谁非，而是在于怎样最有成效的将账款收回。法律诉讼对双方都会造成损失，非必要时企业可以考虑尽量避免。

一般而言，企业的收账政策越积极，发生在收账程序上的费用越高，坏账损失就越少。但这两者之间的关系并非线性关系，初始的收账支出可能只会减少较少的坏账损失，进一步增加收账费用将对抑制坏账损失产生明显效果，但到一定程度后，追加收账费用便不能带来坏账损失的直接减少，此时，应停止增加收账费用。图 6.3 显示了收账费用与坏账损失的依存关系。

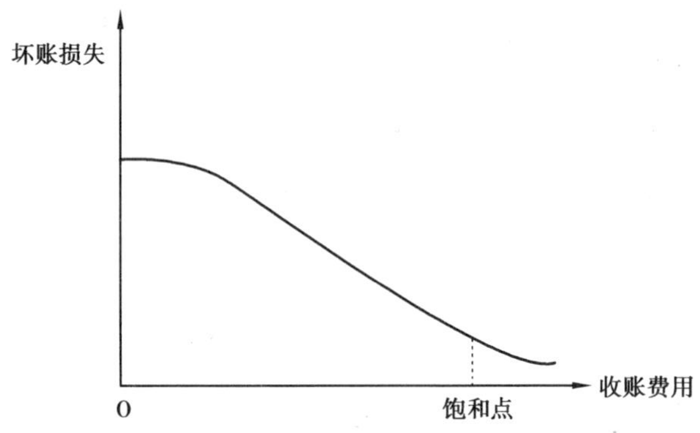

图 6.3 坏账损失与收账费用的关系

例 6.7 假设某企业的应收账款原有的收账政策和拟改变的收账政策如表 6.10 和表 6.11所示资料，假设资金成本率为 20%，试作出决策。

表 6.10 收账政策备选方案资料

项目	现行收账政策	拟改变的收账政策
年收账费用/万元	6	10
平均收账天数/天	60	30
坏账损失占赊销额的百分比/%	3	2
赊销额/万元	480	480
变动成本率/%	60	60

表 6.11 收账政策分析评价表 单位:万元

项　目	现行收账政策	拟改变的收账政策
赊销额	480	480
应收账款平均收账天数	60	30
应收账款平均余额	480/360×60=80	480/360×30=40
应收账款占用的资金	80×60%=48	40×60%=24
收账成本:		
机会成本	48×20%=9.6	24×20%=4.8
坏账损失	480×3%=14.4	480×2%=9.6
年收账费用	6	10
收账总成本	30	24.4

可见,改变收账政策的方案是可以接受的。

6.3.3 应收账款的日常管理

信用政策建立后,企业要做好应收账款的日常控制工作,进行信用调查和信用评价,以确定是否同意客户赊欠货款,当客户违反信用条件时,还要做好账款的催收工作。

1)建立信用限额管理制度

信用限额,是指企业给予某客户赊购商品的最高限额。由于信用限额是在企业对客户的商业信用之前,根据客户的经济实力和企业愿意承担风险的大小确定的,有利于降低应收账款的信用风险水平,控制信用的泛滥和企业资金的紧张程度。

企业与客户之间的购销业务往往比较频繁,如果每次购货都进行客户的信用审查,会大大增加信用调查费用,而实行信用限额制度后,只要客户的应付账款余额在信用额度之内,就不需要进行信用审查。可见,限额制度可以提高应收账款的管理效率。但是,企业对客户的信用限额要定期进行审查和修正,因为客户的财务状况和面临的风险在不断地变化,若客户的财务状况恶化,而企业的信用信息失灵,信用限额管理制度有可能使企业遭受损失。

2)进行应收账款追踪分析

应收账款一旦形成,企业就必须考虑如何按期足额收回的问题。要达到这一目的,企业就有必要在收账之前,对该应收账款进行追踪分析。应收账款是存货变现过程的中间环节,对应收账款的追踪分析主要应放在赊销产品的销售与变现方面。客户以赊销方式购入商品后,如果能实现销售并收回货款,又具有良好的信用,则赊销企业回款一般没有问题。但客户的商品也有可能积压或赊销,此时客户的现金支付能力相对匮乏。客户能否履行赊销企业的信用条件取决于两个因素:一是客户的信用品质;二是客户现金的持有量与调剂程度。如果客户的信用品质良好,持有一定的现金余额或可调剂程度大,他们一般是不会以损失商业信誉为代价而拖欠企业账款的。

3)应收账款账龄分析

应收账款的账龄分析就是应收账款账龄结构分析,是指企业在某一时点,将发生在外的各笔应收账款按照开票日期进行归类，并计算出各账龄应收账款的余额占总计余额的比重。一般来讲，逾期拖欠的时间越长，账款催收的难度越大，成为坏账的可能性就越高。因此，进行账龄分析，应密切注意应收账款的回收情况。

例 6.8 2014 年某企业应收账款账龄结构，如表 6.12 所示。

表 6.12 企业应收账款账龄结构

应收账款账龄	账户数量	金额/万元	比重/%
信用期内(6 个月)	50	4 500	56.25
超过信用期 1 个月	40	1 500	18.75
超过信用期 2 个月	20	600	7.5
超过信用期 3 个月	10	100	1.25
超过信用期 4 个月	15	250	3.125
超过信用期 5 个月	25	250	3.125
超过信用期 6 个月	10	200	2.5
超过信用期 6 个月以上	30	600	7.5
总计	200	8 000	100

账龄结构分析给企业财务管理人员提供了应收账款占用状况的翔实资料。一般地，赊销信用期越短，应收账款的过期数额、比重及坏账风险相应越高。从表 6.12 可以看出，该企业应收账款余额中，有 4 500 万元还在信用期内，仅占全部应收账款的 56.25%；过期数额 3 500万元，占全部应收账款的比重高达 43.75%。另有 7.5%的应收账款已经逾期半年以上。此时，企业对应收账款应予以足够重视，查明具体属于哪些客户，这些客户是否经常发生拖欠情况，查明原因。一般，账款的逾期时间越短，收回的可能性就越大，坏账损失的程度相对越小；反之，收账的难度及坏账损失的可能性就越大。因此，对不同拖欠时间的账款及不同信用品质的客户，企业应采取不同的收账方法，制定出经济可行的不同收账政策、催讨方案；对可能发生的坏账损失，需提前作出准备，充分估计这一因素对企业损益的影响。对未过期的应收账款，也不能放松监管，以防成为新的拖欠。通过应收账款账龄分析，提示财务管理人员在把过期款项视为工作侧重点的同时，有必要进一步研究与制定新的信用政策。因此，充分发挥财务管理人员的主观能动性，正确认识、分析与合理预期，是可以在较大程度上抑制应收账款逾期拖欠及坏账损失风险，进而取得良好的应收账款收现效率，优化应收账款的投资结构。

4）应收账款收现率分析

由于企业当期现金支付需要量与当期应收账款收现额之间存在着非对称关系，并呈现出预付性与滞后性的差异特征（如企业必须用现金支付与赊销收入有关的增值税和所得税，弥补应收账款资金占用等），这就决定了企业必须对应收账款的收现水平制订一个必要的控制标准，即应收账款收现保证率。

应收账款收现保证率是适应企业现金收支匹配的需要，所确定出的有效收现的账款应占全部应收账款的百分比，是两者应当保持的最低的结构状态。其计算公式为：

$$应收账款收现保证率 = \frac{当期必要现金支付总额 - 当期其他稳定可靠的现金流入总额}{当期应收账款总计金额}$$

式中的其他稳定可靠现金来源是指从应收账款收现以外的途径可以取得的各种稳定可靠的现金流入数额,如短期有价证券变现净额、现金性留存收益转入额、可随时取得的可靠银行贷款额等。

应收账款收现保证率指标反映了企业既定会计期间预期必要现金支付需要数量扣除各种可靠、稳定来源后的差额,必须通过应收款项有效收现予以弥补的最低保证程度,是企业控制应收账款收现水平的基本依据。其意义在于:应收款项未来是否可能发生坏账损失对企业并非最为重要,更为关键的是实际收现的账款能否满足同期必需的现金支付要求,特别是满足必要业务开支的需要,满足具有刚性约束的纳税债务及不得展期或调换的一般性到期债务偿付的需要。

5)加强对坏账的管理

坏账损失是指因应收账款最终无法收回而给企业带来的直接损失。坏账损失有以下两种情况:一是因债务人破产或死亡,以其破产财产或遗产清偿后,仍不能收回的应收款项;二是债务人逾期未履行偿债义务,并有明显特征表明无法收回的款项。在信用社会里,坏账损失对企业来说,无法完全避免,企业应尽力减少损失,同时做好善后处理事宜。

对坏账损失的财务处理有两种方法:一种是直接冲销法,另一种是备抵法。企业应选择备抵法进行谨慎的财务处理,预先按信用标准允许的坏账损失率合理地估计坏账损失,建立坏账准备。

企业对坏账损失应建立严格的审批程序,以防止各种弊端的发生,积极参与客户的破产善后处理事宜,尽可能减少损失,对逾期未收回已作坏账转销的应收款项不能就此放弃收款的权利,仍然要积极关注客户的信用能力的改善情况。

6.4 存货管理

存货是指企业在生产经营过程中为生产或销售而储备的物资,如材料、在产品、产成品等,是流动资产的重要组成部分。存货控制和管理效率的高低,直接影响到企业资产的流动性和生产经营过程的连续性。存货管理的目的在于控制存货投资水平,降低存货成本,加速存货周转率。

6.4.1 存货的功能和成本

1)存货功能

(1)防止产销中断

连续生产的企业,其供产销在时间和数量上,难以保持绝对平衡,若没有一定的存货,一旦某个环节出现问题,就会影响到企业正常的产销。例如,材料供应商没有及时发货,运输途中出现意外事故,所供货物数量、质量与需求不符等,任何方面出现异常现象,企业便要停工待料。而有了保险库存,就有了应付意外情况的物资保证,可以避免停工待料,保证生产经营的连续进行。

(2)适应市场的变化

当材料、产品市场价格变化不定时,就会出现对价格涨落的投资机会。例如,当预计原材料价格会大幅上涨时,企业可以提前购置这些材料。

(3)降低进货成本

成批购进材料,既可以获得价格上的优惠,又可以减少采购和管理费用,降低采购成本,提高利润。

(4)维持均衡生产

许多产品的市场需求具有季节性,例如空调、羽绒服等,对这些产品的生产既要考虑到季节性的变动,又要考虑到生产的均衡性,在销售淡季适当增加产品库存。

2)存货成本

存货的总成本主要由以下三个方面构成:

(1)取得成本

进货成本主要由存货的购置成本、进货费用构成。在一定时期,无采购数量折扣时,进货总量确定的情况下,无论企业采购次数如何变动,存货的购置成本通常是保持相对稳定的(假设物价与税率不变),属于决策的无关成本;在一定时期,有采购数量折扣时,存货的购置成本属于决策的相关成本。反之,企业为组织进货而开支的办公费、差旅费、邮资、电报电话费等固定性进货费用则与进货次数成正比例关系,即订货次数越多,需要支付的固定性进货费用就越多,反之则越少。因此,固定性进货费用属于决策的相关成本。

(2)储存成本

存货的储存成本是指企业为持有存货而发生的费用,主要包括存货资金占用费(以贷款购买存货的利息成本)或机会成本(以现金购买存货而丧失的证券投资收益等)、仓储费用、保险费用、存货残损霉变损失等。储存成本可以按照与储存数额的关系分为变动性储存成本与固定性储存成本,固定性储存成本与存货储存数额的多少没有直接联系,属于决策无关成本;变动性储存成本与存货储存数额成正比例变动的关系,属于决策相关成本。

(3)缺货成本

缺货成本是因为存货不足而给企业造成的停产损失、延误发货的信誉损失及丧失销售机会的损失等。如果生产企业能够以替代材料解决库存材料供应中断之急的话,缺货成本便表现为替代材料紧急采购的额外开支。缺货成本能否作为决策的相关成本,应视企业是否允许出现存货短缺而定。如果允许缺货,则缺货成本与存货数量呈反向关系,即属于决策相关成本;如企业不允许发生缺货,缺货成本为零,也就无需加以考虑。

6.4.2 存货资金定额的核定

企业一定时期内的存货资金需要量,可通过核定存货资金定额来确定。所谓存货资金定额,是指企业为完成生产经营计划所需的最低存货资金占用额。在制定存货资金定额时,要坚持保证生产经营的合理需要和节约使用流动资金相结合、存货资金需要量与生产计划及其他计划相结合的原则,选择合理的存货资金计算方法。

1)存货资金定额的基本计算方法

存货资金定额应按照存货的构成项目,根据生产经营特点,采用不同的方法。一般对占用数额大,与生产量关系密切,消耗定额比较准确的存货项目,宜采用细致的计算方法;品种零星、占用数额不大的项目,可采用较粗略的计算方法。存货资金需要量测算的基本方法有:

(1)周转期计算法

周转期计算法,是根据存货项目的周转期和周转额来计算该项目资金定额的方法,又称定额日数法。其计算公式为:

$$存货资金定额 = 日平均周转额 \times 存货资金周转日数$$

周转期计算法采用的方法比较精细,计算结果相对精确,适合于原材料、在产品或产成品等存货主要构成项目的资金定额计算。

(2)比例计算法

比例计算法是根据存货资金占用同某一相关指标的比例关系来测定存货资金的占用额,一般可按产值、收入等指标为计算依据。其计算公式为:

$$存货资金定额 = 计划产值(或销售收入)总额 \times 预计产值(或销售收入)存货资金率$$

其中,预计产值(或收入)存货资金率可根据上年度资金率调整计算得出。该方法主要适用于辅助材料、低值易耗品等存货项目资金定额的核定。

(3)因素分析法

该方法一般是以基年存货实际占用额为基础,结合计划年度有关因素的变动情况,调整计算确定存货资金定额。该方法运用较为灵活,但由于计算过程不够细致,可适用于占用额较小、价值较低的存货构成项目。例如,某企业上年某辅助材料平均占用资金 25 万元,其中,属不合理占用 3 万元,计划年度生产预计增长 10%,该材料市场价格增长 4%,企业要求流动资金加速周转 5%。按因素分析法计算的材料资金定额为:

$$(25 - 3) \times (1 + 10\%) \times (1 + 4\%) \times (1 - 5\%) = 23.9(万元)$$

2)原材料资金定额的计算

原材料是存货的重要组成部分,其需要量与计划生产量存在明显的依存关系。材料资金定额可采用周转期计算法按照材料品种逐个计算确定。基本计算公式如下:

$$原材料资金定额 = 原材料每日平均耗用额 \times 原材料资金周转日数$$

(1)原材料每日平均耗用额

原材料每日平均耗用额反映企业平均每日收入的原材料资金,是由计划产量、单位产品耗料和材料单价确定的,可根据下列公式计算:

$$原材料日平均耗用额 = 计划年产量 /360 \times 单位产品消耗定额 \times 材料单价$$

(2)原材料资金周转日数

原材料资金周转日数,是指原材料从采购入库到投入生产为止所占用资金的天数,它是由原材料应计供应间隔日数、整理准备日数和保险日数等组成。

①应计供应间隔日数。应计供应间隔日数是根据供应间隔期和供应间隔期系数计算的日数,即:

$$应计供应间隔日数 = 供应间隔期 \times 供应间隔期系数$$

供应间隔期是指前后两次进货的时间间隔日数。在企业日平均耗料量一定的情况下,供应间隔期长短取决于每次材料采购批量的大小,采购批量越大,则供应间隔期越长;采购批量小,间隔较短时间就需重新采购。如果企业同时从不同供货单位购货,要计算加权平均供应间隔期日数。

库存材料占用资金大小与供应间隔关系密切,供应间隔期越长,库存材料就越多,占用资金也就越多。但是,在一个供应间隔期内,库存材料实际占用的资金,并不是一个固定数,在材料采购入库后,随着生产车间的领用会逐渐减少,到下次购料前,库存材料资金占用达到最低点,而重新购料入库后,又达到最高点,如此不断循环往复。可见,库存材料占用资金数总是在最高点与最低点之间变动。

另外,企业材料品种较多,不可能同时达到各种材料的最高占用量。当一种材料处于库存高峰时,另一种材料可能处于库存的低点,各种材料所需资金可调剂使用。因此,不能完全按供应间隔期来计算资金定额,而应对其打个折扣,该折扣率就是供应间隔期系数,即库存材料的日平均占用额与最高库存占用额的比率。公式表示为:

$$供应间隔期系数 = \frac{库存材料日平均占用额}{库存材料最高占用额}$$

②整理准备日数。整理准备日数指材料投产前按生产技术要求进行加工整理和生产准备所需的时间。

③保险储备日数。保险储备日数是企业为了防止材料供应中断而建立的储备保证天数,材料储备时间的长短取决于该材料在市场获取的难易程度和供应地采购环境状况。

例 6.9 某企业计划用甲材料生产 A 产品,计划年产量 50 000 件,单位产品耗用甲材料消耗定额为 12 千克,甲材料市场价格为每千克 15 元,按供货合同的规定,供货单位每两个月供货一次,供应间隔期系数为 60%,甲材料的准备日数 3 天,保险储备日数 5 天,则甲材料资金定额为:

$$50\ 000/360 \times 12 \times 15 \times (60 \times 60\% + 3 + 5) = 1\ 100\ 000(元)$$

3) 在产品资金定额的计算

在产品资金是指从原材料投入生产开始,至产品完工入库为止所占用的资金。一般地,在产品资金占用额是根据周转期计算法测算的,其基本计算公式为:

$$在产品资金定额 = 日平均产量 \times 单位产品计划成本 \times 在产品成本系数 \times 生产周期$$

(1) 单位产品成本与在产品平均单位成本

产品的单位成本是指产品完工入库时的单位制造成本,而在产品的平均单位成本是指产品生产周期内在产品成本的平均水平。在确定在产品资金占用额时,正确的区分两者关系是必要的。

通常,企业对在产品的投资是逐渐进行的,并非一开始就按产品成本把全部资金投进去,除形成产品实体的原材料必须在生产过程开始时投入外,其余费用均是在生产周期内陆续投入的。因此，在产品占用资金额随时间延续呈明显的递增趋势，直到完工产品成本的最终形成。在产品平均单位成本总是小于单位产品成本，两者关系是通过在产品成本系数反映的。

(2)在产品成本系数

在产品成本系数是指在产品平均单位成本与产品单位成本的比率，即：

$$在产品成本系数 = 在产品平均单位成本 / 产品单位成本$$

在产品成本系数可根据产品生产的具体特点，按以下方法计算：

①生产费用累计平均法。如果某产品的生产周期较短，生产周期内生产费用发生不均衡，可以考虑采用逐日累加生产费用的方法来计算在产品成本系数。计算公式为：

$$在产品成本系数 = 每日累计费用额的总和 / 单位产品的成本 / 生产周期$$

②渐加费用折半法。若产品的大部分费用是于生产开始时投入的，其他费用在生产周期内陆续均衡发生，则可用下面公式计算在产品成本系数。

$$在产品成本系数 = \frac{一次投入费用 + 渐加费用 /2}{单位产品成本}$$

式中，一次投入费用是指生产开始时投入的费用，渐加费用是指在随后的生产周期内发生的费用，两者之和即为产品完工成本。

当原材料在产品成本中占较大比重，且属生产开始时一次性投入，也可以按以下公式计算在产品成本系数，即：

$$在产品成本系数 = \frac{1 + 原材料费用比重}{2}$$

例6.10 某企业计划生产B产品，计划年产量24 000件，预计单位制造成本为70元，其中原材料费用为42元，于生产开始时一次性投入，其他费用陆续均衡发生，B产品的生产周期为40天，则B产品需占用资金计算如下：

B产品在产品成本系数=(1+42/70)/2=80%

B产品资金定额为：

24 000/360×70×80%×40=149 333(元)

4)成品资金定额的计算

成品资金是指产品自完工入库开始至产品发出销售为止所占用的资金，其计算公式为：

$$成品资金定额 = 日平均产量 \times 单位产品制造成本 \times 成品资金周转期$$

成品资金周转期是指产品完工入库开始至产品发出销售成立为止所需时间，主要包括产品库存日数，发运日数和货款结算日数。库存日数是指产成品自完工验收入库至发运出库为止所占用的天数，是成品资金周转期的主要组成部分；发运日数指产品出库至交给运输部门办好托运手续所需时间；结算日数是自办妥托运手续至银行办理收款手续所需时间。显然，在不同销售方式下，成品资金周转期的构成也不同，如采用现金销售，产品只有库存日数。

以上分别介绍了存货主要构成项目的资金需要量的确定，对于存货的其他项目，要视其占用额的大小及耗用的特点，采用不同的测算方法，如包装物的资金需要量可依据计划期产品销售计划采用比例计算法加以确定;修理用备件与固定资产占用联系密切,可根据计划期固定资产变动的情况,采用因素分析法确定其资金需要量等。

当所有存货项目都按特定的方法测算资金需要量后,就可以列表编制出存货资金占用计划表,据以计算出存货资金定额。

6.4.3 存货决策

存货决策涉及四个方面的内容:决定进货项目、选择供应单位、决定进货时间和决定进货批量。决定进货项目和选择供应单位是销售部门、采购部门和生产部门的职责。财务部门主要决定进货时间和进货批量。按照存货管理的目标,需要通过合理的进货批量和进货时间,使存货总成本最低。

1)经济购进批量基本模型

所谓经济进货批量基本模式,是就如下假设前提而言的:

①企业一定时期的进货总量可以较为准确地预测;

②存货的耗用或者销售比较均衡;

③存货的价格稳定,且不存在数量折扣优惠;

④每次的进货数量和进货日期完全由企业自行决定,且每当存货量降为零时,下一批存货均能够马上一次到位;

⑤仓储条件及所需资金不受限制;

⑥不允许出现缺货情形。

由于企业不允许缺货,即每当存货数量降至零时,下一批订货便会随即全部购入,故不存在缺货成本。此时与存货订购批量、批次直接相关的就只有进货费用和储存成本两项。这样,进货费用与储存成本总和最低水平下的进货批量,就是所谓的经济进货批量。由于确定经济进货批量的模式与确定最佳现金持有量的存货模式基本原理相同,因此可以得出下列计算公式:

$$Q = \sqrt{\frac{2AF}{C}}$$

$$TC = \sqrt{2AFC}$$

$$W = \frac{QP}{2} = \sqrt{\frac{AF}{2C}}P$$

$$N = \frac{A}{Q} = \sqrt{\frac{AC}{2F}}$$

式中 Q——经济进货批量;

A——某种存货年度计划进货总量;

F——平均每次的进货费用;

C——单位存货年度储存成本;

TC——进货费用与储存成本的最低数额;

W——经济进货批量平均占用资金;

N——年度最佳进货批次；

P——进货单价。

例 6.11 某企业每年需耗用甲材料 3 000 千克，该材料的单位采购成本 60 元，单位储存成本 2 元，平均每次进货费用 120 元，则：

$$Q = \sqrt{\frac{2AF}{C}} = \sqrt{\frac{2 \times 3\ 000 \times 120}{2}} = 600(\text{千克})$$

$$TC = \sqrt{2AFC} = \sqrt{2 \times 3\ 000 \times 120 \times 2} = 1\ 200(\text{元})$$

$$W = \frac{QP}{2} = \frac{600 \times 60}{2} = 18\ 000(\text{元})$$

$N = \dfrac{A}{Q} = \dfrac{3\ 000}{600} = 5$(次)，即每隔 72 天进货一次(一年按 360 天计算)。

上述计算表明，当进货批量为 600 千克时，进货费用与储存成本总额最低。大于或小于这一数量时，将对企业产生不利的影响。

需要指出的是，经济进货批量的基本模式只是建立在上述各种假设基础上的一种理想化的进货控制方法。实际工作中，通常还存在着数量优惠(即商业折扣)以及允许一定程度的缺货情形发生等，这就使得上述假设条件很难完全具备。因此，企业不能机械套用这一基本模式来确定存货的经济进货批量，而必须同时结合价格折扣及缺货成本等不同的情况具体分析，灵活运用。

2)存在数量折扣情况下的经济批量模型

在实务中，许多企业在产销时都有批量折扣，对于大批量采购，价格上给予一定的优惠。此时，相关成本有购置成本、进货费用、变动性储存成本。其决策程序如下：

①确定无数量折扣情况下的基本经济批量及总成本；

②计算享受商业折扣情况下的采购总成本；

③比较这各种情况下的总成本并选择较低的采购方案。

存货总成本 = 购置成本 + 进货费用 + 变动储存成本

例 6.12 某企业每年耗用甲材料 14 400 千克，该材料的单位采购价格为 10 元，每千克材料年储存成本平均为 2 元，平均每次进货费用为 400 元，一次订购甲材料超过 2 880 千克，则可以获得 2%的商业折扣，此时应如何作出采购决策？

解：无数量折扣情况下的基本经济批量

$$Q = \sqrt{\frac{2 \times 14\ 400 \times 400}{2}} = 2\ 400$$

$$TC = \sqrt{2 \times 14\ 400 \times 400 \times 2} = 4\ 800$$

①按经济批量采购时的总成本(一次采购 2 400 千克)

= 年需要量×单价+经济批量的存货变动总成本

= 14 400×10+4 800

= 148 800(元)

②按享受商业折扣的最低批量的总成本(一次采购 2 880 千克)

=年需要量×单价+年进货费用+年储存成本

=14 400×10×(1-2%)+14 400÷2 880 ×400+2 880÷2×2

=141 120+ 4 880

=146 000(元)

所以选择一次订购 2 880 千克。

3)经济订货点(再订货点库存量)的决策

由于生产不断进行,产品不断销售,存货必然不断减少。若订货过早,会增加存货储存量,造成积压;若订货过晚,供货不及时,就会影响到企业正常。所以必须正确确定在什么时候订货最适宜,也就是要确定订货点。影响订货点的主要因素:

①经济订货量;

②正常消耗量:产品在正常生产消耗过程中预计的每天或每周材料的正常消耗量;

③提前期:从提出订货到收到订货的时间间隔;

④安全储备量:为了预防临时用量增大而多储备的存货量。

安全储备量 =(每日最大耗用量 - 每日正常耗用量)× 提前期

订货点 = 每日正常耗用量 × 提前期 + 安全储备量

例 6.13　假设某公司消耗 C 材料的经济订货批量为 480 千克,30 天订货一次,提前期 10 天, 平均每日正常消耗量为 16 千克(480/30),每日最大消耗量为 20 千克,求订货点。

解:安全储备量= (20-16)×10 = 40(千克)

订货点= (16×10) + 40 = 200(千克)

6.4.4　存货日常管理

存货日常管理的目标是在保证企业生产经营正常进行的前提下尽量减少库存,防止积压。实践中形成的行之有效的管理方法有存货归口分级控制、存货储存期控制以及存货 ABC 分类管理等多种方法。

1)存货储存期控制

无论是商品流通企业还是生产制造企业,其商品产品一旦入库,便面临着如何尽快销售出去的问题。即使不考虑未来市场供求关系的不确定性,仅是存货储存本身就要求企业付出一定的资金占用费(如利息成本或机会成本)和仓储管理费。因此,尽力缩短存货储存时间,加速存货周转,是节约资金占用,降低成本费用,提高企业获利水平的重要保证。

企业进行存货投资所发生的费用支出,按照与储存时间的关系可以分为固定储存费与变动储存费两类。前者包括进货费用、管理费用,其金额多少与存货储存期的长短没有直接关系;后者包括存货资金占用费(贷款购置存货的利息或现金购置存货的机会成本)、存货仓储管理费、仓储损耗(为计算方便,如果仓储损耗较小,亦将其并入固定储存费)等,其金额随存货期的变动成正比例变动。

基于上述分析,可以将本量利的平衡关系式调整为:

利润 = 毛利 - 固定储存费 - 销售税金及附加 - 每日变动储存费 × 储存天数

可见,存货的储存成本之所以会不断增加,主要是由于变动储存费随着存货储存期的延长而不断增加的结果，所以，利润与费用之间此增彼减的关系实际上是利润与变动储存费之间此增彼减的关系。这样，随着存货储存期的延长，利润将日渐减少。当毛利扣除固定储存费和销售税金及附加后的差额，被变动储存费抵消到恰好等于企业目标利润时，表明存货已经到了保利期。当它完全被变动储存费抵消时，便意味着存货已经到了保本期。无疑，存货如果能够在保利期内售出，所获得的利润便会超过目标值。反之将难以实现既定的利润目标。倘若存货不能在保本期内售出的话，企业便会蒙受损失。现举例说明如下：

例 6.14 商品流通企业购进甲商品 1 000 件，单位进价（不含增值税）100 元，单位售价 120 元（不含增值税），经销该批商品的一次费用为 10 000 元，若货款均来自银行贷款，年利率 10.8%，该批存货的月保管费用率 3‰，销售税金及附加 800 元。要求：

①计算该批存货的保本储存期。

②若企业要求获得 3%的投资利润率，计算保利期。

③若该批存货实际储存了 200 天，问能否实现 3%的目标投资利润率？

④若该批存货亏损了 2 000 元，求实际储存天数。

计算如下：

① 每日变动储存费 = 购进批量 × 购进单价 × 日变动储存费率

$$= 1\ 000 \times 100 \times \left(\frac{10.8\%}{360} + \frac{3‰}{30}\right) = 40(元)$$

保本储存天数 =（毛利 − 固定储存费 − 销售税金及附加）/ 每日变动储存费

$$= \frac{(120 - 100) \times 1\ 000 - 10\ 000 - 800}{40} = 230(天)$$

② 目标利润 = 投资额 × 投资利润率

$$= 1\ 000 \times 100 \times 3\% = 3\ 000(元)$$

保利储存天数 =（毛利 − 固定储存费 − 销售税金及附加 − 目标利润）/ 每日变动储存费

$$= \frac{(120 - 100) \times 1\ 000 - 10\ 000 - 800 - 3\ 000}{40} = 155(天)$$

③ 经销该商品实际获利额 = 每日变动储存额 ×（保本储存天数 − 实际储存天数）

$$= 40 \times (230 - 200) = 1\ 200(元)$$

利润 = 实际利润 − 目标利润

$$= 1\ 200 - 3\ 000 = -1\ 800(元)$$

利润率 = 实际利润率 − 目标利润率

$$= \frac{1\ 200}{100 \times 1\ 000} \times 100\% - 3\% = -1.8\%$$

④ 因为：该批存货获利额 = 每日变动储存费 ×（保本储存天数 − 实际储存天数），

所以：实际储存天数 = 保本储存天数 − $\frac{该批存货获利额}{每日变动储存费}$

$$= 230 - \frac{-2\ 000}{40} = 280(天)$$

可见，通过对存货储存期的分析与控制，可以及时地将企业存货的信息传输给经营决策部门，如有多少存货已过保本期或保利期，金额多大，比重怎样，这样决策者就可以针对不同的情况，采取相应的措施。一般的，已过保本期的商品多数属于积压的存货，对此，企业应当积极推销，压缩库存，将损失降到最低；对超过保利期但没过保本期的存货，应当首先检查销售状况，查明原因，是因为人为原因，还是市场行情已经逆转，有无沦为过期积压存货的可能，如果有，就应该尽早采取措施；对于那些还没过保利期的存货，企业也应该密切监督、控制，以防发生过期损失。从财务管理方面，需要分析哪些存货基本能在保利期内销售出去，哪些存货介于保利期与保本期之间售出，哪些存货直到保本期已过才能售出或根本就没有市场需求。通过以上分析了解，财务部门应当通过调整资金供应政策，促使经营部门调整产品结构和投资方向，推动企业存货结构的优化，提高存货的投资效率。

2）存货归口分级控制

存货的归口分级控制是加强存货日常管理的一种重要方法。这一管理方法包括以下三项内容。

（1）在厂长经理的领导下，财务部门对存货资金实行统一管理

企业要加强对存货资金的集中、统一管理，促进供产销相互协调，实现资金使用的综合平衡，加速资金周转。财务部门的统一管理主要包括以下几方面的工作：

①根据国家财务制度和企业具体情况制定企业资金管理的制度。

②认真测算各种资金占用数额，汇总编制存货资金计划。

③把有关计划指标进行分解，落实到有关单位和个人。

④对各单位的资金运动情况进行检查和分析，统一考核资金的使用情况。

（2）实行资金的归口管理

根据使用资金和管理资金相结合、物资管理和资金管理相结合的原则，每项资金由哪个部门使用就归哪个部门管理。各项资金归口管理的分工一般如下：材料、燃料、包装物等资金归供应部门管理；在产品和自制半成品占用的资金归生产部门管理；产成品资金归销售部门管理；工具用具占用的资金归工具部门管理；修理用备件占用的资金归设备动力部门管理。

（3）实行资金的分级管理

各归口的管理部门要根据具体情况将资金计划指标进行分解，分配给所属单位或个人，层层落实，实行分级管理。具体分解过程如下：原材料资金计划指标可分配给供应计划、材料采购、仓库保管、整理准备等各业务组管理；在产品资金计划指标可分配给各车间、半成品库管理；成品资金计划可分配给销售、仓库保管、成品发运等各业务组管理。

3）ABC 库存分类控制法

ABC 库存分类控制法是意大利经济学家巴雷特在 19 世纪首创的，该方法已经广泛用于存货管理、成本管理和生产管理。对于一个大型企业来说，经常有成千上万种存货。在这些存货中，有的价格昂贵，有的不值一文；有的数量庞大，有的寥寥无几。如果不分主次，面面俱到，对每一种存货都进行周密的规划和严格的控制，就会抓不住重点，不能有效地控制主要的存货资金，甚至浪费人力、物力和财力。ABC 库存分类控制法正是针对这一问题而提出来的重点管理方法。这种方法把存货分成 A、B、C 三大类，目的是对存货资金进行有效管理。

(1)ABC 库存分类控制法的思想与原理

ABC 库存分类控制法又称为重点管理法。属于 A 类的是少数价值高的、最重要的项目,这些存货品种少,而单位价值却较大,实务中,这类存货的品种数大约只占全部存货总品种数的 10%左右,而从一定期间出库的金额看,这类存货出库的金额大约要占到全部存货出库总金额的 70%左右。属于 C 类的是为数众多的低值项目,其特点是,从品种数量来看,这类存货的品种数大约要占到全部存货总品种数的 70%左右,而从一定期间出库的金额看,这类存货出库的金额大约只占全部存货出库总金额的 10%左右。B 类存货则在这两者之间,从品种数和出库金额看,大约都只占全部存货总数的 20%左右。

(2)ABC 库存分类控制法的程序实施

ABC 库存分类控制法的程序可以分为以下几步:

①把各种库存物资全年平均耗用量分别乘以它的单价,计算出各种物资耗用总量以及总金额。

②按照各品种物资耗费的金额的大小顺序重新排列,并分别计算出各种物资所占用总数量和总金额的比重,即百分比。

③把耗费金额适当分段,计算各段中各项物资领用数占总领用数的百分比,分段累计耗费金额占总金额的百分比,并根据一定标准将它们划分为 A、B、C 三类。分类的标准如表 6.13所示。

表 6.13

物资类别	占物资品种数的百分比/%	占物资金额数的百分比/%
A	5~10	70~80
B	20~30	15~20
C	50~70	5~10

(3)ABC 库存分类控制方法

上述 A、B、C 三类存货中,由于各类存货的重要程度不同,一般可以采用下列控制方法:

①对 A 类存货的控制,要计算每个项目的经济订货量和订货点,尽可能适当增加订购次数,以减少存货积压,也就是减少其昂贵的存储费用和大量的资金占用;同时,还可以为该类存货分别设置永续盘存卡片,以加强日常控制。

②对 B 类存货的控制,也要事先为每个项目计算经济订货量和订货点,同时也可以分享设置永续盘存卡片来反映库存动态,但要求不必像 A 类那样严格,只要定期进行概括性的检查就可以了,以节省存储和管理成本。

③对于 C 类存货的控制,由于它们为数众多,而且单价又很低,存货成本也较低,因此,可以适当增加每次订货数量,减少全年的订货次数,对这类物资日常的控制方法,一般可以采用一些较为简化的方法进行管理。常用的是“双箱法”。所谓“双箱法”,就是将某项库存物资分装两个货箱,第一箱的库存量是达到订货点的耗用量,当第一箱用完时,就意味着必须马上提出订货申请,以补充生产中已经领用和即将领用的部分。

能力训练

一、单项选择题

1.调整净收益法编制货币收支计划,是将权责发生制下的净收益调整成(　　)的净收益,并以此为基础编制现金预算。

A.收付实现制　　B.收付责任制　　C.利润实现制　　D.收入发生制

2.与现金收支法相比,调整净收益法的优点是能将现金流量与企业(　　)结合起来。

A.获利能力　　B.营运能力　　C.负债能力　　D.偿债能力

3.现金管理的成本分析模式下,具有固定成本性质的是(　　)。

A.转换成本　　B.持有成本　　C.管理成本　　D.短缺成本

4.现金持有量与短缺成本二者的关系是(　　)。

A.正比例关系　　B.反比例关系　　C.不变　　D.相互抵消

5.现金管理的存货模式中,与决策无关的成本是(　　)。

A.机会成本　　B.转换成本　　C.固定成本　　D.管理费用

6.对现金折扣的表述正确的是(　　)。

A.也叫商业折扣　　B.折扣率越低,企业付出的代价越高

C.目的是为了加快账款的回收　　D.为了增加利润,应当取消现金折扣

7.在下列各项中,属于应收账款的机会成本的是(　　)。

A.收账费用　　B.坏账损失

C.应收账款占用资金的应计利息　　D.对顾客信用进行调查的费用

8.以下不属于信用政策的是(　　)。

A.信用标准　　B.信用条件　　C.收账政策　　D.信用指标

9.信用标准是客户获得企业商业信用所应具备的最低条件,通常以(　　)表示。

A.预期的坏账损失率　　B.市场利率

C.有价证券利率　　D.预期的投资报酬率

10.以下不属于信用条件的是(　　)。

A.信用期限　　B.信用等级　　C.折扣期限　　D.现金折扣率

11.收账费用与坏账损失二者的关系是(　　)。

A.收账费用增加的比例与坏账损失减少的比例相同

B.收账费用增加的比例与坏账损失增加的比例相同

C.收账费用与坏账损失线性相关

D.收账费用与坏账损失非线性相关

12.原材料资金周转日数中不包括(　　)。

A.应计供应间隔日数　　B.采购日数

C.整理准备日数　　D.保险日数

13.通常,在基本模型下确定存货经济批量时,应考虑的成本是(　　)。

A.采购成本　　B.进货费用

C.储存成本　　D.进货费用和储存成本

14.存货管理的目标是(　　)。

A.使各种存货成本之和最小

B.使各种存货成本与存货效益达到最佳结合

C.使储存成本与取得成本之和最小

D.使储存成本与缺货成本之和最小

15.与确定经济批量无关的因素是(　　)。

A.年度需求量　　B.每次订购成本

C.单位储存变动成本　　D.单位缺货成本

16.存货的 ABC 库存分类控制法下应重点管理的存货是(　　)。

A.A 类　　B.B 类　　C.C 类　　D.ABC 类

17、若采用现销,在成品资金周转期构成中只有(　　)。

A.产品库存日数　　B.发运日数

C.货款结算日数　　D.供应间隔日数

18.存货的管理费用与存货储存期长短二者的关系是(　　)。

A.正比例关系　　B.反比例关系　　C.不变　　D.无直接关系

19.存货保本期和保利期是存货管理中(　　)方法常用的指标。

A.经济进货批量控制　　B.ABC 库存分类控制

C.存货归口分级控制　　D.存货储存期控制

二、多项选择题

1.现金周转期取决于以下因素(　　)。

A.存货周转期　　B.应收账款周转期

C.应付账款周转期　　D.有价证券转换期

2.下列说法中正确的是(　　)。

A.现金持有量越大,管理成本越大　　B.现金持有量越大,收益越高

C.现金持有量越大,机会成本越高　　D.现金持有量越低,短缺成本越大

3.企业持有现金的成本中与现金持有额相关的有(　　)。

A.资金成本率　　B.管理成本　　C.短缺成本　　D.折扣成本

4.存贷模式下现金管理总成本包括(　　)。

A.持有成本　　B.转换成本　　C.短缺成本　　D.管理成本

5.与计算应收账款占用资金的机会成本有关的因素有(　　)。

A.日销售额　　B.平均收款期　　C.资金成本率　　D.变动成本率

6.提供比较优惠的信用条件,可增加销售量,但也会付出一定代价,主要有(　　)。

A.应收账款机会成本　　B.坏账损失　　C.现金折扣成本　　D.收账费用

7.现金折扣政策的目的在于(　　)。

A.吸引顾客为享受优惠而提前付款　　B.减轻企业税负

C.缩短企业平均收款期　　D.降低收账费用

8.关于应收账款管理的目标,不正确的是(　　)。

A.减少占用在应收账款上的资金

B.减少信用期

C.使应收账款所增加的盈利超过所增加的成本

D.减少给顾客支付的现金折扣

9.应收账款的总成本包括(　　)。

A.机会成本　　B.转换成本　　C.坏账成本　　D.管理成本

10.信用政策包括以下几部分内容(　　)。

A.信用标准　　B.信用条件　　C.收账政策　　D.信用等级

11.以下对信用条件(1/10、n/30)的理解正确的是(　　)。

A.在开票后10天付款可享受1%的现金折扣

B.货款必须在10天内支付,销售方给予客户1/10的折扣

C.客户的信用期限为30天

D.超过10天,但在30天内付款,必须按票款全额支付

12.采取积极收账政策,可能给企业带来以下的影响(　　)。

A.收账费用减少　　B.应收账款增加

C.收账费用增加　　D.坏账损失减少

13.原材料资金定额计算考虑的因素有(　　)。

A.计划产量　　B.单位产品消耗原材料定额

C.原材料单价　　D.原材料采购日数

14.以下属于变动储存费的项目有(　　)。

A.存货资金占用费　　B.存货仓储管理费

C.仓储损耗　　D.进货费用

15.经济进货批量下,存货的总成本由以下因素构成(　　)。

A.机会成本　　B.进货成本　　C.储存成本　　D.缺货成本

16.下列各项中,与经济进货量有关的因素是(　　)。

A.年需要量　　B.储存成本

C.进货提前期　　D.平均每次进货成本

三、判断题

1.若企业现金持有量减少,则机会成本和管理成本减少,短缺成本增加。(　　)

2.企业拥有现金所发生的管理成本是一种固定成本,与现金持有量之间无明显的比例关系。(　　)

3.赊销是扩大销售的有利手段之一,企业应尽可能放宽信用条件,增加赊销额。(　　)

4.信用期间的确定,主要是分析改变现行信用期对收入和成本的影响。(　　)

5.企业的信用标准严格,给予客户的信用期很短,使得应收账款周转率很高,将有利于增加企业利润。(　　)

6.应收账款的收账费用与坏账损失一般是成正比例关系。(　　)

7.存货的经济进货批量,是指使存货相关总成本达到最低时的进货批量。 ( )

8.如果存货市场供应不足,即使满足有关的基本假设条件,也不能利用经济订货量基本模型。 ( )

9.将存货分为A、B、C三大类存货后,应重点对C类存货进行管理。 ( )

四、计算分析题

1.某企业现金收支状况比较稳定,预计全年需要现金200 000元,有价证券的年利率为10%,每次固定转换成本为400元,按现金管理的存货模式计算确定以下问题:

①计算最佳现金持有量;

②计算最低现金管理总成本;

③计算有价证券变现次数;

④计算持有现金的机会成本;

⑤计算现金的转换成本;

⑥计算有价证券交易间隔期。

2.某企业预计全年需要现金180万元,存货周转期为50天,应收账款周转期为30天,应付账款周转期为20天,根据现金周转期模式计算:

①现金周转期;

②最佳现金持有量。

3.某企业预计年赊销额为360万元,应收账款平均收账期为40天,产品变动成本率为75%,市场的资金成本率为15%,试进行以下计算:

①应收账款平均余额;

②维持赊销业务所需要的资金;

③应收账款的机会成本。

4.现有某企业对应收账款进行管理,有A、B两方案可供选择,相关资料如表6.14所示。

表6.14

项目 \ 方案	A	B
年赊销额/万元	3 600	4 200
应收账款平均收账期/天	40	50
应收账款平均余额/万元		
维持赊销业务所需资金/万元		
坏账损失率	2%	2%
坏账损失/万元		
收账费用/万元	30	45

假设变动成本率为70%,资金成本率为10%,计算完成表6.14,并根据以上资料,计算填列表6.15,并选择出最好方案。

表 6.15

项目 \ 方案	A	B
年赊销额	3 600	4 200
变动成本		
信用成本前收益		
信用成本	××	××
机会成本		
坏账损失		
收账费用	30	45
信用成本合计		
信用成本后收益		

5.某公司计划将现行的现金折扣政策(n/30)改为(1/30,n/60),估计有一半的顾客将享受现金折扣政策,该公司投资的最低报酬率为15%,其他有关数据如表6.16所示。

表 6.16

项目 \ 方案	(n/30)	(1/30,n/60)
赊销收入/元	150 000	200 000
变动成本率	60%	60%
可能发生的收账费用/元	1 200	1 600
可能发生的坏账损失/元	1 600	2 800

要求:确定该公司是否应改变现金折扣政策。

6.某企业只生产销售一种产品,每年赊销额为240万元,该企业产品变动成本率为80%,企业的资金成本率为25%,企业现有A、B两种收账政策可供选用,有关资料如表6.17所示。

表 6.17

项目 \ 方案	A	B
平均收账期/天	60	45
坏账损失率/%	3	2
应收账款平均余额/万元		
收账成本	××	××
应收账款机会成本/万元		
坏账损失/万元		
年收账费用/万元	1.8	3.2
收账成本合计/万元		

要求:①计算填列表中空白部分(一年按 360 天计算);

②对上述收账政策进行决策。

7.某企业准备生产 A 产品,需使用乙材料。A 产品计划年产量 60 000 件,单位产品耗用乙材料定额为 20 千克,该材料的市场价格为 30 元/千克。合同规定,供货单位 50 天供一次货,供应间隔期系数为 70%,乙材料的整理准备日数 2 天,保险储备日数 4 天,试进行以下计算:

①乙材料日平均耗用额;

②乙材料资金周转日数;

③乙材料资金定额。

8.某企业购进 A 商品 1 000 件,单位产品进价 200 元(不含增值税),预计单位售价 240 元(不含增值税),该批商品的固定储存费用为 6 000 元,由于企业无闲置仓库而从外部租用仓库来储存 A 商品,每天租金 100 元,同期市场有价证券年利率为 8% ,该企业要求 A 商品能实现 5%的投资报酬率。试计算:

①A 商品的保本期;

②A 商品的保利期。

9.某企业年需要甲材料 36 000 千克,材料计划单价 20 元,企业每次采购该材料的进货成本为 500 元,单位甲材料年储存成本为 4 元。试进行下列计算:

①存货的经济批量;

②经济批量下的存货成本;

③经济进货批量平均占用的资金;

④年度最佳进货批次。

10. 振兴公司计划年度甲材料耗用总量为 7 200 千克,每次订货成本为 800 元,该材料的单价为 30 元/千克,单位年储存成本为 2 元。若供货方提供商业折扣,当一次采购量超过 3 000 千克时,该材料的单价为每千克 29 元;当一次采购量超过 3 600 千克时,该材料的单价为每千克 28 元,一次采购多少甲材料较经济?

第 7 章　利润分配管理

本章导航

利润分配的原则与程序	一、利润分配的原则	了解利润分配的原则
	二、利润分配的程序	掌握利润分配的程序
股利理论与股利政策	一、股利理论	理解股利相关、无关论
	二、股利分配政策	理解影响股利分配政策因素,掌握股利分配政策
股利与股利支付	一、股利及种类	掌握现金股利、股票股利
	二、股利支付程序	熟悉股利支付程序
	三、股票回购	掌握股票回购动机及方法
	四、股票分割	掌握股票分割与股票股利的意义 掌握股票分割与股票股利的区别

7.1　利润分配的原则与程序

利润分配,是将企业实现的净利润,按照国家财务制度规定的分配形式和分配顺序,在企业和投资者之间进行的分配。利润分配的过程与结果,是关系到所有者的合法权益能否得到保护,企业能否长期、稳定发展的重要问题,为此,企业必须加强利润分配的管理和核算。

7.1.1　利润分配的原则

1)依法分配原则

企业利润分配的对象是企业缴纳所得税后的净利润,这些利润是企业的权益,企业有权自主分配。国家有关法律、法规对企业利润分配的基本原则、一般次序和重大比例也作了较为明确的规定,其目的是为了保障企业利润分配的有序进行,维护企业和所有者、债权人以及职工的合法权益,促使企业增加积累,增强风险防范能力。国家有关利润分配的法律和法规主要有公司法、外商投资企业法等,企业在利润分配中必须切实执行上述法律、法规。利润分配在企业内部属于重大事项,企业的章程必须在不违背国家有关规定的前提下,对本企业利润分配的原则、方法、决策程序等内容作出具体而又明确的规定,企业在利润分配中也必须按规定办事。

2) 资本保全原则

资本保全是现代企业制度的基础性原则之一,企业在分配中不能侵蚀资本。利润的分配是对经营中资本增值额的分配,不是对资本金的返还。按照这一原则,一般情况下,企业如果存在尚未弥补的亏损,应首先弥补亏损,再进行其他分配。

3) 兼顾各方利益原则

利益机制是制约机制的核心,而利润分配的合理与否是利益机制最终能否持续发挥作用的关键。利润分配涉及投资者、经营者、职工等多方面的利益,企业必须兼顾,并尽可能地保持稳定的利润分配。

4) 分配与积累并重原则

企业的利润分配,要正确处理长期利益和近期利益这两者的关系,坚持分配与积累并重。企业除按规定提取法定盈余公积金以外,可适当留存一部分利润作为积累,这部分未分配利润仍归企业所有者所有。这部分积累的净利润不仅可以为企业扩大生产筹措资金,增强企业发展能力和抵抗风险的能力,同时,还可以供未来年度进行分配,起到以丰补歉、平抑利润分配数额波动、稳定投资报酬率的作用。

5) 投资与收益对等原则

企业利润分配应当体现"谁投资谁收益"、收益大小与投资比例相适应,即投资与收益对等原则,这是正确处理企业与投资者利益关系的立足点。投资者因投资行为,以出资额依法享有利润分配权,就要求企业在向投资者分配利润时,要遵守公开、公平、公正的"三公"原则,不搞幕后交易,不帮助大股东侵蚀小股东利益,一视同仁地对待所有投资者,任何人不得以在企业中的特殊地位谋取私利,这样才能从根本上保护投资者的利益。

7.1.2 利润分配的程序

利润分配程序是指企业根据法律、法规或规定,对企业一定期间实现的净利润进行分派必须经过的先后顺序。

1) 非股份制企业的利润分配程序

根据我国《公司法》等有关规定,非股份制企业当年实现的利润总额应按国家有关税法的规定作相应的调整,然后依法交纳所得税。交纳所得税后的净利润按下列顺序进行分配:

(1) 弥补以前年度的亏损

按我国财务和税务制度的规定,企业的年度亏损,可以由下一年度的税前利润弥补,下一年度税前利润尚不足于弥补的,可以由以后年度的利润继续弥补,但用税前利润弥补以前年度亏损的连续期限不超过 5 年。5 年内弥补不足的,用本年税后利润弥补。本年净利润加年初未分配利润为企业可供分配的利润,只有可供分配的利润大于零时,企业才能进行后续分配。

$$\text{本年可供分配的利润} = \text{本年净利润} + \text{上年未分配利润}$$

(2) 提取法定盈余公积金

可供分配的利润大于零是计提法定盈余公积金的必要条件。法定盈余公积金以净利润扣除以前年度亏损为基数,按 10% 提取。当企业法定盈余公积金达到注册资本的 50% 时,可不再提取。法定盈余公积金主要用于弥补企业亏损和按规定转增资本金,但转增资本金后的法定盈余公积金不低于转增前注册资本的25%。

(3)向投资者分配利润

企业本年净利润扣除弥补以前年度亏损、提取法定盈余公积金后的余额,加上年初未分配利润,即为企业本年可供投资者分配的利润,按照分配与积累并重原则,确定应向投资者分配的利润数额。

可供投资者分配的利润 = 本年净利润 - 弥补以前年度亏损 - 法定盈余公积金 + 上年未分配利润

例7.1 甲公司为非股份制企业,2010年、2011年连续两年亏损,累计亏损85万元。2012年努力开发市场,扭亏为盈,实现利润总额100万元,2013年实现利润总额120万元。企业盈余公积金提取比例10%。

企业2012年可供投资者分配的利润计算如下:

应交所得税=100×25%=25(万元)

净利润=100-25=75(万元)

可供分配的利润=75-85=-10(万元)

可供分配的利润小于零时,企业不能进行后续分配。

企业2013年可供投资者分配的利润计算如下:

应交所得税=120×25%=30(万元)

净利润=120-30=90(万元)

可供分配的利润=90-10=80(万元)

计提盈余公积金=80×10%=8(万元)

可供投资者分配的利润=80-8=72(万元)

2)股份制企业的利润分配程序

①弥补以前年度亏损。

②提取法定盈余公积金。

③支付优先股股息。一般优先股按事先约定的股息率取得股息,不受企业盈利与否或多少的影响。

④提取任意盈余公积金。任意盈余公积金是根据企业发展的需要自行提取的公积金,其提取基数与计提盈余公积金的基数相同,计提比例由股东会根据需要决定。

⑤支付普通股股利。

例7.2 甲公司2013年年初累计未弥补亏损200万元。2013年扭亏为盈,实现利润总额1 200万元。企业盈余公积金提取比例10%,任意盈余公积金提取比例20%,支付1 000万股普通股股利,每股股利0.3元。

2013年利润分配如下:

应交所得税=1 200×25%=300(万元)

净利润=1 200-300=900(万元)

可供分配的利润=900-200=700(万元)

计提法定盈余公积金=700×10%=70(万元)

计提任意盈余公积金=700×20%=140(万元)

可供投资者分配的利润=700-70-140=490(万元)

支付普通股股利=1 000×0.3=300(万元)

年末未分配利润=490-300=190(万元)

7.2 股利理论与股利政策

7.2.1 股利理论

企业理财的目标是追求企业价值最大化或股东财富最大化。因此,企业的任何理财活动必须以此为中心来开展,股利分配是企业财务活动的重要内容,股利政策应建立在最大限度增加股东财富或公司价值的基础上。但是,股利政策是否会影响企业价值或股东财富呢?长期以来,人们围绕这一焦点展开了激烈的争论,并由此形成了不同的股利理论。归结起来,股利理论可分为股利无关论和股利相关论两大类。

1)股利无关论

股利无关论是由美国学者米勒(Miller)和莫迪格莱尼(Modigliani)于 1961 年提出。该理论认为:

①投资者并不关心公司股利的分配。若公司留存较多的利润用于再投资,会导致公司股票价格上升;此时尽管股利较低,但需用现金的投资者可以出售股票换取现金。若公司发放较多的股利,投资者又可以用现金再买入一些股票以扩大投资。也就是说投资者对股利和资本利得并无偏好。

②股利的支付比率不影响公司的价值。既然投资者不关心股利的分配,公司的价值就完全由其投资的获利能力所决定,公司的盈余在股利与保留盈余之间的分配并不影响公司的价值。

MM 理论的成立是建立在一定假设基础之上的。该理论的主要假设有:

①不存在任何个人或企业所得税;

②资本市场是一个完善资本市场,该市场不存在任何股票的发行和交易成本,任何投资者都无法左右证券价格;

③股利政策的选择不会改变企业的权益资本成本;

④企业的投资政策独立于股利政策;

⑤关于未来的投资机会,投资者和管理者可获取相同的信息。

可见,MM 理论是以完美无缺的资本市场为前提的,但现实的资本市场并不像 MM 理论所描述的那样完善,且构成该理论的主要假设都缺乏现实性,因此,该理论自面世以来,就引起了广泛的争议。

2)股利相关论

股利相关论认为企业股利政策与企业的价值大小或股价高低有一定的相关性。该理论的流派较多,其中代表性的观点主要有:

(1)"在手之鸟"理论

该理论是由美国经济学家迈伦·戈登和哈佛大学教授约翰·林特纳首先提出的,理论称谓来源于英国一句名言"双鸟在林不如一鸟在手"。该理论认为,用留存收益再投资带给投资者的收益具有很大的不确定性,并且投资风险随着时间的推移将进一步加大。投资者更喜欢现金股利,而不大喜欢将利润留给企业。

(2)信号传递理论

该理论认为,股利政策会向投资者传递有关企业未来盈利能力的信息,因为投资者和企业管理者存在着明显的信息不对称,管理者对企业未来投资机会和收益的信息,比投资者要了解得更为丰富和具体,企业的股利分配是投资者获取信息的重要途径。稳定和增长的股利会向投资者发出未来收益良好的信号,表明企业未来创造现金流量的能力在不断地增强,企业管理者有充分的信心和把握,该股票就会受到投资者的青睐,股票价格就会上涨;反之,股利的减少,人们就会对企业前景产生怀疑而抛售股票,该股票价格就会下降。另外,股利的派发从一定程度上来说,也是对企业盈余能力和现金流量充足程度的一种反映,因为企业的每股收益指标容易被操纵和粉饰,而现金流量和股利往往无法加以粉饰。

(3)差别税收理论

最早提出差别税收理论的是布伦南。这种理论认为,当股利与资本利得存在税收差异时,投资者往往偏好资本利得。一般来说,政府对股利征收的所得税要比对资本利得征收的所得税高,比如,我国税法中规定股东因股票投资所获得的现金股利,必须按照20%的固定税率缴纳所得税;而对股东买卖股票而获得的资本利得不征资本收益税,即使把股票买卖过程中的5‰的佣金和3‰的印花税考虑在内,股东获得现金股利的成本要比获得资本利得收益的成本高出20倍,所以,企业发放高股利实质上有损于投资者的利益。基于差别税收的考虑,企业保留盈余少发股利或不发股利对投资者更有利,或者说对这两种所得均须纳税的投资者更倾向于选择资本利得而非现金股利。另外,资本利得的税收可以递延到股票真正出售时才支付,考虑到货币的时间价值,这种延期支付税收的特点成为资本利得的另一优点。因此,当存在税收差异时,企业采用高股利政策会损害投资者的利益,而采用低股利政策则会抬高股价,增加企业的市场价值。

(4)代理理论

代理理论始于詹森与麦克林有关企业代理成本的经典论述,他们将由代理冲突所产生的代理成本归纳为三种:委托人承担的监督支出,代理人承担的担保性支出以及剩余损失。如何设计有效的激励机制,以最大限度地降低代理成本,从而确保委托人利益得以实现,是代理理论要解决的主要问题。詹森与麦克林率先利用代理理论分析了企业股东、管理者与债券持有者之间的代理冲突及其解决措施,从代理关系角度对困扰财务学家的融资问题作了新的阐释,认为股利政策有助于减缓管理者与股东之间,以及股东与债权人之间的代理冲突,也就是说,股利政策相当于是协调股东与管理者之间代理关系的一种约束机制。股利政策对管理者的约束作用体现在两个方面:一方面,从投资角度看,当企业存在大量自由现金时,管理者通过股利发放不仅减少了因过度投资而浪费资源的倾向,而且有助于减少管理者潜在的代理成本,从而增加企业价值,它解释了股利增加宣告与股价变动正相关的现象;另一方面,从融资角度看,企业发放股利减少了内部融资,导致进入资本市场寻求外部融资,从而可以经常接受资本市场的有效监督,这样通过加强资本市场的监督而减少代理成本,这一分析有助于解释公司保持稳定股利政策的现象。因此,高水平股利支付政策将有助于降低企业的代理成本,但同时也增加了企业的外部融资成本。因此,最优的股利政策应使两种成本之最小化。

7.2.2 股利分配政策

1)影响股利分配政策的因素

企业在制定股利分配政策时应考虑客观存在的股利分配制约因素,这些因素主要有法律因素、股东因素、企业内部因素、其他因素等。

(1)法律因素

为了保护债权人和股东的利益,各国法律都对企业股利分配予以一定的限制,包括:

①资本保全约束。它要求企业发放的股利或投资分红不得来源于原始投资(或股本),而只能来源于企业当期利润或留存收益。

②资本积累约束。它要求企业在分配收益时,必须按一定的比例和基数提取各种公积金。另外,它要求在具体的分配政策上,贯彻"无利不分"原则,即当企业出现亏损时,一般不得分配利润。

③偿债能力约束。对股份制企业而言,当其支付现金股利后会影响企业偿还债务和正常经营时,公司发放现金股利的数额就要受到限制。

④超额累计利润约束。此约束是为了防止股东避税。由于大多数国家一般对股票交易的资本利得征税较低,而投资者接受股利缴纳的所得税较高,因此许多上市企业通过少发股利、积累利润使股价上涨,以此方式帮助股东避税。于是许多国家在法律上明确规定企业不得超额累计利润,一旦企业留存收益超过法律认可的水平,将被加征额外的税款。目前,我国法律对上市企业超额累计利润尚未作明确的限制性规定。

(2)股东因素

对企业管理者来说,股利分配政策的制定一定要考虑股东方面的意愿,特别是股权份额较大的股东利益,因为企业股利分配方案最终要交由股东大会批准通过。股东对股利政策的意愿主要体现在以下几个方面:

①控制权考虑。企业支付较高的股利,必然会导致留存收益减少,这就加大了将来发行新股的可能性,而发行新股会稀释企业的控制权。企业的老股东往往主张限制股利的支付,而愿意较多地保留盈余,以防止控制权旁落他人。

②避税考虑。税负是影响股东财富的重要因素,也是企业在进行股利分配时需要考虑的主要因素。由于股利收入的所得税高于股票交易的资本利得税,一些高收入的股东出于避税的考虑,往往要求限制股利的支付。对股东来说,股价上涨获得的收益比分得股利更具有吸引力。

③稳定收入考虑。如果企业绝大多数股东属于低收入阶层,而这些股东往往靠定期的

股利维持生活，那么他们必然希望企业定期地支付稳定的现金股利，反对留存较多的利润。相反，富有的大股东则不会特别关注企业是否发放定期、稳定的现金股利。

④规避风险考虑。在某些股东看来，通过增加留存收益引起股价上涨而获得的资本利得是有风险的，而目前所得股利是确定的，因此他们往往要求较多地支付股利。

(3)企业内部因素

从企业管理者角度看，制约股利政策的因素较多，主要包括资产的流动性、投资机会、筹资能力、收益的稳定性等因素。

①资产的流动性。所谓资产流动性是指企业资产转化为现金的难易程度。因为支付股利代表着现金流出，所以企业的现金越充足，资产的流动性越强，其支付现金股利的能力就越强；如果企业因扩充或偿债已消耗大量现金，资产的流动性较差，则支付现金股利的能力就比较弱。由此可见，企业现金股利的支付能力，在很大程度上受其资产流动性的限制。

②投资机会。投资意味着对资金的需求，而留存收益是企业内部筹资的重要方式。如果企业有较好的投资机会需要大量资金时，往往会采用低股利支付率政策，从而把大部分利润留下来进行再投资，这在许多成长型企业中较为普遍；如果企业暂时无较好的投资机会，很多企业倾向于向股东支付高股利。

③筹资能力。筹资能力对股利分配政策的影响表现在：外部筹资能力强的企业对留存收益(内部筹资)依赖性较弱，因而会采用较为宽松的股利分配政策；相反，外部筹资能力较弱的企业往往会倾向于更多的使用留存收益，而采用较紧的股利分配政策。

④收益的稳定性。从一个较长时期来看，企业的股利分配政策应具有一定的稳定性，而稳定的股利分配政策要根据企业收益的稳定性程度而定。一般来说，收益不稳定的企业，股利支付水平较低，因为企业担心是否有能力维持高股利的支付；而收益稳定且可以预期的企业则可支付较高的股利。

(4)其他因素

包括债务合同限制、通货膨胀约束等。

①债务合同限制。债权人为保护其合法权益，防止企业股东以发放股利为名减少企业资本，增大债权人的风险，在企业举债时，债权人通常在债务合同中对债务人的股利支付做出某种程度的限制。

②通货膨胀约束。在通货膨胀的情况下，企业固定资产折旧的购买水平会下降，会导致没有足够的资金来源重置固定资产。这时较多的留存收益就会当作弥补固定资产折旧购买力水平下降的资金来源，因此，在通货膨胀时期，企业股利政策往往偏紧。

2)股利分配政策的类型

企业应根据当期可供分配利润的大小，全面考虑影响股利分配的因素，制定出符合企业实际情况的股利分配政策。目前常见的股利分配政策有：

(1)剩余股利政策

剩余股利政策是在企业确定的目标资本结构下，留存收益首先要满足投资的需求，然后若有剩余才用于分配股利。这是一种投资优先的股利政策。投资所需资金除了股东权益资金以外，还包括负债资金，即投资资金由股权资金和负债资金所构成。因此，需要在确定投资资金需要量的基础上确定股东权益资金的需要量。用企业本年盈利额减去股东权益资金的需要量之后的余额，就是可以用于股利支付的盈利剩余额。具体应遵循四个步骤：

第一，设定目标资本结构；

第二，确定目标资本结构下投资所需的股东权益数额；

第三，尽可能地使用保留盈余来融通投资方案中所需的股东权益资本；

第四，投资所需股东权益资本已经满足后若有剩余盈余，再将其作为股利发给投资者。

例 7.3　假设企业现有盈利 6 000 万元，企业的目标资本结构为 40%的负债和 60%的股东权益资本，现有一投资项目计划需要投入资金 8 000 万元。假设公司采用剩余股利政策。要求：确定该企业本年的股利支付额和股利支付率。

依据所给资料计算：

该投资项目需要由留存收益提供的资金为：8 000×60%＝4 800（万元）

剩余部分可用于股利发放，因此，可作为股利发放的最大限额为：

6 000－4 800＝1 200（万元）

股利支付率＝1 200/6 000×100%＝20%

（2）稳定增长股利政策

稳定增长股利政策指企业在较长时间内支付固定的股利额，只有当企业对未来利润增长确有把握，并且这种增长被认为不会发生逆转时，才增加每股股利额，该股利额一旦确定之后，又在相当长的时期内保持不变。

（3）固定股利支付率股利政策

固定股利支付率股利政策是一种变动的股利政策，企业每年都从净利润中按固定的股利支付率发放股利。

（4）低正常股利加额外股利政策

低正常股利加额外股利政策介于稳定股利政策与变动股利政策之间。这种股利政策每期都支付稳定的较低的股利额，当企业盈利较多时，再根据实际情况发放额外股利。

股利分配政策的优缺点如表 7.1 所示。

表 7.1　股利分配政策优缺点对比表

股利分配政策	优　点	缺　点
剩余股利	①降低筹资成本 ②保持最佳资本结构	①不利于投资者安排收入和支出 ②不利于树立良好的形象
稳定增长股利	①有利于投资者安排收入和支出 ②有利于树立良好的形象	①股利支付与盈利脱节 ②难以保持较低的资金成本
固定股利支付率股利	①股利支付与盈利密切结合 ②体现风险与收益对等原则	①增加企业现金支付压力 ②不利于树立良好的形象
低正常股利加额外股利	①股利分配具有较大的灵活性 ②低稳定股利有利于吸引部分股东	①股利发放缺乏稳定性，影响投资者的信心 ②较长时间发放额外股利后，一旦取消容易导致股价下跌

企业在不同阶段所采取的不同股利政策如表 7.2 所示。

表 7.2 企业不同发展阶段应采取不同的股利政策

企业发展阶段	特　点	股利政策
初创期	筹资能力差,经营风险大	剩余股利政策
高速发展期	投资规模大	低正常股利加额外股利政策
稳定成长期	收入与盈利稳定增长	固定股利支付率股利政策
成熟期	收入与盈利稳定	稳定增长股利政策
衰退期	收入与盈利减少	剩余股利政策

7.3 股利与股利支付

7.3.1 股利的概念及其种类

1)股利的概念

依照公司章程规定,通常从税后净利润中依股份按期以一定数额分派给股东的投资报酬。股利是按资分配的一种形式,投资者虽然不直接参与现实的生产经营过程,但作为物化劳动的资金却参与了生产过程,应参与劳动成果分配。投资人向企业投资的目的之一,就是为了多获取股利,每年分派股利的多少又是一个企业信誉的象征。

2)股利的种类

按支付股利方式的不同,股利可分为现金股利、股票股利、财产股利和负债股利,我国一般是现金股利和股票股利。

(1)现金股利

现金股利是企业以现金资产的形式发放给股东的股利。这是最常见的股利分派方式。现金股利发放的多少主要取决于公司的股利政策和经营业绩。企业选择现金股利的条件主要是,企业有充足的可以派发的现金,资产流动性较强;企业有较强的外部筹资能力。现金股利的派发有利于支撑和刺激企业的股价,增强投资者的投资信心。

(2)股票股利

股票股利是企业将应分配给股东的股利以股票的形式发放。企业派发股票股利时,账面上只需将未分配利润转化为股本即可,并未造成企业现金的流出和其他财产的减少。对股东来说,股票股利能保证所有者在无任何权益资本投入情况下,仍能维持现有的股权结构,也不会导致企业控制权的稀释,因而比较迎合股东的意愿,有利于股东财富增加。

股票股利对企业的影响是多方面的:

①股票股利的发放会增加企业市场流通股票的规模,导致每股净资产和股价的下降,有利于企业股票的市场流通性,特别是股票价格较高,并造成投资者的心理压力时,其作用更

为显著。

②股票股利还向市场传递一种信息，企业未来盈利能力将会有较大幅度的提高，从而刺激股价的上扬。

③股票股利的发放也会被某些投资者认为是企业现金周转不灵的先兆，会对股价产生不良影响。

④企业还要承担一定的收益风险，因为股票股利使股票的流通数量增加，而净资产没有增加，要保持每股收益的稳定，需大幅度地提高资产报酬率，否则，企业将面临每股收益大幅度下降的风险，并导致股价下滑。

例 7.4 某公司发行在外的普通股股数为 2 000 万股，每股面值 1 元，市价 5 元。现决定发放 10%的股票股利，结果如表 7.3 所示。

表 7.3 股票股利的发放 单位：万元

项　目	发放股票股利前	发放股票股利后
股本	2 000	2 200
资本公积	750	1 550
盈余公积	1 680	1 680
未分配利润	3 200	2 200
合计	7 630	7 630

7.3.2 股利发放的程序

企业分配股利必须遵守法定的程序，一般先由董事会宣布发放股利的日期。在宣布分配方案时，要公布股权登记日、除息日和股利发放日。

(1)股利宣告日

股利宣告日，即股东大会决议通过并由董事会宣布发放股利的日期。在宣布分配方案时，要公布股利额大小、股利支付方式、股权登记日、除息日和股利发放日。我国上市企业一般分年度派发股利，但也有部分企业分半年派发股利。在西方，一般按季度派发。例如，A 企业的董事会在有关报纸上公布："经企业董事会 2013 年 3 月 5 日会议决定，将于 2013 年 3 月 22 日向 2013 年 3 月 20 日登记在册的所有股东发放每股 0.5 元的股利。"2013 年 3 月 5 日即为股利宣告日。

(2)股权登记日

在股利发放过程中，首先需要确认的是谁有权享有股利，股权登记日明确了有权领取本期股利的股东资格登记截止日期，股权登记日的股票交易结束后在册股东才有资格领取股利。在上面的例子中，A 企业将在 2013 年 3 月 20 日这一天停止营业后，编制出当天企业所有在册的股东名单，在册股东享有股利分配权。

(3)除息日(除权日)

除息日，即从股价中扣除股利的日期，一般扣除现金股利为除息日，扣除股票股利为除权日。在除息日之前购买的股票，才能领取本次股利，在除息日当天及以后买入股票的股东都无权再分享股利。股权登记日的下一个交易日为除息日。在上例中,除息日应为2013年3月20日往后算的第一天,即3月21日。若某投资者想要获得A企业的股利,他必须于2013年3月20日或3月20日以前购买A企业的股票。

(4)股利发放日(付息日)

股利发放日是企业将股利正式发放给股东的日期。上例中的A企业只有在2013年3月22日才会将股利支票寄给名字已列入"股权登记日股东名册"上的股东手中。

7.3.3 股票回购

股票回购,是指企业出资将其发行流通在外的股票以一定价格购回予以注销或作为库存股的一种资本运作方式。

1)股票回购的动机

企业回购股票的动机主要有:

(1)提高财务杠杆比例,改善企业资本结构

当企业权益资产比重过高,资本结构失衡时,企业可以通过股票回购来达到优化资本结构的目的。在此情况下,企业回购的股票一般作为库藏股票处理。在特殊情况下,企业还可以通过股票的回购,使企业由上市企业转化为非上市企业。

(2)满足企业兼并与收购的需要

市场经济条件下,企业间的兼并和收购行为频繁发生,作为兼并方或收购方要达到其对目标企业的兼并或收购目的,可以通过现金支付方式,也可以通过吸收股份的方式,即以兼并方的股票来交换目标企业股东手中的股票,使目标企业股东成为兼并方的股东。无疑,库藏股票有利于达此目的,避免企业巨额现金流出。

(3)股份回购是企业股利分配的替代手段

股东收益包括股票分红派息收入与股票转让的资本利得收入,一般来说,国家对前者课以较高的个人所得税,而对后者课以较低的资本利得税,若企业分派现金股利,则股东不得不缴纳个人所得税,而企业实行股份回购,股东拥有选择权,具有流动性偏好的股东,转让股票取得现金形态的资本利得,而继续持股的股东由于所持股票的每股盈余提升,使个人财富增加,并且相关的资本利得税递延到股票出售时缴纳,因此基于税收的考虑,企业常以股份回购替代现金股利的分配。

(4)满足企业行使认股权的需要

在企业发行可转换证券或附认股权证券的情况下,企业可以通过股票回购形成的库藏股票来满足认股权计划对企业股票的要求,企业无须再发行新的股票。此外,股票回购还能满足企业对股票的其他需求,如雇员福利和分配方案的实施对股票的需要。

2)股票回购的方法

企业一旦通过股票回购方案,就必须选择实施股票回购的具体方法。一般股票回购的具体方法有,公开市场购买、固定价格购买、荷兰式招标收购、议价购买和转换回购。

(1)公开市场购买

该办法是指企业直接在股票市场上以现行价格回购企业股票。公开市场购买是股票回

购的最基本方法,统计资料显示,美国90%以上的股票回购是在公开市场上购买的,由于采用公开市场购买要受到证券交易委员会实务规则中有关回购数量、股价等方面的制约,回购时间相对较长,且回购期间企业股价又有大幅上升的可能性。

(2)固定价格购买

固定价格购买是指企业发布公告向市场宣布将以某一固定价格收购本企业股票,并详细说明要收购的股票数量。这种收购使所有股东都具有向企业出售股票的同等机会,与公开市场购买相比,该收购方法对市场的影响更为深远,但这种方法的回购成本通常要比在公开市场上回购成本高,且交易成本也比较高,如果超额认股或不足认股将会使企业陷入尴尬不利的境地。

(3)荷兰式招标收购

在该方法下,企业首先向市场发布企业进行股票回购计划,包括回购时间安排、回购股票数量、最高和最低收购价格等内容。接到股东报价后,企业按由低到高的顺序排列并决定最终股票的回购价格。可见,相对比较固定价格购买,该方法在股票价格方面有更大的灵活性。在一定程度上避免固定价格购买的超额认购的风险。

(4)议价购买

议价购买是企业通过与有意出售股票的大股东达成协议而实施的回购。采用此方法,股票协议价格要求以现行市价为基础,且通常能够以低于市价的价格收购,但企业也经常以溢价方式从潜在威胁的股东手中购买大宗股票,以保平安。如果企业的协议价格太高,与部分股东签订的优先协议将会引起企业其他股东的损失和不满。

(5)转换回购

转换回购是指企业以新发行的债券或优先股来回购企业市场流通的股票。该方法有利于企业现金流量的保持,但由于股票的流动性较强,为弥补替代证券的流动性较低的问题,转换回购往往要支付高额溢价。

3)股票回购的负效应

股票回购可能对上市企业经营造成的负面影响有:①股票回购需要大量资金支付回购的成本,易造成资金紧缺,资产流动性变差,影响企业发展后劲;②回购股票可能使企业的发起人股东更注重创业利润的兑现,而忽视企业长远的发展,损害公司的根本利益;③股票回购容易导致内部操纵股价。

7.3.4 股票分割

1)股票分割

股票分割是指通过成比例地降低股票面值而增加普通股的数量,它是一种将面额较高的股票转换成面额较低股票的行为。在股票分割后,由于普通股数量的增加,普通股面值相应降低,其造成的影响将与股票股利不尽相同,归纳起来主要有以下两点:

①普通股股本、资本公积、留存收益都保持不变,股东权益总额也不变。

②每股面值和每股收益由于普通股数量的增加而降低。

例7.5 某公司股票市价20元,普通股股数20万股,面值2元,现进行1股换2股的股票分割,如表7.4所示。

表 7.4　股票分割　　单位:元

	分发前	分发后
普通股	400 000(20 万股,面额 2 元)	400 000(40 万股,面额 1 元)
资本公积	400 000	400 000
未分配利润	2 000 000	2 000 000
股权合计	2 800 000	2 800 000

相对于增加流通在外普通股数量的股票分割政策,企业在某个时期如希望减少流通在外普通股的数量,可通过股票合并来实现。股票合并作为股票分割的反向操作行为,又称为"反分割"。它造成的影响可以归纳为:

①由于普通股数量的减少,导致普通股面值相应提高。

②与股票分割一样,股票合并后,普通股股本总额、资本公积、留存收益都保持不变,股东权益总额也保持不变。

③由于普通股数量减少,而本年税后净利润不变,导致普通股每股收益增加。

2) 股票股利与股票分割的意义

①股票股利与股票分割使企业的股票处于一个价位更低的交易范围,从而可以吸收更多的购买者购买企业的股票,扩大个人投资者持有股票的数量,有利于扩大企业的影响。

②在投资者看来,股票股利与股票分割是成长中企业的行为,因而能提高投资者对企业的信心,在一定程度上可稳定甚至提高企业股票的价格。

③发放股票股利可使股东分享企业的盈余而企业不支出大量的现金,便于企业扩大规模进行再投资,有利于企业的长期稳定发展。

④股票股利与股票分割都能达到降低企业股价的目的。但一般来说,只有企业股价剧涨且预期难以下降时,才采用股票分割的办法;而在企业股价上涨幅度不大时,往往通过股票股利将其股价维持在一个理想的范围之内。

股票分割对企业的资本结构和股东权益不会产生任何影响,但会引起每股面值降低,并由此引起每股收益和每股市价下跌。

3) 股票股利与股票分割的比较

股票股利与股票分割的比较如表 7.5 所示。

表 7.5　股票股利与股票分割的比较

项　目	股票股利	股票分割
资产总额	不变	不变
负债总额	不变	不变
所有者权益总额	不变	不变
所有者权益内部结构	变	不变
股数	增加	大量增加
每股收益	下降	下降
每股市价	下降	下降
股东持有股份的市场价值	不变	不变

能力训练

一、单项选择题

1.下列在确定公司利润分配政策时应考虑的因素中,不属于股东因素的是(　　)。

A.规避风险　　B.稳定股利收入

C.防止公司控制权旁落　　D.公司未来的投资机会

2.(　　)政策的依据是股利无关论。

A.剩余股利　　B.固定股利

C.固定股利支付率　　D.低正常股利加额外股利

3.(　　)认为用留存收益再投资带给投资者的收益具有很大的不确定性,并且投资风险随着时间的推移将进一步增大,所以投资者更喜欢现金股利。

A.在手之鸟理论　　B.信号传递理论　　C.代理理论　　D.股利无关论

4.剩余股利政策的优点是(　　)。

A.有利于树立良好的形象　　B.有利于投资者安排收入和支出

C.有利于企业价值的长期最大化　　D.体现投资风险与收益的对等

5.对收益经常波动的企业最不适宜选择的股利政策是(　　)政策

A.剩余股利　　B.固定股利

C.固定股利支付率　　D.低正常股利加额外股利

6.在下列各项中,能够增加普通股股票在外股数,但不改变公司资本结构的行为是(　　)。

A.支付现金股利　　B.增发普通股　　C.股票分割　　D 股票回购

7.(　　)政策适用于经营比较稳定或正处于成长期、信誉一般的公司。

A.剩余股利　　B.固定股利

C.固定股利支付率　　D.低正常股利加额外股利

8.(　　)政策既可以在一定程度上维持股利的稳定性,又有利于企业的资本结构达到目标资本结构,使灵活性与稳定性较好的结合。

A.剩余股利　　B.固定股利

C.固定股利支付率　　D.低正常股利加额外股利

9.上市公司发放现金股利的原因不包括(　　)。

A.投资者偏好　　B.减少代理成本

C.传递公司的未来信息　　D.减少公司所得税负担

10.(　　)是领取股利的权利与股票相互分离的日期。

A.股利宣告日　　B.股权登记日　　C.除息日　　D.股利支付日

11.股票股利与股票分割影响的区别在于(　　)。

A.股东的持股比例是否变化

B.所有者权益总额是否变化

C.所有者权益结构是否变化

D.股东所持股票的市场价值总额是否变化

12.股票回购的方式不包括(　　)。

A.向股东标购　　B.用普通股换回债券

C.与少数大股东协商购买　　D.在市场上直接购买

13.在下列股利分配政策中,能保持股利与收益之间一定的比例关系,并体现多盈多分、少盈少分、不盈不分原则的是(　　)政策。

A.剩余股利　　B.固定股利

C.固定股利支付率　　D.低正常股利加额外股利

14.按照剩余股利政策,假定某公司目标资金结构为权益资金与借入资金之比为5∶3,该公司下一年度计划投资600万元,今年年末实现的净利润为1 200万元,股利分配时,应从税后净利中保留(　　)万元用于投资,再将剩余利润发放股利。

A.600　　B.250　　C.375　　D.360

二、多项选择题

1.固定股利支付率政策的优点包括(　　)。

A.使股利与企业盈余紧密结合　　B.体现投资风险与收益的对等

C.有利于稳定股票价格　　D.缺乏财务弹性

2.企业选择股利政策类型时通常需要考虑的因素包括(　　)。

A.企业所处的成长与发展阶段　　B.股利信号传递功能

C.目前的投资机会　　D.企业的信誉状况

3.股东从保护自身利益的角度出发,在确定股利分配政策时应考虑的因素有(　　)。

A.规避所得税　　B.担心控制权的稀释

C.追求稳定的收入　　D.规避风险的需要

4.下列各项因素中,属于影响股利政策因素的是(　　)。

A.法律因素　　B.债务契约因素　　C.公司自身因素　　D.股东因素

5.企业的收益分配应当遵循的原则包括(　　)。

A.依法分配原则　　B.资本保全原则

C.股东利益最大化原则　　D.分配与积累并重原则

6.下列股利政策中,先确定股利的数额,后确定留存收益的数额的有(　　)。

A.剩余股利政策　　B.固定或稳定增长的股利政策

C.固定股利支付率政策　　D.低正常股利加额外股利政策

7.公司在不同的成长阶段,适用不同的股利政策,下列各项中适用剩余股利政策的有(　　)。

A.公司初创阶段　　B.公司快速发展阶段

C.公司成熟阶段　　D.公司衰退阶段

8.在决定是否对股东派发股利以及确定股利支付率时,需要考虑的因素包括(　　)。

A.企业所处的成长周期　　B.企业的筹资能力及筹资成本

C.股东偏好　　D.企业的资本结构

9.发放股票股利的优点包括(　　)。

A.可以在心理上给股东以从公司取得投资回报的感觉

B.通过发放股票股利可以适当降低股价水平,促进公司股票的交易和流通

C.可以降低发行价格,有利于吸引投资者

D.可以使股权更为分散,有效地防止公司被恶意控制

10.股票分割和股票股利的共同点包括(　　)。

A.均可以促进股票的流通和交易　　B.均有助于提高投资者对公司的信心

C.均可以促进新股的发行　　D.均可以有效地防止公司被恶意控制

三、计算分析题

1.某公司2013年支付股利255万元,过去的10年间该公司盈利按固定的10%速度持续增长,2013年税后利润为870万元。2014年预计盈利1 381万元,投资总额为1 000万元,预计2014年以后仍会恢复10%的增长率。公司如采用不同的股利政策,请分别计算2014年的股利:

①股利按盈利的长期增长率稳定增长;

②维持2013年的股利支付率;

③采用剩余股利政策(投资1 000万元中30%以负债融资);

④2014年的投资30%用外部股权融资,30%用负债,40%用保留盈余,未投资盈余用于发放股利。

2.某公司今年年底的所有者权益总额为9 000万元,普通股6 000万股。目前的资本结构为长期负债占55%,所有者权益占45%,没有需要付息的流动负债。该公司的所得税率为25%。预计继续增加长期债务不会改变目前的11%的平均利率水平。董事会在讨论明年资金安排时提出:①计划年度分配现金股利0.05元/股;②为新的投资项目筹集4 000万元的资金;③计划年度维持目前的资本结构,并且不增发新股,不举借短期借款。测算实现董事会上述要求所需要的息税前利润。

3.某企业本年税后净利为300万元,下年拟启动一个新项目,需投资400万元,企业目标资本结构为资产权益率0.6,企业流通在外的普通股为1 000万股,如果企业采用剩余股利政策,问:

①企业本年可发放的股利额是多少?

②股利支付率是多少?

③每股股利是多少?

4.某企业以50%的资产负债率作为目标资本结构,企业当年税后利润为500万元,预计企业未来的总资产要达到1 200万元,现有的权益资本为250万元。要求计算以下互不相关的问题:

①若采用剩余股利政策,当年股利支付率为多少?

②若股利支付率为100%,计算在市盈率为10,每股盈余为2元的条件下应增发的普通股股票数是多少?

第8章 财务预算

本章导航

财务预算编制的程序与方法	一、预算编制程序	了解财务预算编制程序
	二、预算编制方法	理解固定与弹性预算、增量与零基预算、定期与滚动预算的区别 掌握弹性、零基滚动预算的编制
财务预算的编制	一、财务预算体系	了解财务预算体系
	二、日常业务预算的编制	掌握日常业务预算的编制方法
	三、现金预算的编制	掌握现金预算的编制方法
	四、预计利润表的编制	掌握预计利润表的编制方法
	五、预计资产负债表的编制	掌握预计资产负债表的编制方法

8.1 预算的编制程序与方法

8.1.1 预算编制的程序

企业编制预算，一般应按照“上下结合、分级编制、逐级汇总”的程序进行。

1）下达目标

企业董事会或经理办公会根据企业发展战略和预算期经济形势的初步预测，在决策的基础上提出下一年度企业财务预算目标，包括销售目标、成本费用目标、利润目标和现金流量目标，并确定财务预算编制的政策，由预算管理层下达各部门。

2）编制上报

各部门按照预算管理层下达的财务预算目标和政策，结合自身特点以及预测的执行条件，提出详细的本部门财务预算方案上报企业财务管理部门。

3）审查平衡

企业财务管理部门对各部门上报的财务预算方案进行审查、汇总，提出综合平衡的建议。在审查、平衡过程中,预算管理层应当进行充分协调,对发现的问题提出初步调整的意见,并反馈给各有关部门予以修正。

4)审议批准

企业财务管理部门在各部门修正调整的基础上,编制出企业财务预算方案,报预算管理层讨论。对于不符合企业发展战略或者财务预算目标的事项,企业预算管理层应当责成有关部门进一步修订、调整。在讨论、调整的基础上,企业财务管理部门正式编制企业年度财务预算草案,提交董事会或总经办审议批准。

5)下达执行

企业财务管理部门对董事会或总经办审议批准的年度总预算,分解成一系列的指标体系,由财务预算管理层逐级下达各部门执行。

8.1.2 预算编制的方法

1)固定预算与弹性预算

编制预算的方法按其业务量基础的数量特征不同,可分为固定预算和弹性预算两类。

(1)固定预算

①固定预算的含义。固定预算方法又称为静态预算法,是指在编制预算时,根据预算其正常的、可实现的固定业务量作为唯一编制基础的预算编制方法。

②固定预算的优缺点。固定预算编制简单、易行、易于操作。但是固定预算法有其不可避免的两个缺点:一是过于机械呆板。固定预算方法只根据预算期内一种可能达到的预计业务量水平编制预算,而不管未来预算期内实际业务量水平是否发生波动,因此编制基础机械呆板。二是可比性差。一旦预计业务量与实际业务量水平相差甚远时,必然导致有关成本费用及利润的实际水平与预算水平因业务基础不同而失去可比性,不利于开展控制和考核。

③固定预算的适用范围。固定预算适合于业务量水平较为稳定的企业或非营利组织编制预算时采用。

(2)弹性预算

①弹性预算的含义。弹性预算又称为变动预算和滑动预算。弹性预算的基本原理是,将成本费用按照成本习性划分为固定成本和变动成本两大部分,编制弹性预算时,对固定成本不予调整,只对随业务量改变的变动成本进行调整。因此,可以对弹性预算定义为在成本习性分析的基础上,以业务量、成本和利润三者之间的关系为依据,根据预算期内一系列可能达到预计业务量水平编制预算的方法。

②弹性预算的优缺点。弹性预算克服了固定预算不足,具有如下两个显著的优点:一是预算适应性强。弹性预算根据预算期内一系列可能达到的预计业务量水平编制预算,能够适应各种不同的业务量水平,从而扩大了预算的适应范围。二是可比性强。因为弹性预算在成本性态分析的基础上,对固定成本不进行调整,只对随业务量改变的变动成本进行调整,所以弹性预算能够随着业务量的变动而变动,使预算执行情况的评价和考核建立在更加客观可比的基础上,可以充分发挥预算在管理中的控制作用。弹性预算方法的缺点是编制比较复杂,工作量较大。

③弹性预算的适用范围。未来业务量的变动影响到成本、费用和利润等各方面,因此,从理论上讲,弹性预算适用于企业预算中与业务量有关的各种预算,但从实用角度看,主要用于编制弹性成本费用预算和弹性利润预算等。

④弹性预算的编制。编制弹性成本预算的基本步骤是:选择业务量的计量单位;确定适用的业务量范围;逐项研究并确定各项成本(费用或利润)和业务量之间的数量关系;计算各项预算成本(费用或利润),并用一定的方式来表达。

弹性预算主要有公式法和列表法两种。

a.公式法。是指通过确定成本公式中的"固定成本预算数"和"单位变动成本预算数"来编制弹性成本预算的方法。

因为任何成本都可以用公式"$y=a+bx$"来近似地表示,所以只要在预算中列示 a(固定成本)和 b(单位变动成本),便可随时利用公式计算任一业务量(x)的预算成本(y)。

例 8.1 A 公司按公式法编制的制造费用弹性预算如表 8.1 所示。其中较大的混合成本项目已经被分解。

表 8.1 单位:元

业务量范围(人工工时)	350~550	
项目	固定成本(每月)	变动成本(每人工工时)
运输费		0.30
电力		1.00
消耗材料		0.20
修理费	170	1.00
油料	300	0.30
折旧费	150	
管理人员工资	1 000	
合计	1 620	2.80
备注	当业务量超过 500 工时后,修理费用固定部分上升为 250 元	

根据表 8.1,可利用 $y=1\ 620+2.8\ x$,计算出人工工时在 350~500 的范围内,任一业务量基础上的制造费用预算总额;也可以计算出在该人工工时变动范围内,任一业务量的制造费用中某一费用项目的预算额,如修理费 $y=170+x$,运输费 $y=0.3\ x$ 等。

公式法的优点是:便于计算任何业务量的预算成本,在一定范围内不受业务量波动影响,而且编制预算的工作量小。缺点是:一是成本分解复杂、缺乏准确性,如成本须按细目进行分解,较为麻烦,且存在一定误差。阶梯成本和曲线成本只能用数学方法修正为直线,以便用"$y=a+bx$"公式来表示。二是固定成本预算数受业务量限制,当业务量超过一定范围就要采用不同的固定成本金额和变动成本金额,表 8.1 的备注中就特别说明当业务量超过 500 工时后,修理费用固定部分上升为 250 元。三是预算总额需要计算,由于预算总额由公式"$y=a+bx$"表示,所以在进行预算控制和考核时,不能直接查出特定业务量下的总成本预算额。

b.列表法。又称多水平法,是指通过列表的方式,在相关范围内划分为若干不同业务量水平,来分别计算各项预算成本,汇总列入预算表的方法。

采用列表法,首先要在确定的业务量范围内划分出若干个不同水平,在预算中,业务量的间隔一般为10%,间隔较大,水平级别就少一些,可简化编制工作,但太大了就会失去弹性预算的优点;间隔较小,用以控制成本较为准确,但会增加编制的工作量。

例8.2 A公司以五种业务量水平来列示成本预算数据,如表8.2所示。

表8.2 A公司制造费用预算 单位:元

业务量(直接人工工时)	350	400	450	500	550
占正常生产能力百分比	70%	80%	90%	100%	110%
变动成本:					
运输费($b=0.3$)	105	120	135	150	165
电力($b=1$)	350	400	450	500	550
消耗材料($b=0.2$)	70	80	90	100	110
合计	525	600	675	750	825
混合成本:					
修理费	520	570	620	670	720
油料	405	420	435	450	465
合计	925	990	1 055	1 120	1 185
固定成本:					
折旧费	150	150	150	150	150
管理人员工资	1 000	1 000	1 000	1 000	1 000
合计	1 150	1 150	1 150	1 150	1 150
总计	2 600	2 740	2 880	3 020	3 160

注:混合成本修理费和油料的预算公式为:

修理费=170+预计工作量;油料=300+0.3×预计工作量

列表法的优点是:一是不管实际业务量是多少,不必经过计算即可找到与业务量相近的预算成本,用以控制成本比较方便。二是混合成本中的阶梯成本和曲线成本,可按其性态计算填列,不必用数学方法修正为近似的直线成本。列表法的缺点是:一是计算工作量大,而且在运用多水平法弹性预算评价和考核实际成本时,往往需要使用插补法来计算"实际业务量的预算成本"。二是适用范围较窄。列表法是根据一定的业务量范围内所编制的预算,不能包括所有业务量条件下的费用预算,当业务量水平超出所定范围时,就要重新编制预算,所以适用范围较为狭窄。

2)增量预算与零基预算

编制成本预算的按是否考虑基期成本费用水平这一特征,可分为增量预算和零基预算两种方法。

(1)增量预算

①增量预算的含义。增量预算是指以基期成本费用水平为基数,结合预算期业务水平

及降低成本的措施，通过调整有关费用项目而编制的预算。

②增量预算的假定。增量预算方法假定：a.现有的业务活动是企业所必需。只有保留企业现有业务活动，企业的经营过程才能够正常进行；b.原有的各项开支都是合理的，必须予以保留，有关成本项目的调整只能在原有各项开支的基础上进行。

③增量预算方法的优缺点。增量预算方法在基期成本费用水平的基础上，对预算值进行增减调整，使预算工作简单、工作量小。主要缺点是：a.增量预算法不加分析地保留或接受原有成本费用项目，造成各种成本费用项目水平普遍不断上升；b.受原有项目制约，不利于根据企业的内外环境的变化调整预算，阻碍企业的长远发展。

(2)零基预算

①零基预算的含义。零基预算是指在编制预算时，不考虑以前的情况，从零出发，根据企业的实际需要重新考查每一项的收入及支出是否合理，在综合平衡的基础上编制预算。零基预算方法由美国德州仪器公司的彼得·派尔在20世纪70年代提出来的，现已成为管理间接费用的一种行之有效的方法。

②零基预算的优缺点。零基预算的优点是克服了增量预算方法的不足，不再以历史资料为基础进行调整，而是一切以零为基础。编制预算时，一切从现实出发分析企业的各项收支，能调动各方面的积极性，有助于企业的长远发展。缺点是工作量大。

③零基预算的适用范围。零基预算适用间接成本和费用都较高的企业，如游乐场、电影院等服务性企业，以及制造费用较高，投入产出较难辨认的生产企业，如发电站、自来水公司等。

④零基预算的编制。零基预算方法编制步骤：第一，确定基本预算单位。第二，设计相应费用预算方案。预算单位依据企业在预算年度的总体目标以及由此确定的各基本预算单位的具体目标和业务活动水平，提出相应的费用预算方案，并说明每一项费用开支的理由和数额。第三，进行成本和效益分析。比较每一项费用及相应效益，评价每项费用开支计划的重要程度，区分不可避免成本与可延缓成本。第四，决定预算项目资金分配方案。将预算期可运用的资金在预算单位内各项目之间进行分配，对不可避免成本项目优先安排资金，对可延缓成本项目根据可动用资金情况按轻重缓急、收益大小分配资金。第五，编制明细成本费用预算。预算单位根据由企业统一协调安排的有关指标，逐项下达费用预算。

例8.3 B公司采用零基预算法编制2014年销售费用预算。第一步，由销售部门全体职工，根据预算期全公司的总目标和本部门的具体目标，进行反复讨论，提出预算期可能发生的一些费用项目及金额，如表8.3所示。

表8.3 B公司预计销售费用项目及开支 单位：元

费用项目	开支金额
业务招待费	25 000
广告费	80 000
差旅费	10 000
办公费	30 000
销售人员工资	55 000
合计	200 000

第二步，对广告费和业务招待费（可延缓成本项目）根据历史资料进行“成本—效益”分析，作出评价。其结果如下：广告费投入成本1元，可获得收益30元；业务招待费投入成本1元，可获得收益25元。至于差旅费、办公费和销售人员工资，经研究列入不可避免成本费用项目，应全额得到保证。

第三步，假定B公司在预算期内可用于销售的费用资金为180 000元，则该部门分配资金时首先满足差旅费、办公费和销售人员工资等不可避免成本费用支出，共计95 000（10 000+30 000+55 000）元，剩余85 000（180 000−95 000）元，按收益大小在业务招待费和广告费之间分配（保留小数点后两位）：

费用分配率＝85 000÷（30+25）＝1 545.45（元）

广告费用项目可分配的资金＝30×1 545.45＝46 363.5（元）

业务招待费用项目可分配的资金＝25×1 545.45＝38 636.5（元）

第四步，编制零基销售费用预算表，如表8.4所示。

表8.4 2014年B公司销售费用零基预算表 单位：元

项 目	业务招待费	广告费	差旅费	办公费	销售人员工资	合 计
预算额	38 636.5	46 363.5	10 000	30 000	55 000	180 000

注意：在实际工作中，某些成本—效益的关系并不容易确定，按零基预算方法编制预算时，不能机械地平均分配资金，而应根据企业的实际情况，有重点、有选择地确定预算项目，保证重点项目的资金需要，同时要合理地确定可避免项目的成本费用分配率。

3）定期预算与滚动预算

编制预算的方法按其预算期的时间特征不同，可分为定期预算和滚动预算两大类。

（1）定期预算

①定期预算的含义。定期预算是指在编制预算时，以不变的会计期间（一般以一个会计年度为一个完整的预算期）作为预算期的一种编制预算的方法。

②定期预算方法的优缺点。定期预算方法的优点是预算期与会计期间相等，能合理利用预算管理和考核企业。缺点是：a.远期指导性差。定期预算的编制时间是年初甚至提前两三个月，对于整个预算年度的生产经营活动很难作出准确的预算，尤其是对预算后期的数据只能进行笼统地估算，数据不准确，缺乏远期指导性；b.预算滞后性。由于定期预算不能根据情况的变化及时调整，当预算中各经营活动在预算期内发生重大变化时，就会造成预算与现实的脱节；c.预算时间的间断性。由于受预算时间的限制，致使经营管理人员只能依据本期规划进行决策，不能适应连续不断的经营过程，在时间上不连贯，不利于企业的长远发展。

（2）滚动预算

①滚动预算的含义。滚动预算是指预算的编制随着预算的执行不断补充，逐期向后滚动，而预算期保持不变的预算编制方法，如图8.1所示。

滚动预算滚动的时间单位分为逐月滚动、逐季滚动和逐年滚动。滚动预算滚动的方式有等时滚动和混合滚动两种方式。等时滚动是指在编制预算过程中，以相等的会计期间作为预算的编制和滚动单位。混合滚动是指在预算编制过程中，同时使用两种或两种以上会计期间作为预算的编制和滚动的单位。

②滚动预算的优缺点。滚动预算的优点是透明度高,及时反映企业的变化,而且预算编制完整、连续性强;缺点是预算工作量大。

③滚动预算的适用范围。滚动预算适用于规模较大、时间较长的工程类或大型设备采购项目。

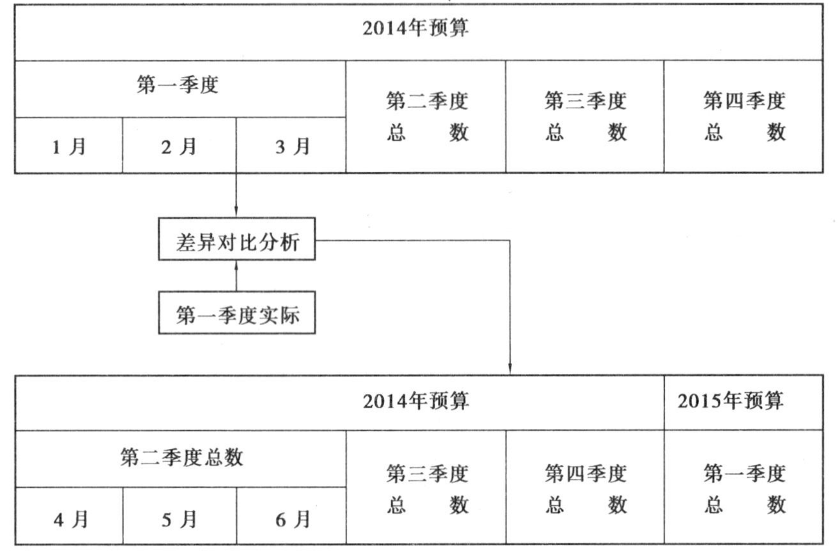

图 8.1　滚动预算示意图

8.2　财务预算的编制

8.2.1　财务预算的体系

财务预算是指反映企业未来一定预算期内的预计现金收支、经营成果和财务状况的各种预算,具体包括现金预算、预计损益表、预计资产负债表和预计现金流量表等,如图 8.2 所示。

8.2.2　日常业务预算的编制

1)销售预算

销售预算是规定企业预算期内销售目标和实施计划的一种业务预算。它是编制企业预算的出发点,也是编制其他日常业务预算的基础。通过市场预测预计销售量和单价以后,便可根据产品的品种、数量、单价确定预算期销售收入,并根据预算期现金收入与回收赊销货款的可能情况反映现金收入,从而编制现金收入预算。

例 8.4　A 公司 2014 年计划只产销一种产品,每季度销售收入中,本季度收到现金 50%,另外的 50%现金要到下季度才能收到。2013 年年末应收账款 25 000 元。该公司 2014

年的销售预算如表 8.5 所示。为方便计算,本章均不考虑增值税。

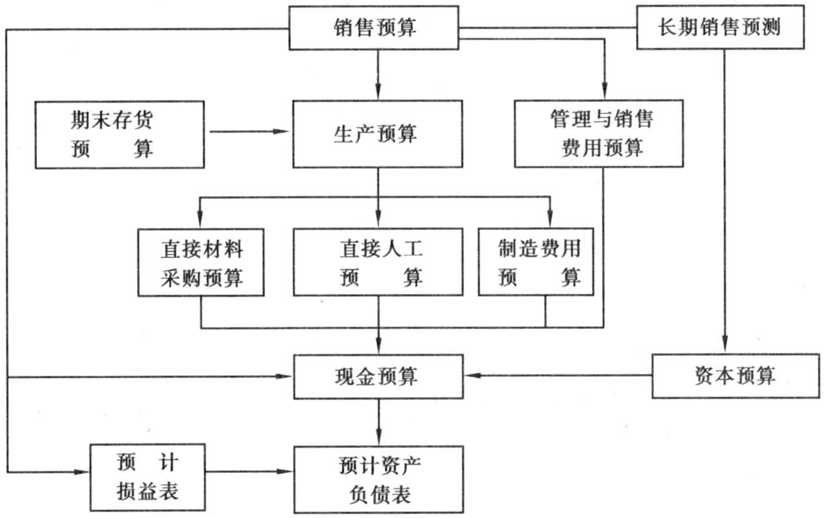

图 8.2 各种预算关系图

表 8.5 A 公司 2014 年度销售预算 单位:元

季 度	一	二	三	四	全 年
预计销售量(件)	1 100	1 200	1 500	1 200	5 000
预计销售单价	70	70	70	70	70
销售收入	77 000	84 000	105 000	84 000	350 000

该公司 2014 年度现金收入预算如表 8.6 所示。

表 8.6 A 公司 2014 年度现金收入预算 单位:元

季 度	一	二	三	四	全 年	资料来源
销售收入	77 000	84 000	105 000	84 000	350 000	见表 8.5
期初应收账款	25 000				25 000	上年末销售收入为 50 000 元
一季度现金收入	38 500	38 500			77 000	
二季度现金收入		42 000	42 000		84 000	
三季度现金收入			52 500	52 500	105 000	
四季度现金收入				42 000	42 000	
现金收入合计	63 500	80 500	94 500	94 500	333 000	年末应收账款 42 000 元

2)生产预算

生产预算是在销售预算基础上编制的,其主要内容有销售量、期初和期末存货、生产量。在确定产销量关系时,必须考虑产品的存货水平。通常,企业的生产和销售不能做到"同步同量"，需要设置一定的存货，以保证能在发生意外的需求时按时供货，并可均衡生产，节省赶工时间的额外支出。具体计算公式如下：

预计生产量 = 预计销售量 + 预计期末存货量 - 预计期初存货量

例 8.5 承例 8.4，A 公司年初库存产品有 110 件，年末预计留存 100 件。其余预算期末存货数量通常按下期销售量的 10%计算。该公司 2014 年度生产预算如表 8.7 所示。

表 8.7 A 公司 2014 年生产预算 单位：件

季 度	一	二	三	四	全 年	资料来源
预计销售量	1 100	1 200	1 500	1 200	5 000	见表 8.5
加：预计期末存货	120	150	120	100	100*	全年期末存货就是第四季度期末存货
合计	1 220	1 350	1 620	1 300	5 100	
减：预计期初存货	110	120	150	120	110*	全年期初存货就是第一季度期初存货
预计生产量	1 110	1 230	1 470	1 180	4 990	

3）直接材料采购预算

直接材料采购预算是指为规划一定预算期内因组织生产活动和材料采购活动预计发生的直接材料需用量、采购数量和采购成本而编制的一种业务预算。此种预算以生产预算为基础编制，同时要考虑原材料的存货水平，其主要内容有直接材料单位产品用量、生产需用量、期初和期末存货量等。主要计算公式如下：

生产需用量 = 预计生产量 × 单位产品定额耗用量

预计材料采购量 =（生产需用量 + 期末存货量）- 期初存货量

材料采购金额 = 预计材料采购量 × 材料采购单价

例 8.6 A 公司第一季度的期初材料存货量是 400 千克，第四季度期末材料存货量是 500 千克，其余季度期末材料存货量根据下季度生产量的 20%计算。材料采购单价为 5 元/千克。该公司 2014 年度直接材料采购预算如表 8.8 所示。

表 8.8 A 公司 2014 年度直接材料和采购预算 单位：千克、元

季 度	一	二	三	四	全 年	资料来源
预计生产量（件）	1 110	1 230	1 470	1 180	4 990	见表 8.7
单位产品材料用量	2	2	2	2	2	材料消耗定额
生产需用量	2 220	2 460	2 940	2 360	9 980	
加：预计期末存货量	492	588	472	500	500*	全年期末存货量就是第四季度期末存货量
合计	2 712	3 048	3 412	2 860	10 480	

续表

季　度	一	二	三	四	全　年	资料来源
减:预计期初存货量	400	492	588	472	400*	全年期初存货量就是第一季度期初存货量
预计材料采购量	2 312	2 556	2 824	2 388	10 080	
单价	5	5	5	5	5	
预计采购金额(元)	11 560	12 780	14 120	11 940	50 400	

为了便于编制现金预算,通常要预计材料采购各季度的现金支出。根据预算期现购材料支出和偿还前期所欠材料款的可能情况反映现金支出。每个季度的现金支出包括偿还上期应付账款和本期应支付的采购货款,两个项目占现金支出的百分比通常根据经验确定。本例中假定材料采购的货款有60%在本季度内付清,另外40%在下季度付清。年初应付款7 000元。A公司材料采购现金支出预算如表8.9所示。

表8.9　A公司材料采购现金支出预算　　单位:元

季　度	一	二	三	四	全　年	资料来源
上年应付账款	7 000				7 000	2013年度材料采购总账
第一季度应付采购款	6 936	4 624			11 560	见表8.8
第二季度应付采购款		7 668	5 112		12 780	
第三季度应付采购款			8 472	5 648	14 120	
第四季度应付采购款				7 164	7 164	
合计	13 936	12 292	13 584	12 812	52 624	

注:本表中第四季度应付采购款是根据第四季度采购金额与付现百分比得到的,即第四季度应付采购款=11 940×60%=7 164元;相应的2014年末应付账款金额=11 940×40%=4 776元

本例是单个材料品种的预算,在实际应用中,如果材料品种很多,需要单独编制材料存货的预算。

4)直接人工预算

直接人工预算是指为反映一定预算期内人工工时的消耗水平和规定人工成本开支而编制的一种业务预算。这种预算也是以生产预算为基础编制,其主要内容有预计产量、单位产品人工工时、人工总工时、小时工资率和直接人工工资成本、按直接人工工资成本一定百分比计算的其他直接支出(如:应付福利费)和人工总成本。“预计产量”数据来自生产预算。单位产品人工工时和小时工资率数据,来自标准成本资料和消耗定额资料。在编制预算时,各要素之间的关系如下:

$$人工总工时 = 预计生产量 \times 单位产品人工工时$$

$$直接人工工资成本 = 人工总工时 \times 小时工资率$$

例8.7　A公司单位产品人工工时为5小时;小时工资率为4元/小时。A公司的直接人

工预算如表 8.10 所示。

表 8.10　A 公司 2014 年直接人工预算

季　度	一	二	三	四	全　年	资料来源
预计生产量(件)	1 110	1 230	1 470	1 180	4 990	见表 8.7
单位产品人工工时(小时)	5	5	5	5	5	标准成本资料
人工总工时(小时)	5 550	6 150	7 350	5 900	24 950	
小时工资率(元/小时)	4	4	4	4	4	单位消耗定额资料
人工工资成本(元)	22 200	24 600	29 400	23 600	99 800	

注:由于人工工资均由现金开支,所以表 8.10 中的人工总成本也就是 A 公司 2014 年直接人工现金支出金额,可直接参与现金预算的汇总。

5)制造费用预算的编制

制造费用预算是指为规定预算期内除直接材料和直接人工预算以外预计发生的其他生产费用开支而编制的一种业务预算。制造费用按成本习性划分为变动制造费用和固定制造费用两部分。变动制造费用以生产预算为基础来编制。如果有完善的标准成本资料,用单位产品的标准成本与产量相乘,即可得到相应的预算金额。如果没有标准成本资料,就需要逐项预计计划产量需要的各项制造费用。固定制造费用按实际需要的支付额逐项预计,通常与本期产量无关。

例 8.8　A 公司 2014 年制造费用预算如表 8.11 所示,本例中除折旧费用之外都需要支付现金。

表 8.11　A 公司 2014 年制造费用预算　　单位:元

季　度	全　年	备　注
变动制造费用:		根据计划产量逐项预计 变动(或固定)制造费用分配率= 变动(或固定)制造费用÷相关分配标准预算数 变动制造费用分配率=$\frac{49\ 900}{24\ 950}$=2(元/小时) 固定制造费用分配率=$\frac{27\ 944}{4}$=6 986(元/季度)
间接人工	19 000	
间接材料	8 000	
修理费	12 900	
水电费用	10 000	
小计	49 900	
固定制造费用:		
折旧	7 400	
管理人员工资	15 144	
保险费	5 400	
小计	27 944	
合计	77 844	

由于折旧是非付现成本，因此制造费用的现金支出如表 8.12 所示。

表 8.12　A 公司 2014 年制造费用的现金支出预算　　单位:元

季　度	一	二	三	四	全　年	资料来源
人工工时(小时)	5 550	6 150	7 350	5 900	24 950	见表 8.10
变动制造费用分配率(元/小时)	2	2	2	2	2	见表 8.11
变动制造费用	11 100	12 300	14 700	11 800	49 900	
固定制造费用	6 986	6 986	6 986	6 986	27 944	见表 8.11
制造费用合计	18 086	19 286	21 686	18 786	77 844	见表8.11
减:折旧	1 850	1 850	1 850	1 850	7 400	
现金支出的费用	16 236	17 436	19 836	16 936	70 444	

6)产品成本预算

产品成本预算是生产预算、直接材料预算、直接人工预算和制造费用预算的汇总。其主要内容是产品的单位成本和总成本。单位产品成本的有关数据来自材料消耗及采购预算、生产量、期末存货量来自生产预算，销售量来自销售预算。

例 8.9　A 公司 2014 年产品成本预算如表 8.13 所示。

表 8.13　A 公司 2014 年产品成本预算

成本项目	单　耗	单　价	单位成本	资料来源
直接材料	2 千克	5 元/千克	10 元	见表 8.8
直接人工	5 小时	4 元/小时	20 元	见表 8.10
变动制造费用	5 小时	2 元/小时	10 元	
单位变动生产成本			40 元	
固定制造费用	5 小时	1.12 元/小时	5.6 元	
单位生产成本(合计)	—	—	45.6 元	
期末存货预算	期末存货量　100 件			
	期末存货成本　4 560 元			

7)销售费用和管理费用预算的编制

销售费用预算和管理费用预算，是以价值形式反映整个预算期内为销售产品和维持一般行政管理工作而发生的各项目费用支出预算。该预算与制造费用预算一样，需要划分为固定费用和变动费用列示，其编制方法也与制造费用预算相同。在该表下也应列示预计销售费用和管理费用的现金支出计算表，以便编制现金预算。

例 8.10　A 公司销售佣金和销售运杂费是变动销售费用，单位标准费用额分别是 3 元/件和 1 元/件，如表 8.14 所示。

表 8.14　A 公司 2014 年销售和管理费用及现金支出预算　　单位:元

季　度		一	二	三	四	全　年	资料来源
单位产品标准费用额	佣金	3	3	3	3	3	成本定额资料
	运杂费	1	1	1	1	1	

续表

季　度	一	二	三	四	全　年	资料来源
预计销售量	1 100	1 200	1 500	1 200	5 000	见表 8.5
变动性销售费用	4 400	4 800	6 000	4 800	20 000	
固定性销售费用:						
广告费	1 000	1 000	1 000	1 000	4 000	
差旅费	800	800	800	800	3 200	
小计	1 800	1 800	1 800	1 800	7 200	
销售费用合计	6 200	6 600	7 800	6 600	27 200	
管理费用:						
管理人员工资	3 600	3 600	3 600	3 600	14 400	
办公费	600	600	600	600	2 400	
折旧费	400	400	400	400	1600	
管理费用合计	4 600	4 600	4 600	4 600	18 400	
销售和管理费用合计	10 800	11 200	12 400	11 200	45 600	
减:折旧费	400	400	400	400	1 600	
现金支出合计	10 400	10 800	12 000	10 800	44 000	

8.2.3　现金预算的编制

现金预算由四部分构成:现金收入、现金支出、现金余缺、现金筹措与运用。“现金收入”包括期初现金余额和预算期现金收入,销货取得的现金收入是其主要来源。“期初现金余额”资料由上年资产负债表提供,“销货现金收入”来自销售预算,“可供使用现金”是期初余额与本期现金收入之和。“现金支出”包括经营现金支出和资本性现金支出两部分,“经营现金支出”和资本性现金支出来自前述有关预算。“现金余缺”部分列示现金收入合计与现金支出的差额。差额为正,说明收大于支,现金有多余,可用于补偿过去向银行取得的借款,或者用于短期投资。差额为负,说明支大于收,现金不足,要向银行取得新的借款或者抛售有价证券。

例 8.11　A 公司需要保留的现金余额不低于 10 000 元,不足此数时需要向银行借款,假设银行借款的金额要求是 1 000 元的倍数。A 公司现金预算如表 8.15 所示。

表 8.15　A 公司 2014 年现金预算　　单位:元

季　度	一	二	三	四	全　年	资料来源
期初现金余额	10 000	10 646	11 078	10 097.5	10 000	年初数等于上季度期末数
加:本期现金收入	63 500	80 500	94 500	94 500	333 000	见表 8.6

续表

季 度	一	二	三	四	全 年	资料来源
可供使用现金	73 500	91 146	105 578	104 597.5	343 000	
现金支出						
经营现金支出:						
直接材料	13 936	12 292	13 584	12 812	52 624	见表 8.9
直接人工	22 200	24 600	29 400	23 600	99 800	见表 8.10
制造费用	16 236	17 436	19 836	16 936	70 444	见表 8.12
销售与管理费用	10 400	10 800	12 000	10 800	44 000	见表 8.14
预交所得税	5 082	5 940	8 473	5 940	25 435	
固定资产投资	5 000	17 000	5 000		27 000	
预计支付股利	2 000	2 000	2 000	2 000	8 000	
现金支出合计	74 854	90 068	90 293	72 088	327 303	
现金余缺	(1354)	1 078	15 285	32 509.5	15 697	
资金筹措及运用:						
加:银行短期借款	12 000	10 000			22 000	
减:短期借款利息(利率 5%)			187.5	725	912.5	
还短期借款			5 000	17 000	22 000	
期末现金余额	10 646	11 078	10 097.5	14 784.5	14 784.5	

8.2.4 预计利润表的编制

预计利润表是指以货币形式综合反映预算期内企业经营活动成果和规定利润计划数的一种财务预算。这种预算是在汇总销售预算、产品成本预算、销售及管理费用预算、现金预算等预算的基础上加以编制的。编制这种预算的目的在于了解企业预期的盈利水平。如果预算利润与最初编制方针中的目标利润有较大的不一致,就需要调整部门预算,设法达到目标,或者经企业领导同意后修改目标利润。

例 8.12 A 公司预计利润表如表 8.16 所示。

表 8.16 **A 公司预计利润表**

2014 年度　　　　单位:元

项 目	金 额	资料来源
销售收入	350 000	见表 8.5
减:销售成本		
期初存货成本	4 950	上年资料
本期生产成本	227 544	见表 8.13

续表

项　目	金　额	资料来源
期末存货成本	4 560	见表 8.13
销售成本合计	227 934	
销售毛利	122 066	
减:期间费用		
销售及管理费用	45 600	见表 8.14
利息费用	912.5	见表 8.15
期间费用合计	46 512.5	
利润总额	75 553.5	
减:应交所得税(估计)	25 435	见表 8.15
税后净利润	50 118.5	

8.2.5 预计资产负债表的编制

预计资产负债表是以货币形式反映企业预算期末财务状况的总括性预算。预计资产负债表中除上年期末数已知外,其余项目均应在前述各项日常业务预算和专门预算的基础上分析填列。编制预计资产负债表的作用在于反映预算期企业财务状况的稳定性和流动性。如果通过对该预算的分析,发现某些反映企业预算期偿债能力、资产营运能力、盈利能力的财务比率不佳,必要时可修改有关预算,以改善财务状况。

例 8.13 A 公司预计资产负债表如表 8.17 所示。

表 8.17 A 公司预计资产负债表

2014 年 12 月 31 日　　单位:元

资　产	年初数	年末数	年末数资料来源及计算过程
流动资产:			
货币资金	10 000	14 784.5	见表8.15
应收账款	25 000	42 000	见表8.6
材料存货	2 000	2 500	存货量×单价,表8.8
产成品	4 950	4 560	见表8.13
流动资产合计	41 950	63 844.5	
固定资产:			
土地	20 000	20 000	
房屋及设备	26 000	53 000	
减:累计折旧	24 000	33 000	见表8.11、8.14
固定资产净值	2 000	20 000	

续表

资　产	年初数	年末数	年末数资料来源及计算过程
固定资产合计	22 000	40 000	
资产合计	63 950	103 844.5	
流动负债:			
短期借款	0	0	见表8.15
应付账款	7 000	4 776	见表8.9
流动负债合计	7 000	4 776	
长期负债:			
应付债券	0	0	
长期负债合计	0	0	
负债合计	7 000	4 776	
所有者权益:			
普通股	25 550	25 550	
留存收益	31 400	73 518.5	50 118.5 - 8 000 + 31 400
所有者权益合计	56 400	98 518.5	
负债及所有者权益合计	63 950	103 384.5	

能力训练

一、单项选择题

1.在基期成本费用水平的基础上,结合预算期业务量及有关降低成本的措施,通过调整有关原有成本项目而编制的预算,称为(　　)。

A.弹性预算　　B.零基预算　　C.增量预算　　D.滚动预算

2.以预算期正常的、可实现的某一业务量水平为唯一基础来编制预算的方法称为(　　)。

A.零基预算　　B.定期预算　　C.静态预算　　D.流动预算

3.在编制预算时,应考虑预算期内一系列可能达到的业务量水平的编制方法是(　　)。

A.固定预算　　B.增量预算　　C.弹性预算　　D.滚动预算

4.需按成本性态分析的方法将企业成本划分为固定成本和变动成本的预算编制方法是(　　)。

A.固定预算　　B.零基预算　　C.滚动预算　　D.弹性预算

5.下列不属于增量预算的特点的是(　　)。

A.受原有费用项目限制可能导致保护落后

B.不利于企业未来发展

C.主张完全沿袭以前的预算项目

D.滋长预算中的“平均主义”和“简单化”

6.下列各项中,不属于增量预算基本假定的是(　　)。

A.增加费用预算是值得的　　B.预算费用标准必须进行调整

C.原有的各项开支都是合理的　　D.现有的业务活动为企业必须

7.对于产出较难辨认的服务性部门,费用预算的编制方法通常是(　　)。

A.定期预算　　B.零基预算　　C.增量预算　　D.滚动预算

8.滚动预算的缺点是(　　)。

A.盲目性　　B.间断性　　C.滞后性　　D.预算工作量较大

9.下列预算中,不属于日常业务预算的是(　　)。

A.生产成本预算　　B.销售预算　　C.现金预算　　D.直接材料预算

10.下列预算中,只反映实物数量,不反映货币价值的是(　　)。

A.销售预算　　B.生产预算　　C.直接材料预算　　D.直接人工预算

11.在编制制造费用预算时,将制造费用预算扣除(　　)后,调整为现金收支的费用。

A.变动制造费用　　B.管理人员工资　　C.折旧　　D.水电费

12.(　　)是编制生产预算的基础。

A.销售预算　　B.现金预算　　C.直接材料预算　　D.直接人工预算

13.某企业编制“直接材料预算”,预计第四季度期初存量456千克,季度生产需用量2 120千克,预计期末存量为350千克,材料单价为10元,若材料采购货款有50%在本季度内付清,另外50%在下季度付清,假设不考虑其他因素,则该企业预计资产负债表年末“应付账款”项目为(　　)元。

A.11 130　　B.14 630　　C.10 070　　D.13 560

14.在财务预算中,用以反映企业预算期期末财务状况的财务报表是(　　)。

A.现金预算　　B.预计损益表　　C.预计资产负债表　　D.预计现金流量表

二、多项选择题

1.从实用角度看,弹性预算主要用于编制(　　)。

A.特种决策预算　　B.成本预算

C.利润预算　　D.销售及管理费用预算

2.下列各项中,属于现金支出预算内容的有(　　)。

A.直接材料　　B.直接人工　　C.购置固定资产　　D.制造费用

3.下列各项中,属于财务预算的有(　　)。

A.现金预算　　B.预计现金流量表　　C.预计资产负债表　　D.预计损益表

4.下列各项中,属于日常业务预算的内容有(　　)。

A.生产预算　　B.产品成本预算　　C.现金预算　　D.制造费用预算

5.编制现金预算的依据有(　　)。

A.销售预算　　B.直接材料预算　　C.生产预算　　D.直接人工预算

6.下列各项中,属于滚动预算优点的有(　　)。

A.透明度高　　B.及时性强　　C.连续性　　D.完整性

7.下列各项中,属于定期预算缺点的有(　　)。

A.盲目性　　B.编制工作量大　　C.不变性　　D.间断性

8.下列项目中,属于产品生产成本预算内容的有(　　)。

A.期末存货成本　　B.本期销售成本　　C.本期生产成本　　D.期初存货成本

9.下列项目中,属于直接人工预算的内容是(　　)。

A.预计生产量　　B.单位产品耗用工时

C.人工总工时　　D.人工总成本

10.生产预算是编制(　　)的依据。

A.直接材料预算　　B.直接人工预算　　C.产品成本预算　　D.现金预算

11.产品生产成本预算,是(　　)预算的汇总。

A.销售及管理费用预算　　B.直接材料预算

C.直接人工预算　　D.制造费用预算

12.相对固定预算而言,弹性预算的优点有(　　)。

A.预算成本低　　B.预算工作量小　　C.预算可比性强　　D.预算适用范围宽

13.与传统的定期预算相比,下列关于按滚动预算方法编制的预算正确的有(　　)。

A.能够使预算时间与会计年度相配合,便于执行结果的考核与评价

B.具有较高的透明度

C.能及时调整和修订近期预算、确保预算与实际相符

D.连续性、完整性和稳定性突出

三、判断题

1.与弹性预算特点相对立的方法是动态预算。(　　)

2.滚动预算是在成本习性分析的基础上,分别按一系列可能达到的预计业务量水平编制的能适应多种情况的预算。(　　)

3.财务预算是关于企业在未来一定期间内财务状况和经营成果以及现金收支等价值指标的各种预算总称。(　　)

4.在编制零基预算时,应以企业现有的费用水平为基础。(　　)

5.能够克服固定预算缺点的预算方法是滚动预算。(　　)

6.销售管理费用预算是根据生产预算来编制的。(　　)

7.滚动预算的主要特点是预算期永远保持十二个月。(　　)

8.销售量和单价预测的准确性,直接影响企业财务预算的质量。(　　)

9.预计资产负债表是以本期期初实际资产负债表各项目的数字为基础,作必要的调整来进行编制的。(　　)

10.生产预算是日常业务预算中唯一仅以实物量作为计量单位的预算,不直接涉及现金收支。(　　)

四、计算分析题

1.长城企业生产和销售甲、乙两种产品,计划期2013年四个季度预计销售量如表8.18所示。

表 8.18

产　品	一季度	二季度	三季度	四季度
甲产品	1 000	1 500	1 200	800
乙产品	600	800	700	500

甲产品销售预计单位售价为 100 元,乙产品预计单位售价为 150 元。假设每季度销售收入中,本季度收到现金 60%,另外 40%要到下季度才能收回。上年末应收账款余额为 96 000元。要求:①编制 2013 年销售预算表;②编制 2013 年预计现金收入表;③确定 2013 年末应收账款余额。

2.某企业生产 B 种产品,预算期 2013 年四个季度预计销售量分别为2 000件、1 800件、2 400件和2 200件;年初结存量 400 件;预计各季度期末结存量为下一季度销售量的 20%;预计 2014 年一季度销售量2 100件。要求:计算 2013 年各季度生产量的预算数。

3.某企业只生产 B 产品,预算期有关生产量的资料同第 2 题,假设该产品只耗用一种材料,每件产品耗用材料 5 千克;预计每季末材料库存量分别为3 000千克、3 200千克、3 600千克、3 400千克;材料单价为 3 元;材料采购的货款 60%在本季度内付清,另外 40%在下季度付清;年初应付账款10 000元在一季度付清,年初材料结存量为2 800千克。要求:①计算各季度材料采购量预算数;②计算各季度采购材料现金支出预算数。

4.甲公司生产空调,公司 2013 年 12 月 31 日的简略式资产负债表如表 8.19 所示。

表 8.19　甲公司资产负债表

2013 年 12 月 31 日　　单位:元

资　产		负债与所有者权益	
现金	1 200	短期借款	50 200
应收账款	150 000	应付账款	60 000
存货:A 材料	22 000	实收资本	191 000
产成品	78 000	留存收益	60 000
固定资产净值	110 000		
合计	361 200	合计	361 200

2014 年有关预算资料如下:

①空调预计销售量为 500 台;预计单价为 1 500 元;预计期初应收账款余额在预算期将全部收回;预算期销售情况为现销和赊销各占 50%。假定不考虑销售环节税金。

②空调期初存货为 52 台,单位成本为 1 500 元,预计期末存货为 62 台。

③假定空调只消耗 A 材料,单位产品 A 材料消耗定额为 50 千克,A 材料期初存货量为 220 千克,预计期末存货量为 200 千克,A 材料单价为 100 元。预计期初应付账款余额将在 2014 年内全部偿还。2014 年材料采购的货款有 60%在本期付清,40%在下期付清。

④假定期初、期末在产品数量无变动,其他直接支出已被并入直接人工成本统一核算。单位产品直接人工工时为 5 小时,小时工资率为 6 元/小时。

⑤预计 2014 年全年变动性制造费用为30 000元,固定性制造费用为40 000元,其中固定资产的折旧费为10 000元,其余均为发生的付现成本。销售费用及管理费用合计为8 000元,制造费用按人工时总数进行分配。

⑥其他资料如下:2014 年预计分配股利5 000元,免交所得税,期末现金余额2 000元,现金余缺可通过归还短期借款或取得短期借款解决,假定不考虑短期借款利息。

要求:编制公司 2014 年下列预算(计算结果保留整数):

①销售预算;

②生产预算;

③直接材料消耗及采购预算;

④直接人工成本预算;

⑤制造费用预算;

⑥产品生产成本预算;

⑦现金预算;

⑧预计损益表;

⑨2014 年 12 月 31 日预计资产负债表。

第 9 章　财务分析

本章导航

财务分析概述	一、财务分析的意义	理解财务分析的意义
	二、财务分析的内容	熟悉财务分析的内容
	三、财务分析的局限性	理解财务分析的局限性
财务分析方法	一、比较分析法	理解比较分析法
	二、比率分析法	理解比率分析法
	三、因素分析法	熟悉因素分析法
财务指标分析	一、偿债能力分析	掌握偿债能力财务指标计算及分析应用
	二、营运能力分析	掌握营运能力财务指标计算及分析应用
	三、盈利能力分析	掌握盈利能力财务指标计算及分析应用
	四、发展能力分析	掌握发展能力财务指标计算及分析应用
	五、上市公司特殊的财务分析指标	掌握上市公司特有财务指标的计算及分析应用
财务综合分析	一、杜邦分析法	掌握杜邦分析法指标体系构成及应用分析
	二、沃尔比重分析法	理解沃尔比重分析方法

9.1　财务分析概述

9.1.1　财务分析的意义

财务分析是以企业财务报表等信息资料为基础，采用专门方法，系统分析和评价企业财务状况、经营成果以及未来发展趋势的过程。

财务分析对不同的信息使用者具有不同的意义。一般而言，财务分析的意义主要体现在以下几方面：

1）可以判断企业的财务实力

通过对资产负债表和利润表中有关资料的分析，计算相关指标，可以了解企业的资产结构和负债结构，判断企业的偿债能力、盈利能力和资产营运能力，揭示企业的财务状况。

2) 可以分析和评价企业的经营业绩,揭示企业财务活动所存在的问题

通过相关指标的计算、分析,能够评价企业的盈利能力和资产周转状况,揭示企业经营管理各方面和各环节存在的问题,找出差距,得出分析结论。

3) 可以挖掘企业潜力,提高企业经营管理水平

通过财务分析,可以了解企业资产的保值和增值的情况,分析企业资产的管理水平、资金周转状况、现金流量等情况,为评价企业的经营管理水平提供依据。对存在的问题及时提出解决的策略和措施,扬长避短,以提高企业的经营管理水平。

4) 可以评价企业的发展趋势

通过对企业的财务分析,可以判断企业的发展趋势,预测企业的经营前景,从而为企业管理者和投资者进行经营决策和投资决策提供重要依据,避免决策失误带来的重大经济损失。

9.1.2 财务分析的内容

财务分析的信息需求者主要包括企业所有者、债权人、经营决策者和政府等。不同主体出于不同的利益考虑,对财务分析信息有着不同的要求。

①企业所有者作为出资人,关心其资本的保值增值状况,因此较为重视企业盈利能力指标,主要进行企业盈利能力分析。

②企业债权人主要关心的是其投资的安全性,因此更注重企业偿债能力指标,主要进行企业偿债能力分析,同时也关注企业盈利能力分析。

③企业经营决策者必须对企业的营运能力、偿债能力、盈利能力和发展能力等全部信息有详尽的了解和掌握,主要进行综合分析,关注企业的财务风险和经营风险。

④政府既是宏观经济的管理者,又是国有企业的所有者和重要的市场参与者,在资本保全的前提下,期望能够带来稳定增长的财政收入,因此政府对企业的财务分析的关注点因所具身份不同而异。

综合而言,为了满足不同需求者的需求,财务分析一般包括:偿债能力分析、营运能力分析、盈利能力分析、发展能力分析和综合能力分析等方面。

9.1.3 财务分析的局限性

财务分析对于了解企业的财务状况和经营业绩,评价企业的偿债能力和经营能力,帮助制定经济决策,有着显著的作用。但由于种种因素的影响,财务分析也存在着一定的局限性。

1) 资料来源的局限性

(1) 报表数据的时效性问题

财务报表中的数据,都是企业过去经济活动的结果和总结,用于预测未来发展趋势,只有参考价值,并不一定是完全合理的。

(2) 报表数据的真实可靠性问题

企业财务报表所反映的信息有可能是信息提供者为了满足信息使用者所关注的财务状况,对报表进行了加工处理。结果有可能使信息使用者所看到的报表信息与企业实际情况

相差甚远,从而误导信息使用者的决策。财务报表虽然是按会计准则的要求编制的,但由于存在会计方法、会计政策和会计估计的选择,不一定能反映企业的客观实际。

(3)报表数据的可比性问题

由于不同企业或同一企业的不同时期采用的会计政策和会计处理方法可能不一样,使得报表上的数据在不同企业和企业的不同时期之间的对比会失去意义。

(4)报表数据的完整性问题

报表所提供的数据毕竟是有限的,对报表的使用者来说,可能不少需要的信息在报表或附注中根本找不到。

2)财务分析方法的局限性

对于比较分析法来说,在实际操作时,比较的双方必须具备可比性才有意义。

对于比率分析法来说,比率分析法是针对单个指标进行分析,综合程度较低,在某些情况下无法得出令人满意的结论;比率指标的计算一般都是建立在以历史数据为基础的财务报表之上的,这使比率指标提供的信息与决策之间的相关性大打折扣。

对于因素分析法来说,在计算各因素对综合经济指标的影响额时,主观假定各因素的变化顺序而且规定每次只有一个因素发生变化,这些假定往往与事实不符。

无论何种分析法均是对过去经济事项的反映。随着环境的变化,这些比较标准也会发生变化。而在分析时,分析者往往只注重数据的比较,而忽略经营环境的变化,这样得出的分析结论也是不全面的。

3)财务分析指标的局限性

(1)财务指标体系不严密

每一个财务指标只能反映企业的财务状况或经营状况的某一方面,每一类指标都过分强调本身所反映的方面,导致整个指标体系不严密。

(2)财务指标所反映的情况具有相对性

在判断某个具体财务指标是好还是坏,或根据一系列指标形成对企业的综合判断时,必须注意财务指标本身所反映情况的相对性。因此,在利用财务指标进行分析时,必须掌握好对财务指标的"信任度"。

(3)财务指标的评价标准不统一

比如,对流动比率,人们一般认为指标值为2比较合理,速动比率则认为1比较合适,但许多成功企业的流动比率都低于2,不同行业的速动比率也有很大差别,如采用大量现金销售的企业,几乎没有应收账款,速动比率大大低于1是很正常的。相反,一些应收账款较多的企业,速动比率可能要大于1。因此,在不同企业之间用财务指标进行评价时没有一个统一标准,不便于不同行业间的对比。

(4)财务指标的计算口径不一致

比如,对反映企业营运能力指标,分母的计算可用年末数,也可用平均数,而平均数的计算又有不同的方法,这些都会导致计算结果不一样,不利于评价比较。

9.2 财务分析方法

财务分析常用的主要方法有比较分析法、比率分析法、因素分析法等。

9.2.1 比较分析法

比较分析法是通过相关经济指标的数量上的比较,来揭示经济指标间的数量关系和数量差异,从而达到分析目的的一种方法。比较分析法的主要作用在于指出财务活动中的数量关系和存在的差距,并从中发现问题,为进一步分析原因、挖掘潜力指明方向。

比较分析法是财务分析最基本的方法。具体运用主要有重要财务指标的比较、会计报表的比较和会计报表项目构成的比较三种方式。

1)重要财务指标的比较

这种方法是指将不同时期财务报告中的相同指标或比率进行纵向比较,直接观察其增减变动情况及变动幅度,考察其发展趋势,预测其发展前景。不同时期财务指标的比较主要有以下两种方法:

(1)定基动态比率

定基动态比率是以某一时期的数额为固定的基期数额而计算出来的动态比率。其计算公式为:

$$定基动态比率=\frac{分析期数额}{固定基期数额}\times 100\%$$

(2)环比动态比率

环比动态比率是以每一分析期的数据与上期数据相比较计算出来的动态比率。其计算公式为:

$$环比动态比率=\frac{分析期数额}{前期数额}\times 100\%$$

2)会计报表的比较

会计报表的比较是指将连续数期的会计报表的金额并列起来,比较各指标不同期间的增减变动金额和幅度,据以判断企业财务状况和经营成果发展变化的一种方法。具体包括资产负债表比较、利润表比较和现金流量表比较等。

3)会计报表项目构成的比较

这种方法是在会计报表比较的基础上发展而来的,是以会计报表中的某个总体指标作为100%,再计算出各组成项目占该总体指标的百分比,从而比较各个项目百分比的增减变动,以此来判断有关财务活动的变化趋势。

采用比较分析法时,应当注意以下问题:① 用于对比的各个时期的指标,其计算口径必须保持一致;②应剔除偶发性项目的影响,使分析所利用的数据能反映正常的生产经营状况;③应运用例外原则对某项有显著变动的指标作重点分析,研究其产生的原因,以便采取对策,趋利避害。

9.2.2 比率分析法

比率分析法是通过计算各种比率指标来确定财务活动变动程度的方法。比率指标的类型主要有构成比率、效率比率和相关比率三类。

1)构成比率

构成比率又称结构比率,用来计算某项财务指标的各个组成部分占总体的比重,反映部分与总体的关系。它通常反映会计报表各项目的纵向关系。在财务报表结构分析中,构成比率可以用于计算以下项目:①各资产项目占总资产的比率;②各负债项目占总负债的比率;③各负债及所有者权益项目占总负债及所有者权益的比率;④各项业务或产品利润、收入、费用占总利润、总收入和总费用的比率;⑤单位成本各构成项目占单位产品成本的比率;⑥各存货项目占总存货的比率;⑦利润分配各项目占总的利润分配数额的比率等。利用构成比率指标,可以考察总体中某个部分的形成、安排是否合理,某个部分在总体中的地位、作用,以便协调各项财务活动,突出重点。

2)效率比率

效率比率用来计算某项财务活动中所费与所得的比例,反映投入与产出、耗费与收入的比例关系,如成本费用与产品销售收入的比率、成本费用与利润的比率、资金占用额与销售收入的比率、资金占用额与利润的比率、资本数额与利润的比率等。利用效率比率指标,可以对企业进行得失比较,分析考察企业财务成果,评价企业经营状况和经济效益水平。

3)相关比率

相关比率用来计算除部分与总体关系、投入与产出关系之外的具有相关关系的指标的比率,以反映有关财务指标间的相互联系,评价企业财务状况及经营状况。如负债总额与资产总额的比率,即资产负债率;流动资产与流动负债的比率,即流动比率;速动资产与流动负债的比率,即速动比率;所有者权益与负债总额的比率等。利用相关比率指标,可以考察企业有联系的相关指标之间安排是否合理,能否保障生产经营活动的正常运行。

采用比率分析法时,应当注意以下几点:①对比项目的相关性;②对比口径的一致性;③衡量标准的科学性。

9.2.3 因素分析法

因素分析法是指对经济活动的总体或部分总体进行因素分解,确定影响经济活动总体或部分总体的各种因素及影响方式,按照一定的方法计算各因素变动对经济活动总体或部分总体的影响程度及影响方向的一种分析方法。

因素分析法具体有两种:连环替代法和差额分析法。

1)连环替代法

连环替代法,是将分析指标分解为各个可以计量的因素,并根据各个因素之间的依存关系,顺次用各因素的比较值(通常为实际值)替代基准值(通常为标准值或计划值),据以测定各因素对分析指标的影响。

2)差额分析法

差额分析法是连环替代法的一种简化形式,是利用各个因素的比较值与基准值之间的差额,来计算各因素对分析指标的影响。

采用因素分析法时,首先要注意构成经济指标的因素,必须是客观上存在着的因果关系,要能够反映形成该项指标差异的内在构成原因,否则就失去了应用价值。其次,在确定替代因素时,必须根据各因素的依存关系,遵循一定的顺序并依次替代,不可随意加以颠倒,在计算每一因素变动的影响时,都是在前一次计算的基础上进行,并采用连环比较的方法确定因素变化影响结果。最后,由于因素分析法计算的各因素变动的影响数,会因替代顺序不同而有差别,因而计算结果不免带有假定性,即它不可能使每个因素计算的结果,都达到绝对的准确。为此,分析时应力求使这种假定合乎逻辑,具有实际经济意义。这样,计算结果的假定性,才不至于妨碍分析的有效性。

9.3 财务指标分析

财务指标也称为财务比率,是通过财务报表的相对关系揭示经营企业的各方面问题的,是最主要的财务分析方法。基本财务报表分析的内容主要包括偿债能力分析、营运能力分析、盈利能力分析、发展能力分析等几个方面。

为便于说明,本节各项财务指标的计算将以金龙公司财务报表数据为例,该公司的资产负债表和利润表如表 9.1 和表 9.2 所示。

表 9.1 资产负债表

编制单位:金龙公司　　　　2013 年 12 月 31 日　　　　单位:万元

资　产	年末余额	年初余额	负债及所有者权益	年末余额	年初余额
流动资产:			流动负债:		
货币资金	2 850	2 880	短期借款	2 680	2 380
交易性金融资产	450	950	应付票据	35	30
应收票据	50	65	应付账款	2 170	1 980
应收账款	3 210	2 180	预收款项	460	400
预付账款	70	30	应付职工薪酬	90	80
其他应收款	120	100	应交税费	55	60
存货	5 120	4 845	应付利息	60	25
流动资产合计	11 870	11 050	其他应付款	85	110
非流动资产:			流动负债合计	5 635	5 065

续表

资　产	年末余额	年初余额	负债及所有者权益	年末余额	年初余额
长期股权投资	700	515	非流动负债		
固定资产	17 000	15 100	长期借款	2 815	1 965
在建工程	110	185	应付债券	100	170
无形资产	670	530	非流动负债合计	2 915	2 135
非流动资产合计	18 480	16 330	负债合计	8 550	7 200
			所有者权益:		
			实收资本	15 600	15 600
			资本公积	40	20
			盈余公积	2 460	2 260
			未分配利润	3 700	2 300
			所有者权益合计	21 800	20 180
资产合计	30 350	27 380	负债及所有者权益合计	30 350	27 380

表 9.2　利润表

编制单位:金龙公司　　2013 年度　　单位:万元

项　目	本年金额	上年金额
一、营业收入	30 000	28 000
减:营业成本	19 000	18 000
营业税金及附加	2 200	1 900
销售费用	2 800	2 500
管理费用	1 300	1 100
财务费用	900	700
资产减值损失		
加:公允价值变动收益		
投资收益	1 300	1 200
二、营业利润	5 100	5 000
加:营业外收入	1 900	1 200
减:营业外支出	1 300	900
三、利润总额	5 700	5 300
减:所得税费用	1 400	1 200
四、净利润	4 300	4 100

9.3.1 偿债能力分析

偿债能力是企业偿还债务的能力。债务按到期时间分为短期债务和长期债务,偿债能力分析也分为短期偿债能力分析和长期偿债能力分析。

1)短期偿债能力分析

短期偿债能力衡量的是企业对流动负债的清偿能力。企业的短期偿债能力取决于短期内企业能转化为现金的流动资产的多少。所以短期偿债能力主要考察流动资产对流动负债的清偿能力。衡量的指标主要有营运资金、流动比率、速动比率、现金比率。

(1)营运资金

营运资金是指流动资产与流动负债的差额。其计算公式为:

营运资金 = 流动资产 - 流动负债

根据表9.1的资料,金龙公司的运营资金为:

本年度营运资金 = 11 870 - 5 635 = 6 235(万元)

上年度营运资金 = 11 050 - 5 065 = 5 985(万元)

营运资金越多则偿债越有保障。当流动资产大于流动负债时,营运资金为正,说明企业财务状况稳定,偿债的风险小;反之,当流动资产小于流动负债时,营运资金为负,说明企业有部分非流动资产以流动负债作为资金来源,企业偿债的风险很大。

营运资金是一个绝对数指标,不便于不同企业之间的比较。因此在实务中直接以营运资金作为偿债能力的衡量指标有很大局限性,偿债能力更多是通过债务的存量比率来评价。

(2)流动比率

流动比率是企业流动资产与流动负债之比。其计算公式为:

流动比率 = 流动资产 ÷ 流动负债

流动比率表明企业每一元的流动负债有多少流动资产予以保证。一般情况下,流动比率越高,反映企业短期偿债能力越强,表明企业财务状况越稳定。如果这个比率比较低,则表明企业难以及时偿还到期债务。但是,流动比率如果过高,则说明流动资金占用较多,资金的使用效率较低,企业的筹资成本较高,最终影响企业的获利能力。一般来说,生产企业合理的最低流动比率为2。这是因为流动资产中变现能力最差的存货金额约占流动资产总额的一半,剩下的流动性较大的流动资产至少要等于流动负债,企业短期债务的偿还才有保障。

运用流动比率时,要注意以下几个问题:

①流动比率高并不一定意味着企业短期偿债能力强。因为,流动比率高也可能是存货积压、应收账款增加或延期收款,以及其他应收款增加导致的,而真正可用来偿债的现金和银行存款却可能严重短期。所以,企业还应在分析流动比率的基础上,进一步分析流动资产的构成项目。

②流动比率是否合理,只有与同行业水平、本企业历史水平进行比较,才能得出结论。这种比较并不能说明该比例高或低的原因,还必须对流动资产和流动负债所包括的内容和经营中的因素进行分析。

根据表9.1的资料,金龙公司2013年的流动比率为:

年初流动比率 = 11 050 ÷ 5 065 = 2.18

年末流动比率 = 11 870 ÷ 5 635 = 2.11

金龙公司年初和年末的流动比率均大于2,说明公司的短期偿债能力较强。

(3)速动比率

速动比率是企业的速动资产与流动负债之比,其计算公式为:

速动比率 = 速动资产 ÷ 流动负债

速动资产是指资产负债表中的货币资产、交易性金融资产和各种应收款项,因其可以在较短时间内变现,所以称为速动资产;另外的流动资产,包括存货、预付款项、一年内到期的非流动资产和其他流动资产等,属于非速动资产。速动比率比流动比率能更准确、可靠地评价企业资产的流动性及偿还短期债务的能力。

一般情况下,速动比率越大,短期偿债能力越强。由于通常认为存货占了流动资产的一半左右,因此速动比率至少为1是比较安全的。速动比率小于1,企业会面临较大的偿债风险;如果速动比率过高,表明企业现金及应收账款占用资产过多会增加企业的机会成本。使用该项指标还应考虑行业的差异性,如大量使用现金结算的企业其速动比率大大低于1是正常现象。

根据表9.1的资料,金龙公司的速动比率为:

年初速动比率 = (2 880 + 950 + 65 + 2 180 + 100) ÷ 5 065 = 1.22

年末速动比率 = (2 850 + 450 + 50 + 3 210 + 120) ÷ 5 635 = 1.19

金龙公司年初和年末的速动比率均高于公认的标准,说明公司的短期偿债能力较强。

(4)现金比率

现金比率是现金资产与流动负债的比值。其中现金资产包括货币资金和交易性金融资产等。现金比率的计算公式为:

现金比率=(货币资金+交易性金融资产)÷流动负债

现金比率消除了应收款项对偿债能力的影响,最能反映企业直接偿付流动负债的能力,表明每一元流动负债有多少现金资产做保障。经验表明,0.2的现金比率是可以接受的。而这一比率过高,则意味着企业过多的资源占用在现金资产上,从而影响企业的盈利能力。

根据表9.1的资料,金龙公司的现金比率为:

年初现金比率 = (2 880 + 950) ÷ 5 065 = 0.76

年末现金比率 = (2 850 + 450) ÷ 5 635 = 0.59

金龙公司的现金比率较高,说明企业在现金资产上占用了较多的资金,可能会影响到企业的盈利能力。

2)长期偿债能力分析

长期偿债能力是指企业偿还长期债务的能力。长期偿债能力比率主要考察企业资产、负债和所有者权益之间的关系。其财务指标主要有四项:资产负债率、产权比率、权益乘数和利息保障倍数。

(1)资产负债率

资产负债率是企业负债总额与资产总额之比。其计算公式为:

资产负债率 =（负债总额 ÷ 资产总额）× 100%

资产负债率表明企业资产总额中，债权人提供的资金所占的比重，以及企业资产对债权权益的保障程度。这一比率越小，表明企业长期偿债能力越强。这一比率越大，说明企业能利用较少的自有资金投资，形成较多生产经营用资产，不仅扩大了生产经营规模，而且在经营状况良好的情况下还可以利用财务杠杆作用得到较多的投资利润。但如果比率过大，则企业的债务负担过重，加大企业濒临破产倒闭的危险。

利益主体不同，看待该指标的立场也不一样。从债权人角度来看，他们关心的是贷给企业资金的安全性。所以，债权人总是希望企业的负债比率越低越好。

从股东的角度来看，他们主要关心投资收益水平的高低。当企业负债的利息率低于全部资本报酬率，股东可以利用举债经营取得更多的投资收益，更大程度地利用财务杠杆，因此就会希望资产负债率大一些；反之，则希望该指标小一些。

站在经营者的立场，进行负债决策时，更关注如何实现风险和收益的平衡。资产负债率低表明财务风险低，但也意味着收益较低；而较高的资产负债率表明有较大的财务风险和较高的收益。经营者要在风险和收益间进行权衡，在风险和收益实现平衡条件下，是选择高负债率还是低负债率，取决于经营者的风险偏好等多种因素。

该指标在不同行业和不同的企业都有较大的差异。一般处于高速成长时期的企业的负债比率可能会高些，以期获得更多财务杠杆利益。

根据表 9.1 的资料，金龙公司的资产负债率为：

年初资产负债率 =（7 200 ÷ 27 380）× 100% = 26.30%

年末资产负债率 =（8 550 ÷ 30 350）× 100% = 28.17%

该公司年初和年末的资产负债率均不高，说明企业长期偿债能力较强。

（2）产权比率

产权比率是指负债总额与所有者权益的比率，也称为资本负债率。它反映了企业所有者权益对债权人的权益的保障程度，是企业财务结构是否稳健的重要标志。其计算公式为：

产权比率 = 负债总额 ÷ 所有者权益总额 × 100%

该指标值越低，表明企业长期偿债能力越强，债权人的权益保障程度就越高，风险就越小，但企业不能充分发挥负债的财务杠杆作用。在分析时要结合企业的具体情况来看，当企业的资金收益率大于负债成本率时，负债经营有利于提高资金收益率，这时产权比率可适当高些。产权比率高，是高风险、高报酬的财务结构；产权比率低，是低风险、低报酬的财务结构。

根据表 9.1 的资料，金龙公司的产权比率为：

年初产权比率 =（7 200 ÷ 20 180）× 100% = 35.68%

年末产权比率 =（8 550 ÷ 21 800）× 100% = 39.22%

产权比率与资产负债率对评价偿债能力的作用是一致的，只是资产负债率侧重于分析债务偿付安全性的物质保障程度，产权比率侧重于揭示财务结构的稳健程度及自有资金对偿债风险的承受能力。

（3）权益乘数

权益乘数是总资产与股东权益的比值。其计算公式为：

$$权益乘数 = 总资产 \div 股东权益$$

权益乘数表明股东每投入一元钱可实际拥有和控制的金额。在企业存在负债的情况下,权益乘数大于1。负债比率越高,权益乘数越大。产权比率和权益乘数是资产负债率的另外两种表现形式,是常用的反映财务杠杆水平的指标。

根据表9.1的资料,金龙公司的权益乘数为:

$$年初权益乘数 = 27\ 380 \div 20\ 180 = 1.36$$

$$年末权益乘数 = 30\ 350 \div 21\ 800 = 1.39$$

(4)利息保障倍数

利息保障倍数是指企业的息税前利润与全部利息费用的比值,又称已获利息倍数。它是用来衡量偿付借款利息能力的指标。其计算公式为:

$$利息保障倍数 = 息税前利润 \div 全部利息费用$$

息税前利润是指利润表中未扣除利息费用和所得税前的利润。全部利息费用不仅包括财务费用中的利息,还应包括资本化利息。利息保障倍数反映了企业获利能力对偿还到期债务的保证程度。它既是企业举债经营的前提,也是衡量企业长期偿债能力大小的重要标志。因此,该指标至少应该大于1,且比值越高,企业长期偿债能力就越强。该指标比值过小,企业将会面临亏损、偿债安全性与稳定性下降的风险。一般根据行业特点和以往的经验来判断该指标的比值大小。

根据表9.2的资料,假定表中的财务费用全部为利息费用,资本化的利息为0,则金龙公司的利息保障倍数为:

$$上年的利息保障倍数 = (5\ 300 + 700) \div 700 = 8.57$$

$$本年的利息保障倍数 = (5\ 700 + 900) \div 900 = 7.33$$

从计算结果来看,金龙公司的本年和上年相比,利息保障倍数在减少,说明支付能力有所下降,但盈利能力依然能支付7期的利息,有一定的偿债能力 ,但究竟企业的利息保障倍数应为多少才是偿付能力强,这要与同行业的其他企业特别是行业平均水平进行了比较分析。

3)影响偿债能力的其他因素

(1)可动用银行贷款指标或授信额度

银行已同意,企业未办理贷款手续的银行贷款限额,可以随时增加企业现金,提高支付能力。

(2)准备变现的长期资产

如果企业出于某种考虑,在权衡了长期和近期利益的情况下,准备将长期资产出售变为现金,从而增强短期偿债能力。

(3)或有项目

或有项目指的是未来某个事件发生或不发生给企业带来的收益或损失,但现在还无法肯定是否发生的项目。或有项目一旦发生将会影响企业的财务状况。例如,预计负债是发生可能性较大的或有事项,它的发生对企业的长期偿债能力有较大的影响。因此企业应该对它给予足够的重视,考虑它们的潜在影响。

(4)经营租赁

当企业的经营性租赁量比较大、期限长或经常发生时,则构成了长期性筹资。这种长期性筹资虽不包括在长期负债之内,但到期必须支付租金,对企业的偿债能力会产生影响。因此,如果企业经常发生经营租赁业务,应考虑租赁费对偿债能力的影响。

9.3.2 营运能力分析

营运能力是指企业资产的运用效率高低。一般来说,资金周转越快,说明企业的资金利用效率越高。企业的营运能力指标是通过投入与产出之间的关系反映的,主要有:应收账款周转率、存货周转率、流动资产周转率、固定资产周转率、总资产周转率。

1)应收账款周转率

反映应收账款周转情况的比率有应收账款周转次数和应收账款周转天数。

应收账款周转次数,是一定时期产品销售收入净额与应收账款平均余额的比值。其计算公式为:

$$\text{应收账款周转次数} = \frac{\text{销售收入净额}}{\text{应收账款平均余额}} = \frac{\text{销售收入净额}}{(\text{期初应收账款} + \text{期末应收账款}) \div 2}$$

应收账款周转天数是应收账款周转一次所需要的时间。其计算公式为:

$$\begin{aligned}\text{应收账款周转天数} &= \text{计算期天数} \div \text{应收账款周转次数} \\ &= \text{计算期天数} \times \text{应收账款平均余额} \div \text{销售收入净额}\end{aligned}$$

应收账款周转率越高、周转天数越少,表明应收账款管理的效率越高。需要注意的是,应收账款是由赊销引起的,其对应的收入应为赊销收入,但由于赊销数据难以取得,通常以销售收入净额代替,只要保持计算口径的历史一致性,使用销售收入净额不影响分析。销售收入净额是销售收入扣除销售折扣与折让后的差额,销售收入的数据使用利润表中的“营业收入”。应收账款包括会计报表中的“应收账款”和“应收票据”等全部赊销账款在内,应为未扣除坏账准备的金额。

根据表9.1和9.2的资料,金龙公司2013年度销售收入净额为30 000万元,2013年应收账款、应收票据年末数3 260(3 210+50)万元,年初数为2 245(2 180+65)万元,假设坏账准备的年初、年末数均为零。2013年应收账款周转率指标为:

$$\text{应收账款周转次数} = \frac{30\ 000}{(3\ 260 + 2\ 245) \div 2} = 10.9(\text{次})$$

$$\text{应收账款周转天数} = 360 \div 10.9 \approx 33(\text{天})$$

评价应收账款周转率指标应当结合企业产品特点、商业往来惯例、企业信用政策水平和行业平均水平进行综合考虑,确定合理的评价标准,作出正确的判断。

2)存货周转率

存货周转率的分析同样可以通过存货周转次数和存货周转天数反映。

存货周转次数是指一定时期企业销售成本与存货平均资金占用额的比率,是衡量企业生产经营各个环节中存货运营效率的一个综合指标。计算公式为：

$$存货周转率 = 销售成本 \div 存货平均余额$$

其中，
$$存货平均余额 = (期初存货 + 期末存货) \div 2$$

式中，销售成本来自利润表中“营业成本”的数值存货周转天数是指存货周转一次所需要的时间。其计算公式为：

$$\begin{aligned}存货周转天数 &= 计算期天数 \div 存货周转次数 \\ &= 计算期天数 \times 存货平均余额 \div 销售成本\end{aligned}$$

根据表9.1和9.2的资料，金龙公司2013年度销售成本为19 000万元，期初存货为4 845万元，期末存货为5 120万元，该公司存货周转率指标为：

$$存货周转次数 = \frac{19\ 000}{(4\ 845 + 5\ 120) \div 2} = 3.8(次)$$

$$存货周转天数 = 360 \div 3.8 = 94.73(天)$$

一般来说，存货周转率越高，存货周转速度越快，存货资金占用水平就越低，流动性强，存货变现速度快，所以提高存货周转率可以提高企业的变现力。但是如果该指标过高，则也可能说明在企业管理上存在其他方面的问题，如存货水平太低，经常缺货，或采购次数过于频繁、批量太小等。因此合理的存货周转率要视产业特征、市场行情及企业自身特点而定。

3）流动资产周转率

流动资产周转率是反映企业流动资产周转速度的指标。流动资产周转次数是一定时期销售收入净额与企业流动资产平均占用额之间的比率。其计算公式为：

$$流动资产周转次数 = 销售收入净额 \div 流动资产平均余额$$

其中，
$$流动资产平均余额 = (期初流动资产 + 期末流动资产) \div 2$$

$$\begin{aligned}流动资产周转天数 &= 计算期天数 \div 流动资产周转次数 \\ &= 计算期天数 \times 流动资产平均余额 \div 销售收入净额\end{aligned}$$

在一定时期内，流动资产周转率越高，表示流动资产周转次数越多，流动资产利用效率越好，流动资产在经历生产和销售各个环节所占用的时间越短。生产经营过程中的工作效率的提高、工作的改善都会在不同程度地反映到周转天数上。当流动资产周转速度加快，相对是在节约流动资产，等于变相地扩大资产投入，增强企业的盈利能力；若流动资产周转速度减慢，为了维持正常经营，企业必须不断投入更多资源来满足流动资金需要，导致资金利用效率低，降低企业盈利能力。

根据表9.1和9.2的资料，金龙公司2013年度销售收入净额为30 000万元，2013年流动资产期初数为11 050万元，期末数为11 870万元，则该公司流动资产周转率指标为：

$$流动资产周转次数 = \frac{30\ 000}{(11\ 050 + 11\ 870) \div 2} = 2.62(次)$$

$$流动资产周转天数 = 360 \div 2.62 = 137.4(天)$$

4）固定资产周转率

固定资产周转率是反映固定资产营运能力的指标。固定资产周转次数是企业年销售收入净额与固定资产平均净额的比率。其计算公式为：

固定资产周转率(次数)= 销售收入净额 ÷ 固定资产平均净值

式中,固定资产平均净值 =(期初固定资产净值 + 期末固定资产净值)÷ 2

固定资产周转率高,表示企业固定资产利用充分,同时也能表明企业固定资产投资得当,固定资产结构合理,能够充分发挥效率。反之,如果固定资产周转率不高,则表明固定资产使用效率不高,提供的生产成果不多,企业营运能力不强。

根据表9.1和9.2的资料,金龙公司2013年度销售收入净额为30 000万元,2013年期初固定资产净值为15 100万元,期末固定资产净值为17 000万元,该公司固定资产周转率为:

$$\text{固定资产周转次数} = \frac{30\ 000}{(15\ 100 + 17\ 000) \div 2} = 1.87(\text{次})$$

5)总资产周转率

总资产周转率是反映总资产营运能力的指标,是企业销售收入净额与企业资产平均总额的比率。其计算公式为:

总资产周转率 = 销售收入净额 ÷ 平均资产总额

企业各项资产总额比较稳定,波动不大时,则:

平均总资产 =(期初总资产 + 期末总资产)÷ 2

计算总资产周转率时分子分母在时间上应保持一致。

根据表9.1和9.2的资料,金龙公司2013年度期初资产总额为27 380万元,期末资产总额为30 350万元,则该公司总资产周转率指标为:

$$\text{总资产周转率} = \frac{30\ 000}{(27\ 380 + 30\ 350) \div 2} = 1.04(\text{次})$$

总资产周转率用来衡量企业资产整体的使用效率。对总资产周转的分析要结合各项资产的周转情况,以发现影响企业资产周转的主要因素。

9.3.3 盈利能力分析

盈利能力是企业获取利润的能力。当企业盈利能力增强,给予股东回报就越高,企业价值越大,带来现金流量越多,从而企业偿债能力增强。盈利能力指标主要是通过收入与利润之间的关系、资产与利润之间的关系反映。反映盈利能力的主要指标有:销售毛利率、销售净利率、总资产净利率 、净资产收益率。

1)销售毛利率

销售毛利率是销售毛利与销售收入之比。计算公式为:

销售毛利率 = 销售毛利 ÷ 销售收入 × 100%

其中,　　　　销售毛利 = 销售收入 - 销售成本

该指标表示每一元的销售收入扣除销售成本后还有多少可以抵补期间费用和形成利润。销售毛利率随着行业的不同而高低各异,但同一行业毛利率相差不大。与同期行业的平均毛利率比较,可以揭示企业在定价政策、产品或商品推销或生产成本控制方面的问题。要注意在进行企业间的横向比较时,不同企业采取不同的会计方法也会影响销售成本,进而影响毛利率的计算。

根据表 9.2 的资料,金龙公司的销售毛利率指标为:

$$2012\text{ 年销售毛利率} = [(28\ 000 - 18\ 000) \div 28\ 000] \times 100\% = 35.71\%$$

$$2013\text{ 年销售毛利率} = [(30\ 000 - 19\ 000) \div 30\ 000] \times 100\% = 36.67\%$$

2) 销售净利率

销售净利率是净利润与销售收入的比值。计算公式为:

$$\text{销售净利率} = \text{净利润} \div \text{销售收入} \times 100\%$$

该指标反映企业一年的销售收入最终获得了多少利润,是企业销售的最终获利能力。比率越高则企业获利能力越强。不同企业该指标有一定的差异。传统制造业该指标低些,而高新企业其销售净利率就高。分析时要结合不同行业具体情况分析。

根据表 9.2 的资料,金龙公司销售净利率指标为:

$$2012\text{ 年销售净利率} = (4\ 100 \div 28\ 000) \times 100\% = 14.64\%$$

$$2013\text{ 年销售净利率} = (4\ 300 \div 30\ 000) \times 100\% = 14.33\%$$

从指标计算看,只有当净利润的增长速度高于销售收入的增长速度,销售净利率才会上升。

3) 总资产净利率

总资产净利率是净利润与平均总资产的比率,反映每一元资产创造的净利润。计算公式为:

$$\text{总资产净利率} = \text{净利润} \div \text{平均总资产} \times 100\%$$

该指标反映企业资产利用综合效果。该指标越高,表明资产利用效率越高,说明企业在增收节支和节约资金方面取得了好的效果。总资产净利率取决于总资产周转速度和净利润的大小。

$$\text{总资产净利率} = \frac{\text{净利润}}{\text{平均总资产}} = \frac{\text{净利润}}{\text{销售收入}} \times \frac{\text{销售收入}}{\text{平均总资产}}$$

$$= \text{销售净利率} \times \text{总资产周转率}$$

企业的销售净利越大,资产周转越快,则总资产净利率越高。因此,为了提高总资产净利率,一方面加强资产管理,提高资产利用率;另一方面加强销售管理,增加销售收入,提高利润水平。

根据表 9.1 和 9.2 的资料,金龙公司总资产净利率指标为:

$$2013\text{ 年总资产净利率} = \{4\ 300 \div [(27\ 380 + 30\ 350) \div 2]\} \times 100\% = 14.90\%$$

4) 净资产收益率

净资产收益率又称为权益净利率或权益报酬率,是净利润与平均所有者权益的比值,反映所有者投资的获利能力。计算公式为:

$$\text{净资产收益率} = \text{净利润} \div \text{所有者权益平均余额} \times 100\%$$

该指标越高,表明所有者投资带来的收益越高。净资产收益率是衡量企业盈利能力主要核心指标。它是从股东的角度考查企业盈利能力的高低。总资产净利率是从所有者和债权人两方面共同考查整个企业的盈利水平。在相同的总资产净利率水平下,由于企业采用不同的资本结构形式,即不同的负债与所有者权益的比例,会造成不同的所有者权益报酬率。

根据表 9.1 和 9.2 的资料，金龙公司净资产收益率指标为：

2013 年净资产收益率 = {4 300 ÷ [(20 180 + 21 800) ÷ 2]} × 100% = 20.49%

9.3.4 发展能力分析

衡量企业发展能力的指标主要有：销售收入增长率、总资产增长率、营业利润增长率、资本保值增值率、资本积累率等。

1) 销售收入增长率

销售收入增长率是本年销售收入增长额与上年销售收入的比值。其计算公式为：

销售收入增长率 = 本年销售收入增长额 ÷ 上年销售收入 × 100%

式中，　　本年销售收入增长额 = 本年销售收入 - 上年销售收入

销售收入可以使用利润表中的"营业收入"数据。

销售收入增长率越高，表明企业的销售收入增长速度越快，企业的市场前景越好。

根据表 9.2 的资料，金龙公司的销售收入增长率指标为：

2013 年销售收入增长率 = [(30 000 - 28 000) ÷ 28 000] × 100% = 7.14%

2) 总资产增长率

总资产增长率是本年资产增长额同年初资产总额的比值。其计算公式为：

总资产增长率 = 本年资产增长额 ÷ 年初资产总额 × 100%

式中，　　本年资产增长额 = 年末资产总额 - 年初资产总额

根据表 9.1 的资料，金龙公司的总资产增长率指标为：

2013 年总资产增长率 = [(30 350 - 27 380) ÷ 27 380] × 100% = 10.85%

总资产增长率越高，说明企业一定时期经营规模扩张的越快。

3) 营业利润增长率

营业利润增长率是企业本年营业利润增长额与上年营业利润总额的比率，反映企业营业利润的变动情况。其计算公式为：

营业利润增长率 = 本年营业利润增长额 ÷ 上年营业利润总额 × 100%

式中，　　本年营业利润增长额 = 本年营业利润 - 上年营业利润

根据表 9.2 的资料，金龙公司营业利润增长率指标为：

2013 年营业利润增长率 = [(5 100 - 5 000) ÷ 5 000] × 100% = 2%

4) 资本保值增值率

资本保值增值率是指所有者权益总额的期末数与期初数之比。其计算公式为：

资本保值增值率 = 期末所有者权益 ÷ 期初所有者权益 × 100%

当企业盈利能力提高，利润增加，必然会增加所有者权益，所以该指标也可作为衡量企业盈利能力的重要指标。这一指标值的高低除了受利润影响外，还受到利润分配政策和资本投入的影响。

根据表 9.1 的资料，金龙公司资本保值增值率指标为：

2013 年资本保值增值率 = (21 800 ÷ 20 180) × 100% = 108.03%

5)资本积累率

资本积累率是企业本年所有者权益增长额与年初所有者权益的比率,反映企业当年资本积累能力。其计算公式为:

$$资本积累率 = 本年所有者权益增长额 \div 年初所有者权益 \times 100\%$$

资本积累率越高,说明企业资本积累越多,应对风险的能力越强。

根据表 9.1 的资料,金龙公司资本积累率为:

$$2013\ 年资本积累率 = [(21\ 800 - 20\ 180) \div 20\ 180] \times 100\% = 8.03\%$$

9.3.5 上市公司特殊的财务分析指标

1)每股收益

每股收益是综合反映企业盈利能力的重要指标。每股收益包括基本每股收益和稀释每股收益。

(1)基本每股收益

基本每股收益的计算公式为:

$$基本每股收益 = \frac{归属于公司普通股股东的净利润}{发行在外的普通股加权平均数}$$

其中:发行在外的普通股加权平均数=期初发行在外的普通股数+当期新发普通股股数×已发行时间÷报告期时间-当期回购普通股股数×已回购时间÷报告期时间

例 9.1 某上市公司 2013 年度归属于普通股股东的净利润为 20 000 万元,2012 年末的公司普通股股本为 6 000 万股,2013 年 3 月 5 日,经公司 2012 年度股东大会决议,以截至 2012 年末公司总股本为基础,向全体股东每 10 股送红股 5 股。工商注册登记变更完成后公司总股本变为 9 000 万股。2013 年 9 月 30 日发行新股 4 000 万股。

$$基本每股收益 = \frac{20\ 000}{6\ 000 + 3\ 000 + 4\ 000 \times \frac{3}{12}} = 2(元/股)$$

例 9.1 中,公司向全体股东每 10 股送 5 股,导致股本增加了 3 000 万股,由于送股是将公司的未分配利润转为普通股,无论是否转化都一直是作为企业的资本使用,因此新增的这 3 000 万股不需按实际月份加权计算,可直接计算分母;公司新发股份应按照其在公司对全年利润的贡献时间 3 个月,以 3/12 的权数进行加权计算。

(2)稀释每股收益

企业存在稀释性潜在普通股时,要计算稀释每股收益。稀释性潜在普通股是指假设转换为普通股会减少每股收益的潜在普通股。潜在普通股主要包括:可转换公司债券、认股权证和股份期权等。对于可转换公司债券,计算稀释每股收益时,分子的调整项目为可转换债券当期已确认为费用的利息等的税后影响额;分母的调整项目为假定可转换债券当期期初或发行日转换为普通股的加权平均股数;对于认股权证、股份期权等的行权价格低于当期普通股平均市场价格时,应考虑其稀释性。

例 9.2 某上市公司 2013 年 7 月 1 日按面值发行年利率为 3%的可转换债券,面值为

20 000万元,期限 3 年,利息每年末支付一次,发行结束一年后可转换为股票,转换价格为每股 10 元,即每 100 元债券可转换为 1 元面值的普通股 10 股。2013 年该公司归属于普通股股东的净利润为 30 000 万元,2013 年发行在外的普通股加权平均数为 40 000 万股,债券利息不符合资本化条件,直接计入当期损益,所得税率为 25%。假设不考虑可转换债券在负债成分和权益成分之间的分拆,且债券票面利率和实际利率一致。则稀释每股收益计算如下:

$$\text{基本每股收益} = \frac{30\ 000}{40\ 000} = 0.75(\text{元})$$

$$\text{假设全部转股, 所增加的净利润} = 20\ 000 \times 2\% \times \frac{6}{12} \times (1 - 25\%) = 150(\text{万元})$$

$$\text{假设全部转股, 所增加的年加权平均普通股股数} = \frac{20\ 000}{100} \times 10 \times \frac{6}{12} = 1\ 000(\text{万股})$$

$$\text{增量股的每股收益} = \frac{150}{1\ 000} = 0.15(\text{元})$$

增量股的每股收益小于基本每股收益,可转换公司债券具有稀释作用。

$$\text{稀释每股收益} = \frac{30\ 000 + 150}{40\ 000 + 1\ 000} \approx 0.74(\text{元})$$

如果说企业将净利润用于派发股票股利或配股,企业流通在外的普通股股数就会增加,这将大量稀释每股收益。在分析每股收益时,还应注意企业可能利用回购库存股的方式使发行在外的普通股减少,使每股收益增加。在分析上市公司发布的信息时要注意区分公布的每股收益是按原始股股数还是按稀释后的股数计算的。

2) 每股股利

每股股利是企业股利总额与普通股股数的比值。其计算公式为:

$$\text{每股股利} = \text{现金股利总额} \div \text{期末发行在外的普通股股数}$$

例 9.3　某上市公司 2013 年度发放普通股股利 6 000 万元,年末流通在外的普通股股数为 5 000 万股,则每股股利为:

$$\text{每股股利} = 6\ 000 \div 5\ 000 = 1.2(\text{元})$$

每股股利越大,说明企业股本获利能力越强。由于净利润是股利分配的来源,所以每股股利的多少很大程度上取决于每股收益的多少。但上市公司每股发放多少股利,除了受盈利能力的影响外,还取决于公司的股利分配政策和投资机会。

反映每股股利和每股收益之间关系的一个重要指标是股利发放率即每股股利分配额与当期每股收益之比。

$$\text{股利发放率} = \text{每股股利} \div \text{每股收益}$$

这一指标表明净利润中有多少用于普通股股东的现金股利发放。借助于该指标投资者可以了解一家上市公司的股利发放政策。

3) 市盈率

市盈率是普通股每股市价与每股收益的比值。其计算公式为:

$$\text{市盈率} = \text{每股市价} \div \text{每股收益}$$

例 9.4 沿用例 9.1 的资料,同时假定该上市公司 2013 年年末每股市价为 30 元。则该公司 2013 年年末市盈率计算如下:

$$市盈率 = 30 \div 2 = 15(倍)$$

市盈率是反映投资人对股票价值评价的重要指标。一方面,市盈率高,投资人认为企业未来成长的潜力大,对股票价值的评价就高;反之,投资人对股票价值的评价就低。另一方面,市盈率高,也说明投资于该股票需要支付更高的价格,投资的风险更大;反之,市盈率低,说明投资于该股票的风险更小。

上市公司市盈率一直是股票投资者进行中长期投资的重要决策指标。影响企业股票市盈率的因素主要有:①上市公司盈利能力的成长性。如果投资人预期上市公司的盈利能力不断提高,说明公司的成长性好,即使目前股票市盈率较高,投资人也愿意进行投资。②投资者所获得报酬率的稳定性。如果投资人能够从上市公司获得高且稳定的收益,投资人就愿意持有该公司股票,该公司股票的市盈率会由于有众多的投资人普遍看好而相应提高。③市盈率也受到利率水平变动的影响。当市场利率水平变化时,市盈率也应作相应调整。

4) 每股净资产

每股净资产,又称为每股账面价值,是指公司期末净资产与期末发行在外的普通股股数的比值。其计算公式为:

$$每股净资产 = 期末净资产 \div 期末发行在外的普通股股数$$

例 9.5 某上市公司 2013 年年末股东权益总额为 21 800 万元,全部为普通股,年末发行在外的普通股股数为 15 000 万股。则每股净资产为:

$$每股净资产 = 21\ 800 \div 15\ 000 = 1.45(元)$$

每股净资产显示了发行在外的每一股普通股所能分配的企业账面净资产的价值,是理论上股票的最低价值。利用该指标进行横向和纵向对比,可以衡量上市公司股票的投资价值。在企业性质相同、股票市价相近的条件下,某一公司股票的每股净资产越高,说明企业发展潜力与股票的投资价值越大,投资的风险越小。但在市场上充斥着大量的投机行为时,每股净资产指标不一定受到关注。投资者,特别是短线投资者会注重股票市场行情的变化。有的企业的股票市价低于其账面价值,投资者会认为该企业没发展前景;如果市价高于其账面价值,而且差距比较大,投资者会认为企业前景良好,愿意承担较大的风险投资于该股票。

5) 市净率

市净率是每股市价与每股净资产的比值,是投资者用于衡量、分析个别股票是否具有投资价值的工具之一。其计算公式如下:

$$市净率 = 每股市价 \div 每股净资产$$

例 9.6 沿用例 9.5,同时假定该上市公司 2013 年年末每股市价为 5.8 元,则该公司 2013 年年末市净率为:

$$市净率 = 5.8 \div 1.45 = 4(倍)$$

一般来说,市净率越低的股票,投资价值越高;反之,投资价值越低。但有时较低的市净率反映的可能是投资者对公司前景的不良预期,而较高的市净率则相反。因此,在判断某只股票的投资价值时,还要综合考虑当时的市场环境以及公司经营情况、资产质量和盈利能力等因素。

9.4 财务综合分析

单一的财务指标是不能全面评价企业的财务状况和经营成果的,必须把这些单一的财务指标纳入到一个有机的整体中,进行相关联的分析,才能对企业经济效益的优劣作出准确的评价和判断。对财务指标进行综合评价的方法有很多,其中应用比较广泛的是杜邦财务分析体系和沃尔比重评分法。

9.4.1 杜邦分析法

杜邦分析法又称杜邦财务分析体系,简称杜邦体系,是利用各主要财务比率指标间的内在联系,对企业财务状况及经济效益进行综合系统分析评价的方法。这种方法由美国杜邦公司创立并最先采用,故称为杜邦财务分析体系。该体系以净资产收益率为起点,以总资产净利率和权益乘数为核心,重点揭示企业盈利能力及权益乘数对净资产收益率的影响,以及各相关指标间的相互影响和作用关系。该体系层层分解至企业最基本生产要素的使用、成本与费用的构成和企业风险,揭示指标变动的原因和趋势,满足经营者通过财务分析进行绩效评价的需要,在经营目标发生异动时能及时查明原因并加以修正,为企业经营决策和投资决策指明方向。

杜邦分析法的主要关系式:

净资产收益率 = 销售净利率 × 总资产周转率 × 权益乘数

利用这种方法进行综合分析时,可把各项财务指标体系间的关系绘制成杜邦分析图,如图 9.1 所示。

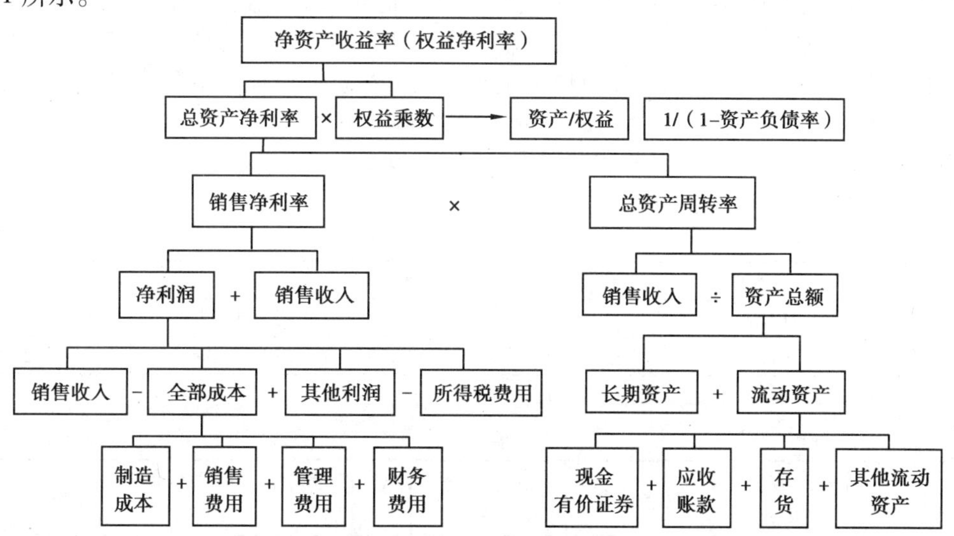

图 9.1 杜邦财务分析体系

注:①本章销售净利率即营业净利率,销售收入即营业收入,销售费用即营业费用。

②图中有关资产、负债与权益指标通常用平均值计算。

杜邦分析法的要点：

①净资产收益率是一个综合性极强的投资报酬指标，是杜邦分析体系的起点。这一指标反映了企业所有者投入资本的盈利能力，也说明了企业经营管理活动的效率。所以这一指标是投资人、经营者都关心的。这一指标高低的决定因素主要有销售净利率、总资产周转率和权益乘数。

②销售净利率反映了企业净利润与销售收入的关系，其指标值的大小取决于销售收入与成本总额的高低。销售净利率高低的分析，需要从销售收入和成本两个方面进行。要想提高销售净利率，一方面要扩大销售收入，另一方面要降低成本费用。扩大销售收入既有利于提高销售净利率，又有利于提高总资产周转率。降低成本费用，对成本费用需要进行结构分析，找出降低成本费用的途径和加强成本费用控制的方法。如果企业财务费用支出过高，就要进一步分析其负债比率是否过高；如果管理费用过高，就要进一步分析其资产周转情况等。提高销售利润率的另一条途径是提高其他利润。

③影响资产周转率的一个重要因素是资产总额。资产周转率是反映企业通过资产运营实现销售收入能力的指标。资产总额由流动资产和长期资产组成，它们的结构合理与否将直接影响资产的周转速度。一般来说，流动资产直接体现了企业的偿债能力和变现能力，而长期资产体现了企业的经营规模、发展潜力，二者之间要有一个合理的比例关系。因此，除了对资产的各构成部分从占用量上是否合理进行分析外，还需要对影响资产周转的各因素进行分析，可以通过对流动资产周转率、存货周转率、应收账款周转率等有关资产组成部分使用效率的分析，判明影响资产周转的问题出在哪里。

④权益乘数表示企业负债程度，受资产负债率影响。负债比率越大，权益乘数越高，说明企业有较高的负债程度，给企业带来较多的杠杆利益，同时也给企业带来了较多的风险。

权益乘数对净资产收益率具有倍率影响，反映了财务杠杆对利润水平的影响。财务杠杆具有正反两方面的作用。在收益较好的经营周期，它可以使股东获得的潜在报酬增加，但股东要承担因负债增加而引起的风险；在收益不好的经营周期，则可能使股东潜在的报酬下降。当然，从投资者角度而言，只要资产报酬率高于借贷资本利息率，负债比率越高越好。企业的经营者则应审时度势，全面考虑，在制定借入资本决策时，必须充分估计预期的利润和增加的风险，在二者之间权衡，从而作出正确决策。在资产总额不变的条件下，适度开展负债经营，可以减少所有者权益所占的份额，达到提高净资产收益率的目的。

例 9.7 某上市公司有关财务数据如表 9.3 和表 9.4 所示。分析该公司净资产收益率的变化原因。

表 9.3

单位：万元

年　度	净利润	销售收入	资产总额	负债总额	全部成本
2012	23 912.66	1 650 945.58	677 749.75	72 309.22	1 456 723.46
2013	31 391.37	1 962 283.12	847 675.18	214 673.96	1 686 852.19

表 9.4

年　度	净资产收益率(%)	权益乘数	资产负债率(%)	总资产净利率(%)	销售净利率(%)	总资产周转率
2012	4.27	1.21	10.67	3.53	1.45	2.44
2013	5.43	1.47	25.33	3.70	1.60	2.31

①对净资产收益率的分析。

净资产收益率指标是衡量企业利用资产获取利润能力的指标。净资产收益率充分考虑了筹资方式对企业获利能力的影响,因此它所反映的获利能力是企业经营能力、财务决策和筹资方式等多种因素综合作用的结果。

该公司的净资产收益率在2012年至2013年间出现了一定程度的好转,分别从2012年的0.042 7增加至2013年的0.054 3。企业的投资者在很大程度上依据这个指标来判断是否投资或是否转让股份、考察经营者业绩和决定股利分配政策。这些指标对公司的管理者也至关重要。

公司经理们为改善财务决策而进行财务分析,他们可以将净资产收益率分解为权益乘数和资产净利率,以找到问题产生的原因。

净资产收益率 = 权益乘数 × 总资产净利率

2013年 0.054 3 = 1.47 × 0.037

2012年 0.042 7 = 1.21 × 0.035 3

通过分解可以明显地看出,该公司净资产收益率的变动在于资本结构(权益乘数)变动和资产利用效果(资产净利率)变动两方面共同作用的结果。而该公司的总资产净利率太低,显示出很差的资产利用效果。

②对总资产净利率的分析。

对总资产净利率进行分解:

总资产净利率 = 销售净利率 × 总资产周转率

2013年 0.037 = 0.016 0 × 2.31

2012年 0.035 3 = 0.014 5 × 2.44

通过分解可以看出2013年的总资产周转率有所降低,说明资产的利用未得到良好的控制,显示出比前一年稍差的效果,表明该公司利用其总资产产生销售收入的效率在降低。但总资产周转率降低的同时销售净利率的提高促进了总资产净利率的增加。

③对销售净利率的分析。

销售净利率 = 净利润 ÷ 销售收入

2013年 0.016 = 31 391.37 ÷ 1 962 283.12

2012年 0.014 5 = 23 912.66 ÷ 1 650 945.58

该公司2013年提高了销售收入,净利润的提高幅度却更大,分析其原因是成本费用相对减少,从表9.3可知:全部成本从2012年1 456 723.46万元增加到2013年1 686 852.19万元,低于销售收入的增加幅度。通过分解可以看出杜邦分析法有效的解释了指标变动的原因和趋势,为采取应对措施指明了方向。

④对权益乘数的分析。

2013年 权益乘数为5.43

2012年 权益乘数为4.27

2013年权益乘数高于2012年,说明企业的资本结构发生了变化。权益乘数越大,企业负债程度越高,财务风险程度越高。同时权益乘数也体现了财务杠杆对利润水平的影响。

在收益较好的年度，它可以使股东获得的潜在报酬增加，但股东要承担因负债增加而引起的风险；在收益不好的年度，则可能使股东潜在的报酬下降。管理者应准确把握企业所处的环境，预测利润，合理控制负债所带来的财务风险。

在本例中，导致净资产收益率提高的主原因是全部成本相对减少。也正是因为全部成本的相对减少导致了净利润大幅度提高，销售收入增加引起了销售净利率的提高，显示出该公司销售盈利能力的增强。资产净利率的提高当归功于销售净利率的提高，总资产周转率的减少却起到了阻碍的作用。

9.4.2 沃尔比重评分法

在进行财务分析时，遇到的一个主要困难是计算财务比率出来后却无法判断这个指标是偏高或偏低。与本企业历史比较，只能判断自身的变化，难以评价该企业在市场上的竞争地位。于是，亚历山大・沃尔在其20世纪初出版的《信用晴雨表研究》和《财务报表比率分析》等著作中提出了信用能力指数概念，将流动比率、产权比率、固定资产比率、存货周转率、应收账款周转率、固定资产周转率、自有资本比率七项指标用线性关系结合起来，并分别给了其在总评价中所占的分数比重，满分为100分。然后通过与标准指标比较，确定各项指标的得分及总体指标的累计分数，从而对企业的信用水平作出评价。

如果评价得出一企业的综合指数大于100，说明评分达到标准的要求，总体财务状况还不错。尽管沃尔评分法在理论上还有待证明，在技术上也不完善，但它在实践中得到了广泛的应用。从理论上讲，沃尔评分法有一个弱点，就是未能证明为什么要选择这七项指标，而不是更多或更少，或选择别的财务比率，以及未能证明每个指标所占比重的合理性。从技术上讲有一个问题，就是当某一个指标严重异常时，会对综合指数产生不合逻辑的重大影响。这个缺陷是由相对比率与比重相乘而引起。财务比率提高一倍，其综合指数增加100%；而财务比率降低一半，其综合指数只减少50%。

一般认为企业财务评价的内容首先是盈利能力，其次是偿债能力，再次是成长能力，它们之间大致可按5∶3∶2的比重来分配。盈利能力的主要指标是总资产报酬率、销售净利率和净资产收益率，这三个指标可按2∶2∶1的比重安排。偿债能力有四个常用指标，分别是自有资本比率、流动比率、应收账款周转率、存货周转率。成长能力指标包括销售增长率、净利增长率和总资产增长率三个。

在具体应用时，标准比率以本行业平均数为基础，在给每个指标评分时，应规定其上限和下限，以减少个别指标异常对总分造成不合理的影响。上限可定为正常评分值的1.5倍，下限可定为正常评分值的0.5倍。此外，给分不是采用乘的关系，而采用加或减的关系来处理，以克服沃尔评分法的缺陷。

能力训练

一、单项选择题

1.企业投资者对投资企业进行财务分析的根本目标是为了获得( )信息。

A.偿债能力 B.营运能力 C.盈利能力 D.支付能力

2.企业债权人对债务企业进行财务分析的根本目的是判断企业的( )。

A.偿债能力 B.营运能力 C.盈利能力 D.发展能力

3.资产负债表与利润表的连接点是( )。

A.所有者权益 B.利润 C.偿债能力 D.未分配利润

4.下列各项中,不会影响流动比率的业务是( )。

A.用现金购买短期债券 B.现金购买固定资产

C.用存货进行对外长期投资 D.从银行取得长期借款

5.下列比率中属于营运能力的比率是( )。

A.流动比率 B.产权比率 C.存货周转率 D.资产负债率

6.净资产收益率的计算公式是( )。

A.每股收益/每股净资产 B.利润净额/平均净资产

C.利润总额/平均总资产 D.利润净额/股票市值总额

7.市盈率的计算公式是( )。

A.每股面值/每股收益 B.每股收益/每股市价

C.每股市价/每股股利 D.每股市价/每股收益

8.下列各项中,能够使每股收益增加的因素是( )。

A.发行在外股数增加

B.净收益增长幅度高于发行在外股数增加的幅度

C.每股市价增加

D.股利支付率增加

9.决定权益乘数大小的主要指标是( )。

A.资产周转率 B.销售利润率 C.资产利润率 D.资产负债率

10.杜邦分析体系的核心指标是( )。

A.资产净利率 B.销售净利率 C.资产周转率 D.股东权益净利率

二、多项选择题

1.若流动比率大于1,则下列结论不一定成立的是( )。

A.速动比率大于1 B.营运资金大于零

C.资产负债率大于1 D.短期偿债能力绝对有保障

2.影响速动比率的因素有( )。

A.应收账款 B.存货 C.短期借款 D.应收票据

3.流动比率为1.2,则赊购材料一批(不考虑增值税)将会导致( )。

A.流动比率提高　B.流动比率不变　C.流动比率降低　D.速动比率降低

4.关于资产负债率指标,对其评价正确的是(　　)。

A.从债权人的角度看,负债比率越大越好

B.从债权人的角度看,负债比率越小越好

C.从股东角度看,负债比率越高越好

D.从股东角度看,当全部资本利润率高于债务利息率时,负债比率越高越好

5.下列命题中,正确的有(　　)。

A.流动比率和速动比率之差等于现金比率

B.一般来说,存货周转率越高,说明企业存货管理越好

C.在销售额一定的情况下,企业资产总额越小,资产周转率越高

D.企业资产周转速度越快,一般而言企业盈利能力越强

6.反映企业营运能力的指标有(　　)。

A.总资产报酬率　B.总资产周转率　C.资产负债率　D.应收账款周转天数

7.下列项目中,影响总资产周转率的指标或项目有(　　)。

A.营业收入　B.资产结构　C.资产规模　D.利润

8.下列各项中,可能使净资产报酬率下降的有(　　)。

A.资产净利率下降　B.资产负债率下降　C.销售净利率下降　D.资产周转率下降

三、判断题

1.资产负债率与产权比率的乘积等于1。(　　)

2.一般而言,已获利息倍数越大,企业偿还债务的可能性也越大。(　　)

3.权益乘数的高低取决于企业的资本结构如何,负债比重越高,则权益乘数越低,财务风险越大。(　　)

4.速动比率提高的情况下,流动比率也一定提高。(　　)

5.流动比率、速动比率、现金比率都可以反映企业的短期偿债能力。(　　)

6.杜邦财务分析体系的核心指标是销售净利率。(　　)

7.计算存货周转率时使用销售成本指标比使用销售收入更准确。(　　)

四、计算分析题

1.某企业2013年度赊销收入净额为2 000万元,销售成本为1 600万元,年初、年末应收账款余额分别为200万元和400万元,年初、年末存货余额分别为200万元和600万元,年末速动比率和现金比率分别为1.2和0.7。企业流动资产由速动资产和存货组成,速动资产由应收账款和现金类资产组成。一年按360天计算。要求:

①计算2013年应收账款周转次数;

②计算2013年存货周转天数;

③计算2013年年末流动比率。

2.某公司流动资产由速动资产和存货构成,年初存货为145万元,年初应收账款为125万元,年末流动比率为3,速动比率为1.5,存货周转率为4次,年末流动资产余额为

270 万元,一年按 360 天计算。要求:

①计算该公司流动负债年末余额;

②计算该公司存货年末余额和年平均余额;

③计算该公司本年营业成本;

④假定本年营业收入为 960 万元,应收账款以外的其他速动资产忽略不计,计算该公司应收账款周转期。

3.某公司 2012 年 1 月 1 日发行票面利率为 4%的可转换债券,面值为 800 万元,规定每 100 元债券可转换为 1 元面值的普通股 90 股。2012 年净利润为 4 500 万元,2012 年发行在外的普通股为 4 000 万股,公司适用的所得税率为 25%。要求:

①计算 2012 年年末的基本每股收益;

②计算 2012 年年末的稀释每股收益。

附 录

附录 1 复利

计算公式：$f=(1+i)^n$

期数	1%	2%	3%	4%	5%	6%	7%	8%	9%	10%	11%	12%	13%	14%	15%
1	1.0100	1.0200	1.0300	1.0400	1.0500	1.0600	1.0700	1.0800	1.0900	1.1000	1.1100	1.1200	1.1300	1.1400	1.1500
2	1.0201	1.0404	1.0609	1.0816	1.1025	1.1236	1.1449	1.1664	1.1881	1.2100	1.2321	1.2544	1.2769	1.2996	1.3225
3	1.0303	1.0612	1.0927	1.1249	1.1576	1.1910	1.2250	1.2597	1.2950	1.3310	1.3676	1.4049	1.4429	1.4815	1.5209
4	1.0406	1.0824	1.1255	1.1699	1.2155	1.2625	1.3108	1.3605	1.4116	1.4641	1.5181	1.5735	1.6305	1.6890	1.7490
5	1.0510	1.1041	1.1593	1.2167	1.2763	1.3382	1.4026	1.4693	1.5386	1.6105	1.6851	1.7623	1.8424	1.9254	2.0114
6	1.0615	1.1262	1.1941	1.2653	1.3401	1.4185	1.5007	1.5869	1.6771	1.7716	1.8704	1.9738	2.0820	2.1950	2.3131
7	1.0721	1.1487	1.2299	1.3159	1.4071	1.5036	1.6058	1.7138	1.8280	1.9487	2.0762	2.2107	2.3526	2.5023	2.6600
8	1.0829	1.1717	1.2668	1.3686	1.4775	1.5938	1.7182	1.8509	1.9926	2.1436	2.3045	2.4760	2.6584	2.8526	3.0590
9	1.0937	1.1951	1.3048	1.4233	1.5513	1.6895	1.8385	1.9990	2.1719	2.3579	2.5580	2.7731	3.0040	3.2519	3.5179
10	1.1046	1.2190	1.3439	1.4802	1.6289	1.7908	1.9672	2.1589	2.3674	2.5937	2.8394	3.1058	3.3946	3.7072	4.0456
11	1.1157	1.2434	1.3842	1.5395	1.7103	1.8983	2.1049	2.3316	2.5804	2.8531	3.1518	3.4786	3.8359	4.2262	4.6524
12	1.1268	1.2682	1.4258	1.6010	1.7959	2.0122	2.2522	2.5182	2.8127	3.1384	3.4985	3.8960	4.3345	4.8179	5.3503
13	1.1381	1.2936	1.4685	1.6651	1.8856	2.1329	2.4098	2.7196	3.0658	3.4523	3.8833	4.3635	4.8980	5.4924	6.1528
14	1.1495	1.3195	1.5126	1.7317	1.9799	2.2609	2.5785	2.9372	3.3417	3.7975	4.3104	4.8871	5.5348	6.2613	7.0757
15	1.1610	1.3459	1.5580	1.8009	2.0789	2.3966	2.7590	3.1722	3.6425	4.1772	4.7846	5.4736	6.2543	7.1379	8.1371
16	1.1726	1.3728	1.6047	1.8730	2.1829	2.5404	2.9522	3.4259	3.9703	4.5950	5.3109	6.1304	7.0673	8.1372	9.3576
17	1.1843	1.4002	1.6528	1.9479	2.2920	2.6928	3.1588	3.7000	4.3276	5.0545	5.8951	6.8660	7.9861	9.2765	10.7613
18	1.1961	1.4282	1.7024	2.0258	2.4066	2.8543	3.3799	3.9960	4.7171	5.5599	6.5436	7.6900	9.0243	10.5752	12.3755
19	1.2081	1.4568	1.7535	2.1068	2.5270	3.0256	3.6165	4.3157	5.1417	6.1159	7.2633	8.6128	10.1974	12.0557	14.2318
20	1.2202	1.4859	1.8061	2.1911	2.6533	3.2071	3.8697	4.6610	5.6044	6.7275	8.0623	9.6463	11.5231	13.7435	16.3665
21	1.2324	1.5157	1.8603	2.2788	2.7860	3.3996	4.1406	5.0338	6.1088	7.4002	8.9492	10.8038	13.0211	15.6676	18.8215
22	1.2447	1.5460	1.9161	2.3699	2.9253	3.6035	4.4304	5.4365	6.6586	8.1403	9.9336	12.1003	14.7138	17.8610	21.6447
23	1.2572	1.5769	1.9736	2.4647	3.0715	3.8197	4.7405	5.8715	7.2579	8.9543	11.0263	13.5523	16.6266	20.3616	24.8915
24	1.2697	1.6084	2.0328	2.5633	3.2251	4.0489	5.0724	6.3412	7.9111	9.8497	12.2392	15.1786	18.7881	23.2122	28.6252
25	1.2824	1.6406	2.0938	2.6658	3.3864	4.2919	5.4274	6.8485	8.6231	10.8347	13.5855	17.0001	21.2305	26.4619	32.9190
26	1.2953	1.6734	2.1566	2.7725	3.5557	4.5494	5.8074	7.3964	9.3992	11.9182	15.0799	19.0401	23.9905	30.1666	37.8568
27	1.3082	1.7069	2.2213	2.8834	3.7335	4.8223	6.2139	7.9881	10.2451	13.1100	16.7387	21.3249	27.1093	34.3899	43.5353
28	1.3213	1.7410	2.2879	2.9987	3.9201	5.1117	6.6488	8.6271	11.1671	14.4210	18.5799	23.8839	30.6335	39.2045	50.0656
29	1.3345	1.7758	2.3566	3.1187	4.1161	5.4184	7.1143	9.3173	12.1722	15.8631	20.6237	26.7499	34.6158	44.6931	57.5755
30	1.3478	1.8114	2.4273	3.2434	4.3219	5.7435	7.6123	10.0627	13.2677	17.4494	22.8923	29.9599	39.1159	50.9502	66.2118

终值系数表

16%	17%	18%	19%	20%	21%	22%	23%	24%	25%	26%	27%	28%	29%	30%
1.1600	1.1700	1.1800	1.1900	1.2000	1.2100	1.2200	1.2300	1.2400	1.2500	1.2600	1.2700	1.2800	1.2900	1.3000
1.3456	1.3689	1.3924	1.4161	1.4400	1.4641	1.4884	1.5129	1.5376	1.5625	1.5876	1.6129	1.6384	1.6641	1.6900
1.5609	1.6016	1.6430	1.6852	1.7280	1.7716	1.8158	1.8609	1.9066	1.9531	2.0004	2.0484	2.0972	2.1467	2.1970
1.8106	1.8739	1.9388	2.0053	2.0736	2.1436	2.2153	2.2889	2.3642	2.4414	2.5205	2.6014	2.6844	2.7692	2.8561
2.1003	2.1924	2.2878	2.3864	2.4883	2.5937	2.7027	2.8153	2.9316	3.0518	3.1758	3.3038	3.4360	3.5723	3.7129
2.4364	2.5652	2.6996	2.8398	2.9860	3.1384	3.2973	3.4628	3.6352	3.8147	4.0015	4.1959	4.3980	4.6083	4.8268
2.8262	3.0012	3.1855	3.3793	3.5832	3.7975	4.0227	4.2593	4.5077	4.7684	5.0419	5.3288	5.6295	5.9447	6.2749
3.2784	3.5115	3.7589	4.0214	4.2998	4.5950	4.9077	5.2389	5.5895	5.9605	6.3528	6.7675	7.2058	7.6686	8.1573
3.8030	4.1084	4.4355	4.7854	5.1598	5.5599	5.9874	6.4439	6.9310	7.4506	8.0045	8.5948	9.2234	9.8925	10.6045
4.4114	4.8068	5.2338	5.6947	6.1917	6.7275	7.3046	7.9259	8.5944	9.3132	10.0857	10.9153	11.8059	12.7614	13.7858
5.1173	5.6240	6.1759	6.7767	7.4301	8.1403	8.9117	9.7489	10.6571	11.6415	12.7080	13.8625	15.1116	16.4622	17.9216
5.9360	6.5801	7.2876	8.0642	8.9161	9.8497	10.8722	11.9912	13.2148	14.5519	16.0120	17.6053	19.3428	21.2362	23.2981
6.8858	7.6987	8.5994	9.5964	10.6993	11.9182	13.2641	14.7491	16.3863	18.1899	20.1752	22.3588	24.7588	27.3947	30.2875
7.9875	9.0075	10.1472	11.4198	12.8392	14.4210	16.1822	18.1414	20.3191	22.7374	25.4207	28.3957	31.6913	35.3391	39.3738
9.2655	10.5387	11.9737	13.5895	15.4070	17.4494	19.7423	22.3140	25.1956	28.4217	32.0301	36.0625	40.5648	45.5875	51.1859
10.7480	12.3303	14.1290	16.1715	18.4884	21.1138	24.0856	27.4462	31.2426	35.5271	40.3579	45.7994	51.9230	58.8079	66.5417
12.4677	14.4265	16.6722	19.2441	22.1861	25.5477	29.3844	33.7588	38.7408	44.4089	50.8510	58.1652	66.4614	75.8621	86.5042
14.4625	16.8790	19.6733	22.9005	26.6233	30.9127	35.8490	41.5233	48.0386	55.5112	64.0722	73.8698	85.0706	97.8622	112.4554
16.7765	19.7484	23.2144	27.2516	31.9480	37.4043	43.7358	51.0737	59.5679	69.3889	80.7310	93.8147	108.8904	126.2422	146.1920
19.4608	23.1056	27.3930	32.4294	38.3376	45.2593	53.3576	62.8206	73.8641	86.7362	101.7211	119.1446	139.3797	162.8524	190.0496
22.5745	27.0336	32.3238	38.5910	46.0051	54.7637	65.0963	77.2694	91.5915	108.4202	128.1685	151.3137	178.4060	210.0796	247.0645
26.1864	31.6293	38.1421	45.9233	55.2061	66.2641	79.4175	95.0413	113.5735	135.5253	161.4924	192.1683	228.3596	271.0027	321.1839
30.3762	37.0062	45.0076	54.6487	66.2474	80.1795	96.8894	116.9008	140.8312	169.4066	203.4804	244.0538	292.3003	349.5935	417.5391
35.2364	43.2973	53.1090	65.0320	79.4968	97.0172	118.2050	143.7880	174.6306	211.7582	256.3853	309.9483	374.1444	450.9756	542.8008
40.8742	50.6578	62.6686	77.3881	95.3962	117.3909	144.2101	176.8593	216.5420	264.6978	323.0454	393.6344	478.9049	581.7585	705.6410
47.4141	59.2697	73.9490	92.0918	114.4755	142.0429	175.9364	217.5369	268.5121	330.8722	407.0373	499.9157	612.9982	750.4685	917.3333
55.0004	69.3455	87.2598	109.5893	137.3706	171.8719	214.6424	267.5704	332.9550	413.5903	512.8670	634.8929	784.6377	968.1044	1192.5333
63.8004	81.1342	102.9666	130.4112	164.8447	207.9651	261.8637	329.1115	412.8642	516.9879	646.2124	806.3140	1004.3363	1248.8546	1550.2933
74.0085	94.9271	121.5005	155.1893	197.8136	251.6377	319.4737	404.8072	511.9516	646.2349	814.2276	1024.0187	1285.5504	1611.0225	2015.3813
85.8499	111.0647	143.3706	184.6753	237.3763	304.4816	389.7579	497.9129	634.8199	807.7936	1025.9267	1300.5038	1645.5046	2078.2190	2619.9956

附录2 复利

计算公式：$f=(1+i)^{-n}$

期数	1%	2%	3%	4%	5%	6%	7%	8%	9%	10%	11%	12%	13%	14%	15%
1	0.9901	0.9804	0.9709	0.9615	0.9524	0.9434	0.9346	0.9259	0.9174	0.9091	0.9009	0.8929	0.8850	0.8772	0.8696
2	0.9803	0.9612	0.9426	0.9246	0.9070	0.8900	0.8734	0.8573	0.8417	0.8264	0.8116	0.7972	0.7831	0.7695	0.7561
3	0.9706	0.9423	0.9151	0.8890	0.8638	0.8396	0.8163	0.7938	0.7722	0.7513	0.7312	0.7118	0.6931	0.6750	0.6575
4	0.9610	0.9238	0.8885	0.8548	0.8227	0.7921	0.7629	0.7350	0.7084	0.6830	0.6587	0.6355	0.6133	0.5921	0.5718
5	0.9515	0.9057	0.8626	0.8219	0.7835	0.7473	0.7130	0.6806	0.6499	0.6209	0.5935	0.5674	0.5428	0.5194	0.4972
6	0.9420	0.8880	0.8375	0.7903	0.7462	0.7050	0.6663	0.6302	0.5963	0.5645	0.5346	0.5066	0.4803	0.4556	0.4323
7	0.9327	0.8706	0.8131	0.7599	0.7107	0.6651	0.6227	0.5835	0.5470	0.5132	0.4817	0.4523	0.4251	0.3996	0.3759
8	0.9235	0.8535	0.7894	0.7307	0.6768	0.6274	0.5820	0.5403	0.5019	0.4665	0.4339	0.4039	0.3762	0.3506	0.3269
9	0.9143	0.8368	0.7664	0.7026	0.6446	0.5919	0.5439	0.5002	0.4604	0.4241	0.3909	0.3606	0.3329	0.3075	0.2843
10	0.9053	0.8203	0.7441	0.6756	0.6139	0.5584	0.5083	0.4632	0.4224	0.3855	0.3522	0.3220	0.2946	0.2697	0.2472
11	0.8963	0.8043	0.7224	0.6496	0.5847	0.5268	0.4751	0.4289	0.3875	0.3505	0.3173	0.2875	0.2607	0.2366	0.2149
12	0.8874	0.7885	0.7014	0.6246	0.5568	0.4970	0.4440	0.3971	0.3555	0.3186	0.2858	0.2567	0.2307	0.2076	0.1869
13	0.8787	0.7730	0.6810	0.6006	0.5303	0.4688	0.4150	0.3677	0.3262	0.2897	0.2575	0.2292	0.2042	0.1821	0.1625
14	0.8700	0.7579	0.6611	0.5775	0.5051	0.4423	0.3878	0.3405	0.2992	0.2633	0.2320	0.2046	0.1807	0.1597	0.1413
15	0.8613	0.7430	0.6419	0.5553	0.4810	0.4173	0.3624	0.3152	0.2745	0.2394	0.2090	0.1827	0.1599	0.1401	0.1229
16	0.8528	0.7284	0.6232	0.5339	0.4581	0.3936	0.3387	0.2919	0.2519	0.2176	0.1883	0.1631	0.1415	0.1229	0.1069
17	0.8444	0.7142	0.6050	0.5134	0.4363	0.3714	0.3166	0.2703	0.2311	0.1978	0.1696	0.1456	0.1252	0.1078	0.0929
18	0.836	0.7002	0.5874	0.4936	0.4155	0.3503	0.2959	0.2502	0.2120	0.1799	0.1528	0.13.00	0.1108	0.0946	0.0808
19	0.8277	0.6864	0.5703	0.4746	0.3957	0.3305	0.2765	0.2317	0.1945	0.1635	0.1377	0.1161	0.0981	0.0829	0.0703
20	0.8195	0.6730	0.5537	0.4564	0.3769	0.3118	0.2584	0.2145	0.1784	0.1486	0.1240	0.1037	0.0868	0.0728	0.0611
21	0.8114	0.6598	0.5375	0.4388	0.3589	0.2942	0.2415	0.1987	0.1637	0.1351	0.1117	0.0926	0.0768	0.0638	0.0531
22	0.8034	0.6468	0.5219	0.4220	0.3418	0.2775	0.2257	0.1839	0.1502	0.1228	0.1007	0.0826	0.0680	0.0560	0.0462
23	0.7954	0.6342	0.5067	0.4057	0.3256	0.2618	0.2109	0.1703	0.1378	0.1117	0.0907	0.0738	0.0601	0.0491	0.0402
24	0.7876	0.6217	0.4919	0.3901	0.3101	0.2470	0.1971	0.1577	0.1264	0.1015	0.0817	0.0659	0.0532	0.0431	0.0349
25	0.7798	0.6095	0.4776	0.3751	0.2953	0.2330	0.1842	0.1460	0.1160	0.0923	0.0736	0.0588	0.0471	0.0378	0.0304
26	0.7720	0.5976	0.4637	0.3607	0.2812	0.2198	0.1722	0.1352	0.1064	0.0839	0.0663	0.0525	0.0417	0.0331	0.0264
27	0.7644	0.5859	0.4502	0.3468	0.2678	0.2074	0.1609	0.1252	0.0976	0.0763	0.0597	0.0469	0.0369	0.0291	0.0230
28	0.7568	0.5744	0.4371	0.3335	0.2551	0.1956	0.1504	0.1159	0.0895	0.0693	0.0538	0.0419	0.0326	0.0255	0.0200
29	0.7493	0.5631	0.4243	0.3207	0.2429	0.1846	0.1406	0.1073	0.0822	0.0630	0.0485	0.0374	0.0289	0.0224	0.0174
30	0.7419	0.5521	0.4120	0.3083	0.2314	0.1741	0.1314	0.0994	0.0754	0.0573	0.0437	0.0334	0.0256	0.0196	0.0151

现值系数表

16%	17%	18%	19%	20%	21%	22%	23%	24%	25%	26%	27%	28%	29%	30%
0.8621	0.8547	0.8475	0.8403	0.8333	0.8264	0.8197	0.8130	0.8065	0.8000	0.7937	0.7874	0.7813	0.7752	0.7692
0.7432	0.7305	0.7182	0.7062	0.6944	0.6830	0.6719	0.6610	0.6504	0.6400	0.6299	0.6200	0.6104	0.6009	0.5917
0.6407	0.6244	0.6086	0.5934	0.5787	0.5645	0.5507	0.5374	0.5245	0.5120	0.4999	0.4882	0.4768	0.4658	0.4552
0.5523	0.5337	0.5158	0.4987	0.4823	0.4665	0.4514	0.4369	0.4230	0.4096	0.3968	0.3844	0.3725	0.3611	0.3501
0.4761	0.4561	0.4371	0.4190	0.4019	0.3855	0.3700	0.3552	0.3411	0.3277	0.3149	0.3027	0.2910	0.2799	0.2693
0.4104	0.3898	0.3704	0.3521	0.3349	0.3186	0.3033	0.2888	0.2751	0.2621	0.2499	0.2383	0.2274	0.2170	0.2072
0.3538	0.3332	0.3139	0.2959	0.2791	0.2633	0.2486	0.2348	0.2218	0.2097	0.1983	0.1877	0.1776	0.1682	0.1594
0.3050	0.2848	0.2660	0.2487	0.2326	0.2176	0.2038	0.1909	0.1789	0.1678	0.1574	0.1478	0.1388	0.1304	0.1226
0.2630	0.2434	0.2255	0.2090	0.1938	0.1799	0.1670	0.1552	0.1443	0.1342	0.1249	0.1164	0.1084	0.1011	0.0943
0.2267	0.2080	0.1911	0.1756	0.1615	0.1486	0.1369	0.1262	0.1164	0.1074	0.0992	0.0916	0.0847	0.0784	0.0725
0.1954	0.1778	0.1619	0.1476	0.1346	0.1228	0.1122	0.1026	0.0938	0.0859	0.0787	0.0721	0.0662	0.0607	0.0558
0.1685	0.1520	0.1372	0.1240	0.1122	0.1015	0.0920	0.0834	0.0757	0.0687	0.0625	0.0568	0.0517	0.0471	0.0429
0.1452	0.1299	0.1163	0.1042	0.0935	0.0839	0.0754	0.0678	0.0610	0.0550	0.0496	0.0447	0.0404	0.0365	0.0330
0.1252	0.1110	0.0985	0.0876	0.0779	0.0693	0.0618	0.0551	0.0492	0.0440	0.0393	0.0352	0.0316	0.0283	0.0254
0.1079	0.0949	0.0835	0.0736	0.0649	0.0573	0.0507	0.0448	0.0397	0.0352	0.0312	0.0277	0.0247	0.0219	0.0195
0.0930	0.0811	0.0708	0.0618	0.0541	0.0474	0.0415	0.0364	0.0320	0.0281	0.0248	0.0218	0.0193	0.0170	0.0150
0.0802	0.0693	0.0600	0.0520	0.0451	0.0391	0.0340	0.0296	0.0258	0.0225	0.0197	0.0172	0.0150	0.0132	0.0116
0.0691	0.0592	0.0508	0.0437	0.0376	0.0323	0.0279	0.0241	0.0208	0.0180	0.0156	0.0135	0.0118	0.0102	0.0089
0.0596	0.0506	0.0431	0.0367	0.0313	0.0267	0.0229	0.0196	0.0168	0.0144	0.0124	0.0107	0.0092	0.0079	0.0068
0.0514	0.0433	0.0365	0.0308	0.0261	0.0221	0.0187	0.0159	0.0135	0.0115	0.0098	0.0084	0.0072	0.0061	0.0053
0.0443	0.0370	0.0309	0.0259	0.0217	0.0183	0.0154	0.0129	0.0109	0.0092	0.0078	0.0066	0.0056	0.0048	0.0040
0.0382	0.0316	0.0262	0.0218	0.0181	0.0151	0.0126	0.0105	0.0088	0.0074	0.0062	0.0052	0.0044	0.0037	0.0031
0.0329	0.0270	0.0222	0.0183	0.0151	0.0125	0.0103	0.0086	0.0071	0.0059	0.0049	0.0041	0.0034	0.0029	0.0024
0.0284	0.0231	0.0188	0.0154	0.0126	0.0103	0.0085	0.0070	0.0057	0.0047	0.0039	0.0032	0.0027	0.0022	0.0018
0.0245	0.0197	0.0160	0.0129	0.0105	0.0085	0.0069	0.0057	0.0046	0.0038	0.0031	0.0025	0.0021	0.0017	0.0014
0.0211	0.0169	0.0135	0.0109	0.0087	0.0070	0.0057	0.0046	0.0037	0.0030	0.0025	0.0020	0.0016	0.0013	0.0011
0.0182	0.0144	0.0115	0.0091	0.0073	0.0058	0.0047	0.0037	0.0030	0.0024	0.0019	0.0016	0.0013	0.0010	0.0008
0.0157	0.0123	0.0097	0.0077	0.0061	0.0048	0.0038	0.0030	0.0024	0.0019	0.0015	0.0012	0.0010	0.0008	0.0006
0.0135	0.0105	0.0082	0.0064	0.0051	0.0040	0.0031	0.0025	0.0020	0.0015	0.0012	0.0010	0.0008	0.0006	0.0005
0.0116	0.0090	0.0070	0.0054	0.0042	0.0033	0.0026	0.0020	0.0016	0.0012	0.0010	0.0008	0.0006	0.0005	0.0004

附录3　年金

计算公式：$f=\frac{(1+i)^n-1}{i}$

期数	1%	2%	3%	4%	5%	6%	7%	8%	9%	10%	11%	12%	13%	14%	15%
1	1.0000	1.0000	1.0000	1.0000	1.0000	1.0000	1.0000	1.0000	1.0000	1.0000	1.0000	1.0000	1.0000	1.0000	1.0000
2	2.0100	2.0200	2.0300	2.0400	2.0500	2.0600	2.0700	2.0800	2.0900	2.1000	2.1100	2.1200	2.1300	2.1400	2.1500
3	3.0301	3.0604	3.0909	3.1216	3.1525	3.1836	3.2149	3.2464	3.2781	3.3100	3.3421	3.3744	3.4069	3.4396	3.4725
4	4.0604	4.1216	4.1836	4.2465	4.3101	4.3746	4.4399	4.5061	4.5731	4.6410	4.7097	4.7793	4.8498	4.9211	4.9934
5	5.1010	5.2040	5.3091	5.4163	5.5256	5.6371	5.7507	5.8666	5.9847	6.1051	6.2278	6.3528	6.4803	6.6101	6.7424
6	6.1520	6.3081	6.4684	6.6330	6.8019	6.9753	7.1533	7.3359	7.5233	7.7156	7.9129	8.1152	8.3227	8.5355	8.7537
7	7.2135	7.4343	7.6625	7.8983	8.1420	8.3938	8.6540	8.9228	9.2004	9.4872	9.7833	10.0890	10.4047	10.7305	11.0668
8	8.2857	8.5830	8.8923	9.2142	9.5491	9.8975	10.2598	10.6366	11.0285	11.4359	11.8594	12.2997	12.7573	13.2328	13.7268
9	9.3685	9.7546	10.1591	10.5828	11.0266	11.4913	11.9780	12.4876	13.0210	13.5795	14.1640	14.7757	15.4157	16.0853	16.7858
10	10.4622	10.9497	11.4639	12.0061	12.5779	13.1808	13.8164	14.4866	15.1929	15.9374	16.7220	17.5487	18.4197	19.3373	20.3037
11	11.5668	12.1687	12.8078	13.4864	14.2068	14.9716	15.7836	16.6455	17.5603	18.5312	19.5614	20.6546	21.8143	23.0445	24.3493
12	12.6825	13.4121	14.1920	15.0258	15.9171	16.8699	17.8885	18.9771	20.1407	21.3843	22.7132	24.1331	25.6502	27.2707	29.0017
13	13.8093	14.6803	15.6178	16.6268	17.7130	18.8821	20.1406	21.4953	22.9534	24.5227	26.2116	28.0291	29.9847	32.0887	34.3519
14	14.9474	15.9739	17.0863	18.2919	19.5986	21.0151	22.5505	24.2149	26.0192	27.9750	30.0949	32.3926	34.8827	37.5811	40.5047
15	16.0969	17.2934	18.5989	20.0236	21.5786	23.2760	25.1290	27.1521	29.3609	31.7725	34.4054	37.2797	40.4175	43.8424	47.5804
16	17.2579	18.6393	20.1569	21.8245	23.6575	25.6725	27.8881	30.3243	33.0034	35.9497	39.1899	42.7533	46.6717	50.9804	55.7175
17	18.4304	20.0121	21.7616	23.6975	25.8404	28.2129	30.8402	33.7502	36.9737	40.5447	44.5008	48.8837	53.7391	59.1176	65.0751
18	19.6147	21.4123	23.4144	25.6454	28.1324	30.9057	33.9990	37.4502	41.3013	45.5992	50.3959	55.7497	61.7251	68.3941	75.8364
19	20.8109	22.8406	25.1169	27.6712	30.5390	33.7600	37.3790	41.4463	46.0185	51.1591	56.9395	63.4397	70.7494	78.9692	88.2118
20	22.0190	24.2974	26.8704	29.7781	33.0660	36.7856	40.9955	45.7620	51.1601	57.2750	64.2028	72.0524	80.9468	91.0249	102.4436
21	23.2392	25.7833	28.6765	31.9692	35.7193	39.9927	44.8652	50.4229	56.7645	64.0025	72.2651	81.6987	92.4699	104.7684	118.8101
22	24.4716	27.2990	30.5368	34.2480	38.5052	43.3923	49.0057	55.4568	62.8733	71.4027	81.2143	92.5026	105.4910	120.4360	137.6316
23	25.7163	28.8450	32.4529	36.6179	41.4305	46.9958	53.4361	60.8933	69.5319	79.5430	91.1479	104.6029	120.2048	138.2970	159.2764
24	26.9735	30.4219	34.4265	39.0826	44.5020	50.8156	58.1767	66.7648	76.7898	88.4973	102.1742	118.1552	136.8315	158.6586	184.1678
25	28.2432	32.0303	36.4593	41.6459	47.7271	54.8645	63.2490	73.1059	84.7009	98.3471	114.4133	133.3339	155.6196	181.8708	212.7930
26	29.5256	33.6709	38.5530	44.3117	51.1135	59.1564	68.6765	79.9544	93.3240	109.1818	127.9988	150.3339	176.8501	208.3327	245.7120
27	30.8209	35.3443	40.7096	47.0842	54.6691	63.7058	74.4838	87.3508	102.7231	121.0999	143.0786	169.3740	200.8406	238.4993	283.5688
28	32.1291	37.0512	42.9309	49.9676	58.4026	68.5281	80.6977	95.3388	112.9682	134.2099	159.8173	190.6989	227.9499	272.8892	327.1041
29	33.4504	38.7922	45.2189	52.9663	62.3227	73.6398	87.3465	103.9659	124.1354	148.6309	178.3972	214.5828	258.5834	312.0937	377.1697
30	34.7849	40.5681	47.5754	56.0849	66.4388	79.0582	94.4608	113.2832	136.3075	164.4940	199.0209	241.3327	293.1992	356.7868	434.7451

终值系数表

16%	17%	18%	19%	20%	21%	22%	23%	24%	25%	26%	27%	28%	29%	30%
1.0000	1.0000	1.0000	1.0000	1.0000	1.0000	1.0000	1.0000	1.0000	1.0000	1.0000	1.0000	1.0000	1.0000	1.0000
2.1600	2.1700	2.1800	2.1900	2.2000	2.2100	2.2200	2.2300	2.2400	2.2500	2.2600	2.2700	2.2800	2.2900	2.3000
3.5056	3.5389	3.5724	3.6061	3.6400	3.6741	3.7084	3.7429	3.7776	3.8125	3.8476	3.8829	3.9184	3.9541	3.9900
5.0665	5.1405	5.2154	5.2913	5.3680	5.4457	5.5242	5.6038	5.6842	5.7656	5.8480	5.9313	6.0156	6.1008	6.1870
6.8771	7.0144	7.1542	7.2966	7.4416	7.5892	7.7396	7.8926	8.0484	8.2070	8.3684	8.5327	8.6999	8.8700	9.0431
8.9775	9.2068	9.4420	9.6830	9.9299	10.1830	10.4423	10.7079	10.9801	11.2588	11.5442	11.8366	12.1359	12.4423	12.7560
11.4139	11.7720	12.1415	12.5227	12.9159	13.3214	13.7396	14.1708	14.6153	15.0735	15.5458	16.0324	16.5339	17.0506	17.5828
14.2401	14.7733	15.3270	15.9020	16.4991	17.1189	17.7623	18.4300	19.1229	19.8419	20.5876	21.3612	22.1634	22.9953	23.8577
17.5185	18.2847	19.0859	19.9234	20.7989	21.7139	22.6700	23.6690	24.7125	25.8023	26.9404	28.1287	29.3692	30.6639	32.0150
21.3215	22.3931	23.5213	24.7089	25.9587	27.2738	28.6574	30.1128	31.6434	33.2529	34.9449	36.7235	38.5926	40.5564	42.6195
25.7329	27.1999	28.7551	30.4035	32.1504	34.0013	35.9620	38.0388	40.2379	42.5661	45.0306	47.6388	50.3985	53.3178	56.4053
30.8502	32.8239	34.9311	37.1802	39.5805	42.1416	44.8737	47.7877	50.8950	54.2077	57.7386	61.5013	65.5100	69.7800	74.3270
36.7862	39.4040	42.2187	45.2445	48.4966	51.9913	55.7459	59.7788	64.1097	68.7596	73.7506	79.1066	84.8529	91.0161	97.6250
43.6720	47.1027	50.8180	54.8409	59.1959	63.9095	69.0100	74.5280	80.4961	86.9495	93.9258	101.4654	109.6117	118.4108	127.9125
51.6595	56.1101	60.9653	66.2607	72.0351	78.3305	85.1922	92.6694	100.8151	109.6868	119.3465	129.8611	141.3029	153.7500	167.2863
60.9250	66.6488	72.9390	79.8502	87.4421	95.7799	104.9345	114.9834	126.0108	138.1085	151.3766	165.9236	181.8677	199.3374	218.4722
71.6730	78.9792	87.0680	96.0218	105.9306	116.8937	129.0201	142.4295	157.2534	173.6357	191.7345	211.7230	233.7907	258.1453	285.0139
84.1407	93.4056	103.7403	115.2659	128.1167	142.4413	158.4045	176.1883	195.9942	218.0446	242.5855	269.8882	300.2521	334.0074	371.5180
98.6032	110.2846	123.4135	138.1664	154.7400	173.3540	194.2535	217.7116	244.0328	273.5558	306.6577	343.7580	385.3227	431.8696	483.9734
115.3797	130.0329	146.6280	165.4180	186.6880	210.7584	237.9893	268.7853	303.6006	342.9447	387.3887	437.5726	494.2131	558.1118	630.1655
134.8405	153.1385	174.0210	197.8474	225.0256	256.0176	291.3469	331.6059	377.4648	429.6809	489.1098	556.7173	633.5927	720.9642	820.2151
157.4150	180.1721	206.3448	236.4385	271.0307	310.7813	356.4432	408.8753	469.0563	538.1011	617.2783	708.0309	811.9987	931.0438	1067.2796
183.6014	211.8013	244.4868	282.3618	326.2369	377.0454	435.8607	503.9166	582.6298	673.6264	778.7707	900.1993	1040.3583	1202.0465	1388.4635
213.9776	248.8076	289.4945	337.0105	392.4842	457.2249	532.7501	620.8174	723.4610	843.0329	982.2511	1144.2531	1332.6586	1551.6400	1806.0026
249.2140	292.1049	342.6035	402.0425	471.9811	554.2422	650.9551	764.6054	898.0916	1054.7912	1238.6363	1454.2014	1706.8031	2002.6156	2348.8033
290.0883	342.7627	405.2721	479.4306	567.3773	671.6330	795.1653	941.4647	1114.6336	1319.4890	1561.6818	1847.8358	2185.7079	2584.3741	3054.4443
337.5024	402.0323	479.2211	571.5224	681.8528	813.6759	971.1016	1159.0016	1383.1457	1650.3612	1968.7191	2347.7515	2798.7061	3334.8426	3971.7776
392.5028	471.3778	566.4809	681.1116	819.2233	985.5479	1185.7440	1426.5719	1716.1007	2063.9515	2481.5860	2982.6444	3583.3438	4302.9470	5164.3109
456.3032	552.5121	669.4475	811.5228	984.0680	1193.5129	1447.6077	1755.6835	2128.9648	2580.9394	3127.7984	3788.9583	4587.6801	5551.8016	6714.6042
530.3117	647.4391	790.9480	966.7122	1181.8816	1445.1507	1767.0813	2160.4907	2640.9164	3227.1743	3942.0260	4812.9771	5873.2306	7162.8241	8729.9855

附录 4　年金

计算公式：$f=\frac{1-(1+i)^{-n}}{i}$

期数	1%	2%	3%	4%	5%	6%	7%	8%	9%	10%	11%	12%	13%	14%	15%
1	0.9901	0.9804	0.9709	0.9615	0.9524	0.9434	0.9346	0.9259	0.9174	0.9091	0.9009	0.8929	0.885	0.8772	0.8696
2	1.9704	1.9416	1.9135	1.8861	1.8594	1.8334	1.808	1.7833	1.7591	1.7355	1.7125	1.6901	1.6681	1.6467	1.6257
3	2.9410	2.8839	2.8286	2.7751	2.7232	2.6730	2.6243	2.5771	2.5313	2.4869	2.4437	2.4018	2.3612	2.3216	2.2832
4	3.9020	3.8077	3.7171	3.6299	3.5460	3.4651	3.3872	3.3121	3.2397	3.1699	3.1024	3.0373	2.9745	2.9137	2.8550
5	4.8534	4.7135	4.5797	4.4518	4.3295	4.2124	4.1002	3.9927	3.8897	3.7908	3.6959	3.6048	3.5172	3.4331	3.3522
6	5.7955	5.6014	5.4172	5.2421	5.0757	4.9173	4.7665	4.6229	4.4859	4.3553	4.2305	4.1114	3.9975	3.8887	3.7845
7	6.7282	6.4720	6.2303	6.0021	5.7864	5.5824	5.3893	5.2064	5.0330	4.8684	4.7122	4.5638	4.4226	4.2883	4.1604
8	7.6517	7.3255	7.0197	6.7327	6.4632	6.2098	5.9713	5.7466	5.5348	5.3349	5.1461	4.9676	4.7988	4.6389	4.4873
9	8.5660	8.1622	7.7861	7.4353	7.1078	6.8017	6.5152	6.2469	5.9952	5.7590	5.5370	5.3282	5.1317	4.9464	4.7716
10	9.4713	8.9826	8.5302	8.1109	7.7217	7.3601	7.0236	6.7101	6.4177	6.1446	5.8892	5.6502	5.4262	5.2161	5.0188
11	10.3676	9.7868	9.2526	8.7605	8.3064	7.8869	7.4987	7.1390	6.8052	6.4951	6.2065	5.9377	5.6869	5.4527	5.2337
12	11.2551	10.5753	9.9540	9.3851	8.8633	8.3838	7.9427	7.5361	7.1607	6.8137	6.4924	6.1944	5.9176	5.6603	5.4206
13	12.1337	11.3484	10.6350	9.9856	9.3936	8.8527	8.3577	7.9038	7.4869	7.1034	6.7499	6.4235	6.1218	5.8424	5.5831
14	13.0037	12.1062	11.2961	10.5631	9.8986	9.2950	8.7455	8.2442	7.7862	7.3667	6.9819	6.6282	6.3025	6.0021	5.7245
15	13.8651	12.8493	11.9379	11.1184	10.3797	9.7122	9.1079	8.5595	8.0607	7.6061	7.1909	6.8109	6.4624	6.1422	5.8474
16	14.7179	13.5777	12.5611	11.6523	10.8378	10.1059	9.4466	8.8514	8.3126	7.8237	7.3792	6.9740	6.6039	6.2651	5.9542
17	15.5623	14.2919	13.1661	12.1657	11.2741	10.4773	9.7632	9.1216	8.5436	8.0216	7.5488	7.1196	6.7291	6.3729	6.0472
18	16.3983	14.9920	13.7535	12.6593	11.6896	10.8276	10.0591	9.3719	8.7556	8.2014	7.7016	7.2497	6.8399	6.4674	6.1280
19	17.2260	15.6785	14.3238	13.1339	12.0853	11.1581	10.3356	9.6036	8.9501	8.3649	7.8393	7.3658	6.9380	6.5504	6.1982
20	18.0456	16.3514	14.8775	13.5903	12.4622	11.4699	10.5940	9.8181	9.1285	8.5136	7.9633	7.4694	7.0248	6.6231	6.2593
21	18.8570	17.0112	15.4150	14.0292	12.8212	11.7641	10.8355	10.0168	9.2922	8.6487	8.0751	7.5620	7.1016	6.687	6.3125
22	19.6604	17.6580	15.9369	14.4511	13.1630	12.0416	11.0612	10.2007	9.4424	8.7715	8.1757	7.6446	7.1695	6.7429	6.3587
23	20.4558	18.2922	16.4436	14.8568	13.4886	12.3034	11.2722	10.3711	9.5802	8.8832	8.2664	7.7184	7.2297	6.7921	6.3988
24	21.2434	18.9139	16.9355	15.2470	13.7986	12.5504	11.4693	10.5288	9.7066	8.9847	8.3481	7.7843	7.2829	6.8351	6.4338
25	22.0232	19.5235	17.4131	15.6221	14.0939	12.7834	11.6536	10.6748	9.8226	9.077	8.4217	7.8431	7.3300	6.8729	6.4641
26	22.7952	20.1210	17.8768	15.9828	14.3752	13.0032	11.8258	10.8100	9.9290	9.1609	8.4881	7.8957	7.3717	6.9061	6.4906
27	23.5596	20.7069	18.3270	16.3296	14.6430	13.2105	11.9867	10.9352	10.0266	9.2372	8.5478	7.9426	7.4086	6.9352	6.5135
28	24.3164	21.2813	18.7641	16.6631	14.8981	13.4062	12.1371	11.0511	10.1161	9.3066	8.6016	7.9844	7.4412	6.9607	6.5335
29	25.0658	21.8444	19.1885	16.9837	15.1411	13.5907	12.2777	11.1584	10.1983	9.3696	8.6501	8.0218	7.4701	6.9830	6.5509
30	25.8077	22.3965	19.6004	17.2920	15.3725	13.7648	12.4090	11.2578	10.2737	9.4269	8.6938	8.0552	7.4957	7.0027	6.5660

现值系数表

16%	17%	18%	19%	20%	21%	22%	23%	24%	25%	26%	27%	28%	29%	30%
0.8621	0.8547	0.8475	0.8403	0.8333	0.8264	0.8197	0.8130	0.8065	0.8000	0.7937	0.7874	0.7813	0.7752	0.7692
1.6052	1.5852	1.5656	1.5465	1.5278	1.5095	1.4915	1.4740	1.4568	1.4400	1.4235	1.4074	1.3916	1.3761	1.3609
2.2459	2.2096	2.1743	2.1399	2.1065	2.0739	2.0422	2.0114	1.9813	1.9520	1.9234	1.8956	1.8684	1.8420	1.8161
2.7982	2.7432	2.6901	2.6386	2.5887	2.5404	2.4936	2.4483	2.4043	2.3616	2.3202	2.2800	2.2410	2.2031	2.1662
3.2743	3.1993	3.1272	3.0576	2.9906	2.9260	2.8636	2.8035	2.7454	2.6893	2.6351	2.5827	2.5320	2.4830	2.4356
3.6847	3.5892	3.4976	3.4098	3.3255	3.2446	3.1669	3.0923	3.0205	2.9514	2.8850	2.8210	2.7594	2.7000	2.6427
4.0386	3.9224	3.8115	3.7057	3.6046	3.5079	3.4155	3.3270	3.2423	3.1611	3.0833	3.0087	2.9370	2.8682	2.8021
4.3436	4.2072	4.0776	3.9544	3.8372	3.7256	3.6193	3.5179	3.4212	3.3289	3.2407	3.1564	3.0758	2.9986	2.9247
4.6065	4.4506	4.3030	4.1633	4.0310	3.9054	3.7863	3.6731	3.5655	3.4631	3.3657	3.2728	3.1842	3.0997	3.0190
4.8332	4.6586	4.4941	4.3389	4.1925	4.0541	3.9232	3.7993	3.6819	3.5705	3.4648	3.3644	3.2689	3.1781	3.0915
5.0286	4.8364	4.6560	4.4865	4.3271	4.1769	4.0354	3.9018	3.7757	3.6564	3.5435	3.4365	3.3351	3.2388	3.1473
5.1971	4.9884	4.7932	4.6105	4.4392	4.2784	4.1274	3.9852	3.8514	3.7251	3.6059	3.4933	3.3868	3.2859	3.1903
5.3423	5.1183	4.9095	4.7147	4.5327	4.3624	4.2028	4.0530	3.9124	3.7801	3.6555	3.5381	3.4272	3.3224	3.2233
5.4675	5.2293	5.0081	4.8023	4.6106	4.4317	4.2646	4.1082	3.9616	3.8241	3.6949	3.5733	3.4587	3.3507	3.2487
5.5755	5.3242	5.0916	4.8759	4.6755	4.4890	4.3152	4.1530	4.0013	3.8593	3.7261	3.6010	3.4834	3.3726	3.2682
5.6685	5.4053	5.1624	4.9377	4.7296	4.5364	4.3567	4.1894	4.0333	3.8874	3.7509	3.6228	3.5026	3.3896	3.2832
5.7487	5.4746	5.2223	4.9897	4.7746	4.5755	4.3908	4.2190	4.0591	3.9099	3.7705	3.6400	3.5177	3.4028	3.2948
5.8178	5.5339	5.2732	5.0333	4.8122	4.6079	4.4187	4.2431	4.0799	3.9279	3.7861	3.6536	3.5294	3.4130	3.3037
5.8775	5.5845	5.3162	5.0700	4.8435	4.6346	4.4415	4.2627	4.0967	3.9424	3.7985	3.6642	3.5386	3.4210	3.3105
5.9288	5.6278	5.3527	5.1009	4.8696	4.6567	4.4603	4.2786	4.1103	3.9539	3.8083	3.6726	3.5458	3.4271	3.3158
5.9731	5.6648	5.3837	5.1268	4.8913	4.6750	4.4756	4.2916	4.1212	3.9631	3.8161	3.6792	3.5514	3.4319	3.3198
6.0113	5.6964	5.4099	5.1486	4.9094	4.6900	4.4882	4.3021	4.1300	3.9705	3.8223	3.6844	3.5558	3.4356	3.3230
6.0442	5.7234	5.4321	5.1668	4.9245	4.7025	4.4985	4.3106	4.1371	3.9764	3.8273	3.6885	3.5592	3.4384	3.3254
6.0726	5.7465	5.4509	5.1822	4.9371	4.7128	4.5070	4.3176	4.1428	3.9811	3.8312	3.6918	3.5619	3.4406	3.3272
6.0971	5.7662	5.4669	5.1951	4.9476	4.7213	4.5139	4.3232	4.1474	3.9849	3.8342	3.6943	3.564	3.4423	3.3286
6.1182	5.7831	5.4804	5.2060	4.9563	4.7284	4.5196	4.3278	4.1511	3.9879	3.8367	3.6963	3.5656	3.4437	3.3297
6.1364	5.7975	5.4919	5.2151	4.9636	4.7342	4.5243	4.3316	4.1542	3.9903	3.8387	3.6979	3.5669	3.4447	3.3305
6.1520	5.8099	5.5016	5.2228	4.9697	4.7390	4.5281	4.3346	4.1566	3.9923	3.8402	3.6991	3.5679	3.4455	3.3312
6.1656	5.8204	5.5098	5.2292	4.9747	4.7430	4.5312	4.3371	4.1585	3.9938	3.8414	3.7001	3.5687	3.4461	3.3317
6.1772	5.8294	5.5168	5.2347	4.9789	4.7463	4.5338	4.3391	4.1601	3.9950	3.8424	3.7009	3.5693	3.4466	3.3321

参考文献

[1] 张建华,韩英锋.财务管理[M].重庆:重庆大学出版社,2011.

[2] 孙键.财务管理[M].北京:高等教育出版社,2006.

[3] 袁建国.财务管理[M].大连:东北财经大学出版社,2005.

[4] 徐颖.财务管理学[M].北京:中国财政经济出版社,2003.

[5] 财政部会计资格评价中心.财务管理[M].北京:中国财政经济出版社,2006.

[6] 张志宏.财务管理[M].北京:中国财政经济出版社,2000.

[7] 竺素娥.财务管理学[M].上海:立信会计出版社,2005.

[8] 全国会计专业技术资格考试领导小组办公室.中级会计资格财务管理[M].北京:中国财经出版社,2012.

[9] 李道明.财务管理[M].北京:中国财政经济出版社,2005.

[10] 沈烈,陈萍.财务管理[M].武汉:武汉大学出版社,2003.

[11] 刘敬芳.财务管理[M].上海:立信会计出版社,2000.

[12] 荆新,王化成,刘俊彦.财务管理学[M].北京:中国人民大学出版社,2012.

[13] 章道云.财务管理[M].重庆:重庆大学出版社,2 版.2008.

[14] 刘淑莲.财务管理[M].大连:东北财经大学出版社,2013.

[15] 中国注册会计师协会.财务成本管理[M].北京:经济科学出版社,2013.

[16] 牛彦秀,刘媛媛.财务管理[M].北京:经济科学出版社,2006.

[17] 詹姆斯·范霍恩,约翰·瓦霍维奇.现代企业财务管理[M].北京:经济科学出版社,10 版,1998.

[18] 财政部注册会计师考试委员会办公室.财务成本管理[M].北京:经济科学出版社,2013.

[19] 赵少英,张义凤.浅谈现代企业财务活动的一般原则[J].商业经济,2004(8).

[20] 于中一.2006 年全国注册税务师考试应试指导(财务与会计)[M].北京:新华出版社,2006.

[21] 宋献中,吴思明.企业财务管理[M].广州:暨南大学出版社,2 版,2005.

[22] 端木青.财务管理学[M].杭州:浙江大学出版社,2006.

[23] 龙云飞.财务管理学[M].北京:中国人民大学出版社,2004.

[24] 陈玉菁.中小企业财务管理通[M].上海:立信会计出版社,2003.

[25] 张俊民.财务分析[M].上海:复旦大学出版社,2006.

[26] 高平阳.非财会人员怎样看会计报表[M].北京:企业管理出版社,2003.

[27] 赵德武.财务管理[M].北京:高等教育出版社,2003.